民國歷史與文化研究

初 編

第 5 冊

轉型、博弈與政治空間訴求：
1928～1933年奉系地方政權研究（上）

佟德元 著

花木蘭文化出版社

國家圖書館出版品預行編目資料

轉型、博弈與政治空間訴求：1928～1933年奉系地方政權研究（上）／佟德元 著 -- 初版 -- 新北市：花木蘭文化出版社，2015〔民 104〕

目 6+218 面；19×26 公分（民國歷史與文化研究 初編；第 5 冊）

ISBN：978-986-322-970-4（精裝）

1. 軍閥 2. 政權 3. 民國史

628.2   103019110

民國歷史與文化研究
初 編 第 五 冊
ISBN：978-986-322-970-4

轉型、博弈與政治空間訴求：
1928～1933 年奉系地方政權研究（上）

作　　者　佟德元
總 編 輯　杜潔祥
副總編輯　楊嘉樂
編　　輯　許郁翎
出　　版　花木蘭文化出版社
社　　長　高小娟
聯絡地址　235 新北市中和區中安街七二號十三樓
　　　　　電話：02-2923-1455／傳真：02-2923-1452
網　　址　http://www.huamulan.tw 信箱 hml 810518@gmail.com
印　　刷　普羅文化出版廣告事業
初　　版　2014 年 9 月
定　　價　初編 32 冊（精裝）台幣 56,000 元

轉型、博弈與政治空間訴求：

1928～1933年奉系地方政權研究（上）

佟德元　著

作者簡介

佟德元，1982 年生，遼寧瀋陽人，歷史學博士，贛南師範學院歷史文化旅遊學院，中央蘇區研究中心講師。2009 年於遼寧大學歷史學院中國近現代史專業取得歷史學碩士學位。2012 年於南京大學歷史系中國近現代史專業取得歷史學博士學位，並師從高華教授和申曉雲教授從事民國史研究。在《史林》、《安徽史學》等期刊發表學術論文近 10 篇，部分論文被人大複印資料全文轉載，現主持國家社科基金項目，江西省高校人文社科項目多項。

提　　要

　　在北洋各大派系中，唯有奉系橫跨北洋和國民黨兩個時期。因此將以體制轉型為時代背景的張學良時期的奉系地方政權作為本書的研究對象，具有重要的學術意義。在本書中，筆者以大量檔案史料為基礎，進行實證，並輔以多學科的研究方法，力求從隱沒在故紙堆中的一個個歷史碎片中去探尋和還原前人所未曾發現的一些歷史面相。

　　在東北易幟前後，企圖控制東北的主要有三股政治力量。除了實際控制東北的奉系外，還有試圖控制東北的國民黨及國民政府，和已經在東北擁有巨大權益的以日蘇兩國為代表的外國勢力。因此在易幟後的東北，實際形成了「國民黨、國民政府——奉系——日、蘇」這樣一個中央與地方、中國與外國的三方關係。在這個三方關係框架下，筆者主要討論了以下幾個問題：

　　一是張學良時期奉系地方政權的運作機制及與東北地方政府的關係。皇姑屯事件後奉系建立了一個以張學良為核心的標榜「主權在民」、「三權分立」等原則，而實際上行「以軍代政」、「以軍管政」的東北保安政權。易幟後，東北政委會成立，奉系地方政權雖然經歷了體制轉型，但實際實行的仍是軍人專政。而且東北政委會對東北地方政府的控制仍沿用著張作霖時期既有的傳統手段，其統治基礎並沒有鬆動的迹象。可見奉系仍舊殘留著諸多舊軍閥的傳統與因子，而這種傳承的根深蒂固的特性又勢必將使國民黨的黨治體制難於順利地在東北建立起來。

　　二是奉系地方政權與國民黨和國民政府的關係。易幟後的奉系與國民黨和國民政府在統一的前提下，維持著「分治合作」的格局。在行政上，即除了形式上的統一外，東北及中原大戰後成為奉系地盤的冀察平津等省市仍為奉系實際控制著。在黨務上，國奉雙方在黨權上進行了爭奪，使得國民黨在東北出現「官黨」和「秘黨」的雙重面相。與此同時，奉系也積極調整與國民黨及國民政府的關係，如盡量按照國民政府的法律法規對東北進行改革，以完成去北洋化。

　　三是奉系地方政權的外交權問題及其對日蘇外交政策與影響。與東北內政問題始終交織著國民黨和日蘇等外國勢力兩方面因素一樣，東北外交問題也同樣存在國民黨、奉系、日蘇三方雙邊關係的矛盾交織。國民政府雖然在為統一外交權而努力，但奉系地方政權始終擁有實際外交權。由於受到國民政府的掣肘，以及在對日和對蘇外交問題上所面臨的情況不同，使得奉系在是否與何時使用實際外交權的問題上出現搖擺和失誤，導致對外關係處理不當，並最終導致奉系苦心經營多年的東北完全喪失，而奉系也開始走向末路。

四是「政治分會──政務委員會」制度的形成、發展及其影響。政治分會制度和政務委員會制度均發端於國民黨北伐期間，而以東北易幟爲契機，政治分會制度被賦予新的生命，與原政務委員會制度融合，形成新的政務委員會制度。至此，「政治分會──政務委員會」制度形成。在北洋時代向國民黨時代轉變過程中，在國民黨由革命黨向執政黨轉變過程中，這一地方政治制度對於國民黨穩定地方實力派，建立國民黨的正統地位，實現統一和應付華北危局均起到了重要作用。

　　通過本書的研究，筆者發現面對時代轉變和體制轉型，面對國民黨、國民政府以及日蘇對東北的不同利益要求，奉系及其地方政權有著強烈的生存空間和政治空間的雙重訴求，並在這種要求與訴求的較量與博弈中，奉系及其地方政權不斷演變、蛻變，直至走向解體和消亡；而面對國家統一與整合的時代要求，國民黨則將政務委員會這一臨時性、過渡性的制度最終升格爲正式性、常設性的制度，使得南京國民政府時期的中國始終維持著統一的局面。

目

次

圖表目錄

緒　論

一、選題緣由與研究意義

　　筆者對奉系的研究開始於在遼寧大學攻讀碩士學位期間，當時在導師胡玉海教授的指導下，我選擇了東北政務委員會作爲研究對象，碩士論文題目爲《東北政務委員會政治空間研究》。在做碩士論文期間，我便發現奉系地方政權這個課題具有很強的伸展性，有很多問題都是這個小題目無法容納的。因此到了南京大學後，我就與導師高華教授商量能否讓我繼續做奉系地方政權的題目，並提出了將東北政務委員會作爲一種制度模型納入到從北洋時代向國民黨時代轉變這一大背景下進行研究的思路。在得到高老師同意後，我擬就了論文大綱，並開始收集資料進行撰寫。然而天不祐高老師，在我即將完成論文之際他駕鶴仙去，不幸與世長辭。此後，我轉到申曉雲教授門下，並在申老師的悉心指導下順利地完成了這篇博士論文。

　　筆者所以選擇這個題目，除了興趣使然外，還基於它有以下重要意義：

　　第一，學術意義。由於傳統上對奉系軍閥分期的關係，使得人爲地割裂了張作霖和張學良兩個時期的聯繫，加之張學良時期與張作霖時期相比時間較爲短暫，所以在涉及東北的研究中將張學良時期的東北地方政權作爲客觀存在加以默認和利用的大有人在，而將奉系地方政權作爲研究對象提出並加以考察的卻寥寥無幾。一方面是由於學術分期問題而導致的長期忽略，另一方面更爲重要的原因則是奉系地方政權核心資料的匱乏。筆者有幸在遼寧省檔案館各位老師的幫助下查閱了東北政務委員會檔案，並在北京市檔案館各位老師的幫助下查閱了北平政務委員會的檔案，收集到了較爲豐富的張學良

時期東北與華北兩個地方政權的資料。並在高華教授和申曉雲教授兩位老師的指導下，筆者將民國史與東北地方史聯繫起來，打破條塊分割的界限，在北洋時代向國民黨時代轉變的大背景下，以國民黨從革命黨向執政黨轉變過程中地方政治制度的演變爲切入點，深入探討張學良時期奉系地方政權的演變和影響因素，以及這一時期國民黨、國民政府與奉系的關係，以期探明「政治分會——政務委員會」地方政治制度模型在國民黨統一全國過程中產生的重要影響。

第二，現實關注。直至今天，中國仍沒有實現完全統一，而這已成爲每一代中國人堅持不懈爲之奮鬥的目標。鄧小平提出的「一國兩制」的構想已經在港澳得到貫徹實施，並被歷史證明確是實現國家統一的有效方法。但港澳問題與臺灣問題相比，由於形成原因不同畢竟還是稍有差異，因此解決的方法自然也無法完全照搬港澳經驗。那麼從歷史上去吸取經驗便是我們史學研究者應盡的職責。而本書的研究對象奉系地方政權所處的時代背景正是國民黨面臨著如何統一國家的問題，這與今天海峽兩岸的情形頗爲相似。而從當年國民黨實現統一的過程中去探尋其成功的歷史經驗，或可在今天增強國共兩黨的共識，增進其相互的瞭解和信任，相信這對祖國和平統一大業自然是有所裨益的。

二、國內外研究現狀

對於中華民國史的研究，在改革開放以前由於受到政治的影響，使得無論是北洋軍閥時期還是國民黨時期的歷史均成爲了「禁區」，幾乎無人問津。改革開放後，思想得到解放，史學界開始出現民國史研究熱，各領域的研究也開始與日俱增。奉系曾作爲北洋軍閥三大派系之一，東北易幟後又演變成爲國民黨治下的重要地方實力派，目前國內外學界對奉系的研究已是成果頗多。

1、國內研究現狀

對於奉系的研究，基本可以改革開放爲分界線，分爲兩個階段：第一個階段爲民國時期至建國後 70 年代；第二個階段爲改革開放後 80 年代至今。在民國時期至建國後的 30 年間，由於對北洋軍閥史的研究尙不夠深入，所以對於北洋派系之一的奉系的專門研究就更少，主要是在對北洋軍閥史的研究中涉及到部分奉系研究。

民國時期，涉及到奉系的各種著述主要有以下幾類：

第一，對北洋時期民國軍事和政治的專題著述。比如丁文江著《民國軍事近紀》（商務印書館，1926 年）和文公直著《最近三十年中國軍事史》（上海太平洋書店，1930 年）。兩著對於北洋軍閥各派系軍隊的編制與沿革，以及各派系混戰均有較詳盡記載，具有較高的史料價值。再如李劍農著《最近三十年中國政治史》（上海太平洋書店，1930 年）。該書對於戊戌變法後三十年間清末和北洋時期的統治集團之間的矛盾傾軋和鬥爭角逐均有比較系統和詳細的記述。這些專史性的著述以北洋時期軍事和政治爲考察點，其中對於奉系窺伺北京政權屢次入關、與皖直兩派關係以及奉軍編制沿革等內容均有較詳記載。

第二，對於第一次和第二次直奉戰爭的專門著述。北洋時期，直皖戰爭和兩次直奉戰爭是北洋軍閥歷次混戰中最爲重要的三次戰爭，不僅規模大，而且影響遠，每次都導致了北京政權的更迭，對當時國內政治、外交環境和北方經濟均造成破壞。由奉軍直接參與的兩次直奉戰爭成爲時人關注的焦點，並出版了一系列著述，如陳冠雄著《奉直戰雲錄》（天津新民意報社，1922 年）、楊啞鈴著《直奉交戰始末記》（出版社不詳，1922 年）、上海宏文圖書館編印《奉直戰史》（1922 年）、張梓生著《壬戌政變記》（商務印書館，1924 年）、無聊子著《第二次直奉大戰記》（上海共和書局，1924 年）、佚名編《甲子奉直戰史》（上海宏文圖書館，1924 年）等。上述著述從不同角度對第一次和第二次直奉戰爭的起因、戰前準備和醞釀、戰爭經過和影響等內容均作了評述。同時，這些著述系統摘錄了戰爭雙方的電文和各種報導等材料，具有較高的參考價值。

第三，關於奉系首領張作霖的著述。如中央新聞社編《張作霖全史》（中國第一書局，1922 年），該書記述了張作霖上自綠林生涯下至第一次直奉戰爭敗退關外期間的主要事跡，並對張作霖與直皖兩派的矛盾與衝突記載尤詳。再如龔德柏著《日本人謀殺張作霖案》（瀋陽專城書局，1929 年），該書記述了皇姑屯事件爲日軍製造的眞相，分析了日本炸死張作霖的原因，並對事後中日兩國政府和輿論界的反應均有詳細記錄。

建國後從 50 年代到 70 年代，由於海峽兩岸處於對峙狀態，且受到政治和意識形態的嚴重影響，使得大陸的軍閥研究受制於「政黨史觀」、「革命史觀」和「階級鬥爭論」的約束，平實性的研究成果不多。〔註1〕這一時期關於

〔註 1〕徐勇：《近代中國軍政關係與「軍閥」話語研究》，中華書局，2009 年，第 38 頁。

北洋軍閥的研究論文僅有 130 餘篇，專著方面則只有陶菊隱著《北洋軍閥統治時期史話》（三聯書店，1957 年）、來新夏著《北洋軍閥史略》（湖北人民出版社，1957 年）和丁中江著《北洋軍閥史話》（臺北：遠景出版社，1964）。〔註2〕然而陶著和丁著均屬史話性質，引用資料雖然廣泛但未注明出處，有些已是很難查考，所以雖具有一定參考價值，但仍尚難稱其為學術著作；來著則僅是勾勒出了北洋軍閥產生、發展與消亡的基本輪廓，諸多問題尚未及深入探討。而作為北洋軍閥三大派系之一的奉系，此時還尚未進入學者們的研究視野，尚未成為獨立的研究對象。

80 年代以後，民國史出現研究熱潮，北洋軍閥及各派系的研究也開始不斷受到學者的關注。其中，對奉系的研究往往依託在東北地方史的研究中，而其成果已是頗豐。目前，對於奉系的研究進展主要體現在以下幾個方面：

第一，對於張作霖個人研究的深入。自 80 年代以後，關於張氏父子的著述，可謂多如牛毛。僅分別以「張作霖」和「張學良」為題名在南京大學圖書館網站進行搜索，便可查獲有關張作霖個人的著述 30 餘部、有關張學良個人的著述 100 餘部。但這些著作中絕大多數都是傳紀文學或屬於通俗性歷史讀物，而公正、客觀的學術專著則很少。這一時期，關於張作霖個人研究的代表性專著主要有常城主編《張作霖》（遼寧人民出版社，1980 年）和陳崇橋、胡玉海等編著《從草莽英雄到大元帥：張作霖》（遼寧人民出版社，1991 年）兩部。常著是建國後大陸出版的關於張作霖的第一部傳記，對張氏基本持否定態度，認為他是反動軍閥，對內實行反動統治，對外投靠日本帝國主義。〔註3〕相比較而言，陳著則要公正和客觀的多，對張作霖不作全盤肯定或全盤否定，在對內方面認為張作霖在政治上確是反動的，絞殺辛亥革命，屠殺共產黨人，同時他在東北現代化建設上也有許多貢獻，如建立東北大學和建設東北鐵路網等；在對外方面則認為張作霖既有依附日本的一面，又有努力抵制日本侵略的一面。〔註4〕此後雖也有不少學者出版過多部張作霖傳記，但均未超出陳著的水平。

在論文方面的研究主要集中在對張作霖的評價上，越來越多的學者開始更為公正與客觀地來評價張作霖。如潘喜廷對張作霖是否一味投靠日本的觀點提出質疑，認為雙方的真實關係是既相互勾結和利用，又充滿矛盾衝突。

〔註2〕來新夏等：《北洋軍閥史》上冊，南開大學出版社，2000 年，第 35 頁。
〔註3〕常城主編：《張作霖》，遼寧人民出版社，1980 年，「前言」，第 2 頁。
〔註4〕陳崇橋、胡玉海編著：《從草莽英雄到大元帥：張作霖》，遼寧人民出版社，1991 年，第 311～315 頁。

〔註 5〕王海晨則考證了張作霖對「二十一條」的反對態度，認爲張作霖不僅反對袁世凱簽訂「二十一條」，還在隨後日本要求在東北兌現「二十一條」時採取抵制的態度。〔註 6〕車維漢在對鄭家屯事件交涉的研究中，認爲張作霖對日本的侵略要求採取抵制和抗爭的態度，這「在客觀上卻是有利於中國人民反抗侵略的正義事業」，繼而認爲對於他維護國家主權的這種表現，應「予以肯定的評價」。〔註 7〕丁雍年認爲張作霖在鎮壓「宗社黨」復辟和統一東北等方面做出了較大貢獻，並在處理對日關係問題上往往採取拖延與敷衍的辦法，導致日本不滿而被其殺害，「是應該得到人們諒解的」。〔註 8〕但也有學者堅持對張作霖持否定態度，認爲在東北鐵路問題上張作霖始終勾結並依附日本而使東北路權喪失，「滿蒙新五路」密約的簽訂是張作霖與日本勾結的產物，是「張作霖最後一次大批盜賣東北主權的歷史罪證」。〔註 9〕

　　第二，對張作霖時期奉系的專題性和通論性研究的拓展。在專著方面，對奉系的專題性研究主要集中在奉系官僚資本及東北經濟狀況方面，代表性專著有孔經緯著《東北經濟史》（四川人民出版社，1986 年）和《奉系軍閥官僚資本》（吉林大學出版社，1989 年）。兩部著述對於奉系時期的東北經濟狀況和奉系軍閥對各種產業的控制與佔有均有較詳細論述。在論文方面，對奉系的專題研究主要集中於以下幾個方面：一是對郭松齡倒戈事件等奉系內部矛盾的探討〔註 10〕；二是對張作霖時期奉系參與和發動的重要事件的研究，如直皖戰爭、兩次直奉戰爭、北伐期間北洋系內部關係和奉張與國民黨關係等〔註 11〕；三是對張作霖時期奉天省經濟與基層社會現代

〔註 5〕潘喜廷：《張作霖與日本的關係》，《學術與探索》，1980 年第 2 期。

〔註 6〕王海晨：《張作霖與「二十一條」交涉》，《歷史研究》，2002 年第 2 期。

〔註 7〕車維漢：《張作霖與鄭家屯事件》，《近代史研究》，1992 年第 5 期。

〔註 8〕丁雍年：《對張作霖的評價應實事求是》，《求是學刊》，1982 年第 5 期。

〔註 9〕任松：《從「滿蒙鐵路交涉」看日奉關係》，《近代史研究》，1994 年第 5 期。

〔註 10〕毛履平：《郭松齡事變的性質及其失敗原因》，《學術月刊》，1982 年第 5 期；高紅霞：《郭松齡倒戈失敗剖析》，《學術月刊》，1987 年第 12 期。

〔註 11〕莫建來：《奉系軍閥與直皖戰爭》，《學術月刊》，1989 年第 9 期；蘇有全：《論第一次直奉戰爭直勝奉敗的原因》，《社會科學戰線》，1994 年第 5 期；李軍：《第一次直奉戰爭中直系失敗的原因》，《近代史研究》，1985 年第 2 期；婁向哲：《論第二次直奉戰爭》，《史林》，1987 年第 4 期；郁慕湛：《第二次直奉戰爭直系失敗的政治原因》，《河北學刊》，1987 年第 2 期；叢曙光：《兩次直奉戰爭結果迥異之剖析》，《遼寧大學學報》，1984 年第 4 期；習五一：《論 1927 年奉吳河南戰爭》，《歷史檔案》，1988 年第 4 期；陳鐵健、黃嶺峻：《北伐戰爭時期的奉張寧蔣議和》，《近代史研究》，1995 年第 6 期。

化的研究〔註12〕；四是外交方面，張作霖時期對蘇關係的專門研究很少，而對日關係研究則較多，並集中在奉系和日本勾結與鬥爭的矛盾關係及奉系對日策略等問題上〔註13〕。

由於對奉系及奉系時期東北的專題性研究範圍較窄，所以對奉系的綜合性、通論性研究還極少。2000 年以前，對於奉系軍閥的產生、發展及相關問題的通論性研究僅能從張作霖的個人傳記中窺其線索和脈絡。而 2001 年由遼海出版社出版胡玉海主編的六卷本《奉系軍閥全書》則填補了這一空白。全書共分為《奉系縱橫》、《奉系人物》、《奉系經濟》、《奉系軍事》、《奉系教育》和《奉系對外關係》共六卷。全書雖然對奉系軍閥的形成與發展、重要人物、軍事以及內政外交等諸多內容進行了詳細論述，但由於該書編者以東北易幟為奉系軍閥解體時間，因此使得全書的論述內容大都止於此時，而對於張學良時期的奉系和東北各方面情況論述不詳。

第三，對張學良個人研究的發軔。港臺方面對張學良的研究要早於大陸方面，出版的有代表性的張學良傳記為司馬桑敦著《張學良評傳》（香港：星輝圖書公司，1985 年）。該書對張學良一生的重要事跡均作了詳實的論述，較為公正、客觀地評價了張學良。此後不久，大陸出版了研究張學良的第一部專著，即武育文等著《張學良將軍傳略》（遼寧大學出版社，1987 年）。之後陸續出版的關於張學良生平事跡較有代表性專著還有：陳崇橋、胡玉海編寫《張學良外傳》（江西人民出版社，1988 年），張魁堂著《張學良傳》（東方出版社，1991 年），王海晨、胡玉海著《世紀情懷：張學良全傳》（廣東人民出版社，2001 年）。90 年代後隨著張學良恢復自由以及張學良口述資料的陸續解密和公開，又出現不少利用張學良口述資料來對其進行研究的專著，比如畢萬聞著《英雄本色：張學良口述歷史解密》（中國文史出版社，2002 年）。這些著述雖利用資料不一，或以當事人回憶錄為主，或以檔案資料為主，或以口述資料為主，但對張學良的評價卻是基本一致的，即對張學良基本持肯定態度，以一個偉大愛國者和民族主義者的姿態對張學良的一生進行了評述。除了個人傳記外，還有研究張學良與東北教育的關係及其在西安事變前

〔註12〕 王風傑：《王永江與奉天省早期現代化研究（1916～1926）》，東北師範大學 2009 年博士論文。

〔註13〕 鄭敏：《略論日本干涉郭奉戰爭的原因》，《學術研究叢刊》，1991 年第 3 期；習五一：《「滿蒙鐵路交涉」與日奉矛盾激化》，《近代史研究》，1982 年第 5 期；王海晨：《從「滿蒙交涉」看張作霖對日謀略》，《史學月刊》，2004 年第 8 期。

後與宋子文和中共關係等方面的專著。〔註 14〕另外，還有一些著述對張學良晚年在臺灣和美國的情況進行了記述，告訴人們這位百歲老人生活的另一面。〔註 15〕

在論文方面，據學者初步統計，從 1980 年到 2000 年間，有關張學良研究的學術論文有 900 餘篇，其大體分佈爲：「論述張學良與西安事變的論文最多，計有 264 篇；論述張學良的愛國思想以及品行、人格方面的論文 113 篇；張學良與其他歷史人物關係等方面的文章 140 篇；論述張學良與九一八事變方面的論文 62 篇；論述東北易幟、郭松齡反奉、調停中原大戰、楊常事件、中東路事件等方面的論文有 102 篇；有關張學良訪歐及武漢時期的論文 14 篇；有關張學良與東北現代化建設方面的論文有 74 篇；有關張學良被囚後的經歷的文章 41 篇，其他難以歸類的文章 97 篇。」〔註 16〕可見，對張學良的大部分研究往往是與相關聯的歷史人物尤其是歷史事件連在一起的，並從中對張學良的功過是非加以評述。〔註 17〕比如對東北易幟性質的分歧便產生了對張學良不同的評價，有學者認爲張學良實行東北易幟是統一於蔣介石，增加了南京國民政府的力量，是「反共」〔註 18〕；有學者則認爲東北易幟是維護了國家統一，是張學良「成長爲一個偉大愛國者的重要標誌」，張學良在東北易幟中表現出了「高度反日愛國精神和高貴的民族氣節」〔註 19〕。再如，張學良與西安事變的關係。西安事變是中

〔註14〕 孫景悅等：《張學良與遼寧教育：二十世紀初葉遼寧教育紀實》，香港同澤出版社，1993 年；丁曉春、魏向前主編：《張學良與東北大學》，東北大學出版社，2003 年；楊奎松：《西安事變新探：張學良與中共關係之謎》，江蘇人民出版社，2006 年；林博文：《張學良、宋子文檔案大揭秘》，臺北：時報文化出版企業股份有限公司，2007 年。

〔註15〕 張魁堂：《張學良在臺灣》，新華出版社，1990 年；竇應泰：《張學良在美國》，河南文藝出版社，1999 年；張之宇：《張學良探微：晚年記事》，江蘇人民出版社，2004 年。

〔註16〕 焦潤明：《80 年代以來的張學良研究》，《近代史研究》，2001 年第 3 期，第 251 頁。

〔註17〕 對張學良的研究綜述可詳見焦潤明：《80 年代以來的張學良研究》，《近代史研究》，2001 年第 3 期。

〔註18〕 李新：《對民國史若干問題的看法》，《江海學刊》，1985 年第 2 期；王維遠：《東北易幟新論》，《東北易幟暨東北新建設國際學術研討會論文集》，香港同澤出版社，1988 年。

〔註19〕 畢萬聞：《張學良、蔣介石和東北易幟》，《張學良暨東北軍新論》，華文出版社，1993 年，第 143 頁；常城：《略論張學良將軍》，《東北師範大學學報》，1986 年第 6 期；錢進：《張學良與東北易幟新釋》，《民國檔案》，2000 年第 4 期；韓信夫：《二次北伐與東北易幟》下，《東北地方史研究》，1990 年第 2 期。

國近現代史上的重大歷史事件，因直接促成了國共兩黨第二次合作，有功於中華民族，而使張學良獲得了「千古功臣」的高度讚揚。西安事變前，對於「聯蔣抗日」或「逼蔣抗日」的策略，張學良與中共到底是誰說服了誰，傳統觀點認為是張學良說服了周恩來，使得中共改行了「逼蔣抗日」的策略。而楊奎松則提出了完全相反的看法，他以原始資料為依據認為「更多的是周恩來勸說張學良離開蔣介石，和共產黨一起實行『抗日反蔣』」，即在西安事變前中共便已對張學良產生了重要影響，使他改變了對蔣介石的態度。〔註 20〕張學良是單獨決定發動西安事變還是在中共的影響下發動，這對於張學良來說評價自然不同，但楊著及論文公開出版發表多年來，對張學良的評價並未因此而有所降低。

第四，對張學良主政東北和華北時期奉系專題研究的展開。在專著方面，對張學良主政時期的奉系的專題研究目前還很少，僅有的成果主要集中在以下方面：一是對中原大戰和九一八事變及其相關問題的研究，如陳進金著《地方實力派與中原大戰》（臺北：國史館，2002 年）；梁敬錞：《九一八事變史述》（臺北：世界書局，1968 年）；易顯石等著：《九一八事變史》（遼寧人民出版社，1981 年）；劉庭華著《九一八事變研究》（解放軍國防大學出版社）；胡玉海著《九一八事變前東北境內外國軍事勢力研究》（中國社會科學出版社，2006年）和彭敦文著《國民政府對日政策及其變化：從九一八事變到七七事變》（社會科學文獻出版社，2007 年）等。陳著是目前海峽兩岸專門研究中原大戰的最有代表性的一部學術專著，該書對中原大戰前各派力量的消長及政局演變、蔣派反蔣派與奉系的相互關係、西南地方實力派對中原大戰的態度、蔣派與反蔣派雙方財政經費問題等各方面內容均作了詳細的論述，並透過中原大戰對民國以來中央與地方的關係進行了檢討；梁著對九一八事變前國內外局勢，事變起因、經過和結果以及國民政府的處置等內容進行了詳細論述；易著為 80 年代後大陸第一部專門研究九一八事變的專著，對九一八事變的過程和中日兩國當時的形勢和政策均有詳細論述；劉著從軍事學和戰爭學的視角，對日軍侵佔東北的戰略企圖和兵力部署及軍事計劃均有詳細敘述；胡著研究了九一八事變前 30 年間外國軍事力量在東北的存在與增長情況；彭著則對九一八事變後國民政府對日政策的演變做了詳細的論述。二是對東北軍軍

〔註20〕 楊奎松：《究竟是誰說服了誰？》，《抗日戰爭研究》，1996 年第 1 期；楊奎松：《西安事變新探：張學良與中共關係之謎》，江蘇人民出版社，2006 年。（楊著早在 1995 年便在臺灣由東大圖書公司首先出版）

史的研究，主要著作為張德良、周毅主編《東北軍史》(遼寧大學出版社，1987年)。該書對奉軍尤其是東北軍的沿革和參與的歷次戰役均有較為詳細的論述，是研究東北軍發展、演變直至滅亡的重要參考書。

論文方面，相關研究主要集中在如下幾個領域：

一是對奉系內部矛盾的研究，「楊常事件」便是學者關注的焦點。80 年代早期，有學者認為楊宇霆勾結日本，所以張學良槍斃楊常，不僅掃除了東北「變亂之萌」，還「打擊了日本帝國主義的侵略」。〔註 21〕但也有學者提出質疑，反對楊宇霆為親日派之說，認為楊常均是內政外交方面的幹才，對其應該持肯定態度，並認為楊常雖「有致死之由」但「無應殺之罪」，該事件實質是領導權之爭，楊常被殺與受到日本人挑撥離間有關，更和中國封建主義的傳統觀念是分不開的。〔註 22〕

二是對奉系和國民黨、國民政府關係的研究。中央與地方關係研究是目前學界對張學良時期奉系研究的重要方向之一。在奉系與國民黨關係上，有學者從東北地區國民黨組織建立問題上對蔣張兩派鬥爭進行研究，並認為這種鬥爭本質上是統治階級內部中央與地方在政治權力上的分配與爭奪〔註 23〕；亦有論者在對國民黨東北黨務的雙線發展策略進行梳理的同時，從國奉雙方對東北國民黨黨權的爭奪的角度對奉系的國民黨化進程進行研究，並認為奉系雖然在不斷國民黨化，但並未被國民黨完全同化而是仍保留了舊軍閥的因子的地方實力派。〔註 24〕

在奉系與國民政府的關係上，有論者在探討國奉雙方對東北地方權力的爭鬥關係同時，還指出奉系穩固了對東北政權的控制，國民黨的力量在東北基本還是真空狀態；〔註 25〕有論者則利用政治學單一制和聯邦制的國家結構理論對張學良時期東北地方政府與中央政府的關係進行研究，認為這種關係

〔註 21〕 常城：《略論「東北易幟」與槍斃楊常》，《社會科學戰線》，1982 年第 3 期；常城：《再論「槍斃楊常」》，《社會科學輯刊》，1986 年第 3 期。

〔註 22〕 陳崇橋：《試論「楊常事件」》，《近代史研究》，1986 年第 2 期；陳崇橋：「楊常」與日本》，《日本研究》，1986 年第 3 期；王海晨：《張學良「槍殺楊常事件」評析》，《東北大學學報》(社科版)，2008 年第 5 期。

〔註 23〕 郭正秋：《東北地區國民黨組織的建立與蔣張關係》，《史學月刊》，2000 年第 3 期。

〔註 24〕 佟德元：《黨權之爭與奉系軍閥國民黨化》，《安徽史學》，2011 年第 6 期。

〔註 25〕 佟德元：《東北政務委員會政治空間的定位與動態平衡》，《社會科學輯刊》，2010 年第 2 期；郭正秋：《易幟後蔣張在東北地方政權上的合作與爭鬥》，《理論學刊》，2006 年第 5 期。

並非單純的單一制國家結構，而是同時還帶有聯邦制的特點〔註 26〕。東北易幟是國民黨與奉系之間關係密切的一個重要事件，有學者認為東北易幟是南北妥協與對日鬥爭的產物，實現了國家統一，挫敗了日本帝國主義的陰謀；有學者認為東北易幟共分四步，並在論述易幟過程後指出東北易幟實現了國家統一，使東北結束了割據一方的局面，並在軍事和外交諸方面直接聽命於中央。〔註 27〕但也有學者對東北易幟的過程是否分為四步提出質疑，並對「京津易幟」、「熱河易幟」和「灤東易幟」的過程、原因及與東北易幟的關係重新進行了考察，認為這些事件雖與東北易幟有關係，但絕非其步驟之一。〔註 28〕值得注意的是在對東北易幟的諸多研究中，無論是中國近現代史通史性著述還是相關論文中，往往以張學良如何抵制日本的威脅為主線以突出其民族主義的高尚品格，而對奉系與國民黨就易幟條件進行談判的複雜過程則言語不詳。中原大戰是國民黨與奉系之間關係密切的另一個重要事件，在通史性論著中對中原大戰的論述通常以戰史為主體，而在論文方面研究則集中在對戰前和戰中對東北軍的爭取和對中原大戰的影響上。有學者認為中原大戰雖然削弱了反蔣力量，鞏固了蔣介石的地位，但也加劇了國民黨的分裂；而東北軍入關助蔣雖然再造了統一，但內爭根源未除仍不是真正的統一，中國內爭不斷尚不統一的政治局勢為日本發動九一八事變提供了可乘之機。〔註 29〕此外，亦有論者對長期未被學界重視的中原大戰後北方善後問題及善後期間蔣、奉、晉馮關係進行了考察。〔註 30〕

三是對奉系地方政權的研究。張學良時期的奉系控制過東北和華北兩個區域，也相繼形成了兩個地方政權，目前對奉系地方政權的專門研究還很少。有論者對奉系地方政權的組織形式東北政務委員會進行了考察，討論了其組

〔註 26〕 劉娜：《張學良時期東北地方政府與中央政府關係研究》，遼寧大學 2007 年碩士論文。

〔註 27〕 杜連慶：《東北易幟：南北妥協與對日戰爭》，《遼寧師範大學學報》，1983 年第 3 期；錢進：《張學良與東北易幟新釋》，《民國檔案》，2000 年第 4 期。

〔註 28〕 曾業英：《論一九二八年的東北易幟》，《歷史研究》，2003 年第 2 期。

〔註 29〕 李靜之：《試論蔣馮閻中原大戰》，《近代史研究》，1984 年第 1 期；趙煥林等：《中原大戰中的張學良》，《民國檔案》，1993 年第 4 期；曾景忠：《中國內爭不統一：日本乘虛侵佔東北的政治背景》，《史學月刊》，2004 年第 5 期；陳進金：《東北軍與中原大戰》，《近代史研究》，2000 年第 5 期；陳進金：《另一個中央：一九三○年的擴大會議》，《近代史研究》，2001 年第 2 期。

〔註 30〕 佟德元：《東北政務委員會政治空間的膨脹》，《史林》，2010 年第 2 期；李寶明：《蔣介石與中原大戰後的晉綏軍》，《學術探索》，2004 年第 11 期。

織結構、運作機制及其合法性問題。〔註31〕而對於奉系控制的華北政權尤其是九一八事變後成立的北平政務委員會的研究則尙屬空白。對這一時期關於華北的研究基本都集中在對行政院駐平政整會和冀察政務委員會的研究以及國民政府對華北危局的應對方策上，尤其是1933年日軍佔領熱河使華北危機加深之後；亦有學者通過日本方面對國民政府應對華北危局的反制策略來探究日本積極侵略中國的野心。〔註32〕

　　四是對東北對外關係的研究。對蘇關係的研究集中於中東路事件問題上，考察的重點有三個方面。中東路事件的起因和肇事者：有學者均認爲眞正的肇事者不是張學良而是蔣介石和國民政府，但也有學者指出中東路事件的起因是中東路及東北的地緣政治、中東路「共管」體制的矛盾和張學良決策失誤等多種因素造成的。中東路事件的性質：有學者認爲這是收復國家主權的行爲，但也有學者認爲中東路事件是出於反共需要或改善對日關係的需要。中東路事件的影響：雖然學者們考察角度不同，但基本都認爲破壞了中、蘇、日三國原本平衡的微妙關係，使中蘇關係惡化，國家實力受損，但卻助長了日本的侵華野心。〔註33〕雖然也有學者在研究中東路事件時，也對國民政府和奉系之間在對蘇交涉態度上的矛盾衝突，以及國民政府幾度禁阻奉系對蘇妥協進行了論述，〔註34〕但基本是預設奉系地方政權有單獨對蘇交涉之權爲前提的，從而忽略了

〔註31〕佟德元：《東北政務委員會的内部結構及運作機制考察》，《東北大學學報》（社科版），2010年第1期；佟德元：《東北政務委員會合法性探究》，《東北大學學報》（社科版），2011年第1期。

〔註32〕常凱、蔡德金：《試論冀察政務委員會》，《近代史研究》，1985年第4期；李鳳琴：《政整會與華北危機》，《江西社會科學》，2005年第9期；張皓：《從軍事委員會北平分會到冀察政務委員會——國民政府對華北危局的應付》，《長春工業大學學報》（社科版），2008年第1期；汪澎瀾：《論冀察政務委員會的對日交涉》，《史學集刊》，2003年第3期；左世元、羅福惠：《1933年塘沽交涉新論》，《華中師範大學學報》（社科版），2010年第1期；楊晨：《何應欽與華北交涉（1933～1935）》，《抗日戰爭研究》，1994年第2期；陳群元：《日本外務省與1933年中的華北危局——以應對黃郛北上爲中心》，《近代史研究》，2006年第3期。

〔註33〕申曉雲：《中東路事件新探》，《南京大學學報》，2002年第6期；王玉祥：《試論「中東路事件」與「九一八」事變》，《史學月刊》，1997年第4期；汪謙幹：《從中東路問題看蘇聯對華政策的演變》，《安徽史學》，1994年第2期；崔萍：《張學良與中東路事件》，《史學月刊》，2005年第7期；左雙文：《再論1929年中東路事件的發動》，《民國檔案》，2004年第2期；劉顯忠：《中東路事件研究中的幾個問題》，《歷史研究》，2009年第6期。

〔註34〕楊奎松：《蔣介石、張學良與中東路事件之交涉》，《近代史研究》，2005年第1期；左雙文：《再論1929年中東路事件的收場》，《民國檔案》，2005年第4期。

國奉雙方眞正的矛盾焦點，即外交權的歸屬與權限問題。

　　對日關係的研究集中於九一八事變問題上，考察的重點有三個方面。九一八事變的起因：多數學者均認爲九一八事變是日本長期以來推行滿蒙政策的必然結果，同時與中國長期未能眞正統一有密切關係。國民政府和東北地方當局對九一八事變的應對：這方面對不抵抗政策的討論最多，並涉及到底由誰來對東三省淪陷負責的問題。有學者認爲南京國民政府作爲中央政府應負全責，亦有學者指出東北游離於國民黨控制之外，具有半獨立性，所以張學良守土有責，難辭其咎。也有學者對國民政府的應對方策進行了具體探討。九一八事變對中國和遠東的影響：對於國內的影響，學者們認爲九一八事變對中國社會和政局均產生了巨大影響，一方面民眾開始覺醒，自發性抗日救亡運動日漸增多，另一方面蔣介石的地位開始不斷受到挑戰，民眾的呼聲和抗日的口號時不時地淪爲反蔣派的工具，使得中國政局不穩，長期不能眞正統一。而華北更是直接暴露在日軍面前，中日關係更加緊張和充滿矛盾。對於國際的影響，學者們指出九一八事變打破了一戰後形成的世界體系，英美等國的綏靖政策使得遠東力量對比在悄然發生變化。〔註35〕

　　東北對外關係的研究，除了對當時諸如中東路事件和九一八事變等重要歷史事件進行研究外，對於中國對外政策的研究主要集中在國民政府的對蘇和對日政策及其演變上，而目前對於實際控制著東北的奉系地方政權的對外政策的研究卻很少。

〔註35〕　董謙：《九一八事變爆發的經濟背景初探》，《近代史研究》，1982年第2期；沈予：《評九一八事變起因的「外部壓力」說》，《近代史研究》，1983年第1期；朗維成：《日本軍部、內閣與九一八事變》，《世界歷史》，1985年第2期；劉貴福：《九一八事變後特種外交委員會的對日外交謀劃》，《抗日戰爭研究》，2002年第2期；左世元：《九一八事變與國民政府的國聯外交》，《南京社會科學》，2008年第12期；曾景忠：《澄清九一八事變時不抵抗方針研究的誤區》，《史學月刊》，2003年第8期；徐暢：《張學良與九一八事變再探討》，《史學月刊》，2003年第8期；劉庭華：《論九一八事變是中國抗日戰爭的起點》，《抗日戰爭研究》，2006年第1期；榮維木：《九一八事變與中國的政局》，《抗日戰爭研究》，2001年第4期；范立君：《九一八事變後東北地區華北移民動態的考察》，《史學月刊》，2002年第4期；范立君、金普森：《九一八事變與東北關內移民》，《抗日戰爭研究》，2007年第2期；王希亮：《論九一八事變後中國社會政治空間的嬗變及其再構建》，《紀念七七事變爆發70週年學術研討會論文集》，2007年；阮君華：《評九一八事變後英美兩國的遠東政策》，《江海學刊》，2001年第5期；沙青青：《九一八事變前後蘇聯對日政策再解讀》，《歷史研究》，2010年第4期。

2、國外研究現狀

國外學界對於北洋軍閥的研究取得的成果也很多，代表性專著有白魯洵（Lucian W. Pye）著《軍閥政治：中國現代化過程中的對抗與聯合》〔註36〕，波多野善大著《中國近代軍閥研究》（林明德譯，臺北：金禾出版社，1994年），齊錫生著《中國軍閥政治：1916～1928》（楊雲若譯，中國人民大學出版社，1991年），陳志讓著《軍紳政權：近代中國的軍閥時期》（三聯書店，1980年）。這幾部專著均以軍閥和軍閥政治爲研究對象，但在論述軍閥派系相互關係、軍事力量、經濟力量、教育背景等基本構成要素以及軍閥產生與演變等主要問題外，在研究角度和論述重點上仍各有側重。比如白著具體論述了北洋軍閥內部的效忠模式和統屬關係的維繫途徑以及軍閥對中央政治和社會不同階層與不同方面的影響，並以現代化的視角重新衡量了軍閥政治對中國近代發展的影響，並給予了肯定的評價。波多野著則以更廣闊的視角研究了中國近代軍閥的起源問題，並對近代中國軍閥的五種性質，即企業性、買辦性、地主性、土匪性和私兵性進行了系統的分析。齊著運用西方政治學的系統理論，給軍閥政治的含義重新進行了界定，指出「軍閥政治」是以武力爲基礎並建立在此之上的政治權力體系，同時將北洋軍閥政治劃分爲三個階段：1916～1920年爲形成期，1920～1924年爲發達期，1924～1928年爲衰微期。陳著則從社會學的角度對北洋軍閥政權的性質給出了新的詮釋，提出了「軍紳政權」的概念，並對這一政權的各重要組成部分和要素作了詳細的論述後，指出軍紳政權與中國的現代化毫無正面關係，給予了否定的評價。這些論著在論述北洋軍閥的同時，對其重要的組成成員奉系及其首領張作霖也有不同程度的分析與論述。

日本學界對奉系和東北的研究成果很多，有代表性的專著有日本學者園田一龜著《怪傑張作霖》（胡毓崢譯，遼寧大學出版社，1981年）和《東三省的政治與外交》（奉天新聞社，大正14年），西村成雄著《中國近代東北地域史研究》（法律文化社，1984年）和《張學良》（史桂芳等譯，中國社會科學出版社，1999年），水野明著《東北軍閥政權研究——張作霖、張學良之抗外與協助統一國內的軌跡》（鄭樑生譯，臺北：國立編譯館，1998年）。日本對東北和張作霖的關注和著述早在20年代他們積極推進滿蒙政策的時候就已經

〔註36〕 Lucian W. Pye, Warlord Politics: Conflict and Coalition in the Modernization of Republican China, New York, Praeger Publishers, 1971.

開始了，園田前著出版於1922年，80年代由大陸翻譯出版，該書以張作霖的
出身以及前期主要事跡爲主要敘述內容，兼及地論述了張作霖與北洋其他派
系的關係，但對於中國局勢及與日本的關係則止於梗概，敘述不詳；園田後
著出版於1925年，該書側重於東北與日本外交關係的敘述，雖與前著形成一
定互補，但該書僅是對中日兩國間外交關係的史料做了記錄，而沒有作深入
的分析與研究。西村前著以近代中國東北社會對於日本的重要性爲考察點，
以此來闡明東北地域社會所處的地位和角色；西村後著延續了同樣的研究理
路，強調東北對於日本的重要意義，因此將張學良的生平主要事跡均以民族
主義的視角加以解讀，認爲他集中體現了20世紀中國社會「救國」與「救亡」
的民族主義二重性。水野著同樣採用了日本很多學者在研究中國史尤其是中
國東北地方史時常用的研究方法，即以民族主義的視角來考察東北和奉系，
因此以大部分篇幅來討論奉系政權的對蘇和對日外交，同時對奉系促進中國
統一進行了簡要論述，並認爲奉系政權具有抗禦日本侵略和促進中國統一的
雙重功能，而對奉系政權的地位和歷史作用給予了高度評價。水野著重在討
論奉系政權的功能和作用，而對於奉系政權的延續與演變等諸多問題則言語
不詳。

　　西方學者對奉系和東北的代表性研究成果有加文‧麥柯馬克著《張作霖
在東北》（畢萬聞譯，吉林文史出版社，1988年），傅虹霖著《張學良的政治
生涯：一位民族英雄的悲劇》（王海晨、胥波譯，遼寧大學出版社，1988年），
唐德剛訪錄、王書君著述《張學良世紀傳奇》（山東友誼出版社，2002年），
薛龍（Ronald Suleski）著《北洋軍閥時期的中國地方政府：傳統、近代化與
東北地區》〔註37〕。日本學者多從當事者角度來觀察東北，強調東北在歷史
上對日本的重要性或有用性，並多少帶有爲日本侵略辯解的語義或強調日本
維護在東北權益的正當性；而西方學者則不同，他們往往站在第三方的視角
來觀察這段歷史。麥著以張作霖的帝國夢爲主線，詳細論述了他爲之努力的
經過與挫折及其間與北洋各派系的關係和對中國政局的影響，同時以奉系與
日本的矛盾爲副線，將奉系不同發展時期與日本的關係做了論述，雖爲張作
霖個人研究之作，卻可從中看出奉系成長、發展與影響及其衰落的因素。傅
著主要是對張學良所發動的西安事變進行重點論述，在用了一定篇幅對西安

〔註37〕Ronald Suleski, Civil Government in Warlord China: Tradition, Modernization and
　　　　Manchuria, Peter Lang Publishing Incorporation, New York, 2002.

事變前張學良與蔣介石的關係進行討論後，用了大部分篇幅對西安事變的經過和前因後果進行了詳細的敘述，並對張學良進行了很高的評價，認為其對中國近現代史的發展產生了不可低估的影響。唐著是90年代張學良恢復自由及其口述資料陸續解密和公開的背景下出現的對張學良口述資料進行解讀和利用的又一部張學良研究專著。薛著是目前西方學者研究北洋軍閥尤其奉系軍閥和東北地方史的最新成果之一，該書以張作霖與王永江的關係來討論奉系內部的文武關係和軍政關係，同時詳細討論了王永江在不同時期對奉天現代化建設採取的諸多措施，並指出這種政權關係對東北產生了深刻影響。

通過前文對奉系研究現狀的回顧，我們可以看齣目前國內外學者採用的主要研究方法與範式有以下幾種：一是現代化的研究視角，在對奉系時期的東北區域研究中經常使用；二是民族主義的研究視角，中日學者在對張氏父子的研究中使用的較多；三是使用政治學和社會學等相關學科的理論和方法，西方學者在對軍閥政治方面的研究中使用的較多，也最為成功；四是歷史學的基本方法，即以史料為基礎的實證研究，這是國內學者使用最多的方法。在與本書研究主題相似的民國時期其他地方政權的研究中，也經常使用上述的幾種研究方法。〔註38〕同時需要指出的是近年來社會控制理論越來越多地運用到對地方政權和基層社會的研究中，並且一般均在國家與社會關係理論的分析框架下進行論述與研究。〔註39〕

三、核心概念的界定及相關說明

一提到民國時期的皖系、直系、奉系、晉系、桂系等各軍系名稱，很容易使人冠以「軍閥」的帽子。但由於「軍閥」一詞是國共兩黨在大革命時期

〔註38〕 彭厚文：《1928～1937年的湖北地方政權研究》，南京大學1994年博士論文；李金龍：《中國共產黨領導的地方政權行政制度研究》，湖南師範大學2003年博士論文；王春英：《民國時期的縣級行政權力與地方社會控制——以1928～1949年川康地區縣政整改為例》，四川大學2004年博士論文；尹紅群：《民國時期的地方政權與地方財政（1927～1945）》，浙江大學2005年博士論文；潘敏：《江蘇日偽基層政權研究：1937～1945》，上海人民出版社，2006年；邢巍巍：《南京國民政府時期縣長職能研究（1928～1937）》，南開大學2010年博士論文。

〔註39〕 參見李巨瀾：《失範與重構：一九二七年至一九三七年蘇北地方政權秩序化研究》，中國社會科學出版社，2009年（李著是由其05年博士論文修改後出版）；楊吉安：《權力、話語與社會控制——以江西萬載為個案（1934～1945）》，南京大學2011年博士論文。

爲動員革命並賦予革命正義性而使用的政治革命話語，〔註40〕具有極強的政治批評性，而不是一個中性的學術用語〔註41〕，所以在今天自然不宜再套用到在當時作爲革命對象一方的歷史研究中。但筆者認爲奉系作爲北洋時期和國民黨時期的一個前後延續的重要地方實力派卻是客觀存在的，因此奉系可分爲張作霖和張學良兩個前後相繼而不可割裂的時期。〔註42〕張作霖時期的奉系爲北洋軍系治下的地方實力派，從1916年至1928年皇姑屯事件發生；而張學良時期的奉系則爲國民黨治下的地方實力派，從1928年張學良主政東北至1933年張學良下野。〔註43〕此後，由於東北軍逐漸分化而使奉系走向解體，直至消亡。由於本書以張學良時期的奉系地方政權作爲主要研究對象，因此在本書中所使用的「奉系」一詞，除了在第一章指張作霖時期奉系和在結論部分作爲張氏父子兩個時期的通稱外，一般均指張學良時期的奉系。

本書中所使用的「政治空間」概念，其含義是指奉系及其地方政權的權力和影響力所能達到的時空範圍。日蘇（俄）兩國自從日俄戰爭後便在東北劃分了南北各自的勢力範圍，並且擁有諸多特權。儘管中國政府和東北當局不斷地從蘇俄那裡收回中東路及附屬地的權利，甚至發生了中東路事件，但蘇聯在北滿的特權並未清除，奉系在中東路問題上始終未獲得與蘇方平等的權利。而在南滿，奉系則始終迴避收回南滿鐵路和大連港問題，並努力限制

〔註40〕 有關「軍閥」話語的研究可參見徐勇：《近代中國軍政關係與「軍閥」話語研究》，中華書局，2009年。

〔註41〕 對於「軍閥」一詞的非學術性問題，國內外諸多學者均有論及，可參見來新夏等：《北洋軍閥史》上冊，南開大學出版社，2000年，第40頁；〔日〕松下芳男：《明治軍制史論》下，東京：有斐閣，昭和31年，第220頁；Lucian W. Pye, Warlord Politics: Conflict and Coalition in the Modernization of Republican China, New York, Praeger Publishers, 1971,p.11；Arthur Woldron, The Warlord: Twentieth-Century Chinese Understandings of Violence, Militarism, and Imperialism, The American History Review, vol.96, no.4（oct.1991）, p.1098.

〔註42〕 而傳統上關於奉系軍閥的時間斷限，一般認爲其形成的時間是1916年張作霖擔任奉天督軍兼省長，其解體的時間是1928年末東北易幟，該時間下限也是北洋軍閥最終消亡的時間下限。參見胡玉海：《論奉系軍閥》，《東北史地》，2008年第2期，第46頁；來新夏等：《北洋軍閥史》上冊，南開大學出版社，2000年，第5～7頁。

〔註43〕 對於張學良時期的奉系，亦有學者認爲其通過易幟而演變爲「東北系國民黨新軍閥」（來新夏等：《北洋軍閥史》下冊，南開大學出版社，2000年，第1068頁），即張作霖時期奉系爲北洋軍閥三大派系之一，張學良時期奉系則爲國民黨新軍閥各派系之一，只不過將其稱爲「東北系」，而不是繼續沿用「奉系」的稱呼。

日本在東北的權利擴張。因此在九一八事變前這一較長的時期內，從奉系與日蘇兩國的雙邊關係角度來說，奉系地方政權的政治空間並無實質變化。而從國民黨二次北伐後奉系與國民黨、國民政府的雙邊關係角度來說，奉系地方政權的政治空間則發生了巨大的變化。

另外，對於在本書引文中出現的符號需要進行說明：引文中遇有中括號「〔　〕」，表示該處原文脫字；遇有方框「□」，表示原文字跡不清無法辨認；遇有括號「（　）」，則表示解釋或補充說明。

四、資料來源、研究思路與方法

1、資料來源

確定了該選題後，筆者在借助校內資源，如南京大學圖書館、歷史學系資料室和中華民國史中心所藏資料外，還在力所能及範圍內先後數次到遼寧省檔案館、遼寧省圖書館、北京市檔案館、中國國家圖書館、中國第二歷史檔案館、南京市圖書館等收集資料。除了恰逢史料大規模數字化期間的二檔館外，筆者在其他各館均收集到了大量資料，成爲本書寫作的基礎（參見參考文獻）。

第一，檔案與資料彙編

遼寧省是奉系發源地，遼寧省檔案館藏有奉系地方政權的大量檔案資料，如該館所藏民國資料、東北政務委員會檔、奉天省長公署檔等。除了未刊檔案外，遼寧省檔案館還出版了《奉系軍閥檔案史料彙編》，共計 12 冊，較爲完整地反映了奉系地方政權的產生與演變，是奉系研究的主要資料之一。中原大戰後，張學良便常駐北平，九一八事變後，北平便成爲東北流亡勢力的活動基地，所以北京檔案館所藏北平政務委員會檔是研究這一時期奉系地方政權的重要資料。二檔館雖然正處於史料數字化期間，但該館編輯出版的一系列民國時期的史料彙編卻可以彌補此中不足。如該館所編《中華民國史檔案資料彙編》、《國民黨政府政治制度檔案史料選編》、《中國國民黨中央執行委員會常務委員會會議錄》等。這些史料彙編雖爲國民黨和國民政府中央資料，但有相當部分涉及了東北，是對國民黨、國民政府與奉系關係考察的有力資料。除了大陸檔案資料外，臺灣出版的大量史料彙編又是本書研究的另一個重要資料來源，可以互補有無並以資佐證，如國民黨中央黨史委員會和國史館等機構編輯出版的《中華民國重要史料初編——對日抗戰時期》、《蔣中正總統文物——革命文獻》、《中華民國史事紀要（初稿）》等。

第二，地方志、文集、文史資料和回憶錄

　　這一部分資料，筆者主要收集於校圖、南圖和國圖。地方志是中國所特有的一種史料保存方式，是對當時地方歷史的一種較爲客觀的記錄。但由於當時東北各省各縣財力不一，而且對修志重視的不同，使得民國時期東北各省縣地方志出版有限，並參差不齊。儘管如此，保存下來的這部分地方志對於研究奉系地方政權的基礎和在基層的運作仍能起到重要作用。時人文集、日記和後人編撰的時人年譜等資料也可以使我們瞭解當時的歷史環境和狀況，而關鍵人物的文集和日記則是我們研究當時歷史的重要資料之一，如本書使用的《張學良文集》和《李石曾先生文集》等。文史資料、回憶錄及其他形式的口述史料，由於年代久遠，回憶難免發生錯誤，但時人回憶仍是我們研究當時歷史的重要佐證資料。

第三，期刊和報紙

　　本書所用期刊主要來自於國圖和南圖，報紙則來自於校圖和南圖。國家圖書館集全國各省圖書館之精粹，所藏資料豐富。筆者趕赴北京國圖查閱資料期間，所幸南區期刊室和縮微室尚處於開放期間，使得筆者獲得了大量的奉系地方政權官方出版的期刊資料，如《東北政務委員會周刊》、《北平政務委員會公報》、《民政月刊》、《遼寧省財政月刊》等，有助於筆者對奉系地方政權的研究。而報紙筆者主要是輔以天津《大公報》和瀋陽《盛京時報》。

第四，對前人研究成果的借鑒

　　北洋軍閥史是民國史研究的重要分支，成果豐富。奉系作爲北洋軍閥的分支，作爲東北地方史，以往的研究主要集中於張作霖時期，並也形成了豐富的研究成果。雖然對張學良時期奉系地方政權的專門研究還尚屬薄弱，但對於張學良的個人研究和張學良時期發生的重要事件的研究則已成果頗多。因此在本書的研究中，筆者秉持客觀批判精神借鑒了前人的部分研究精華。

2.研究思路與方法

　　自從1916年奉系形成後，經過張作霖及王永江等文治派十餘年的共同努力，東北社會與經濟面貌大爲改觀，近代工業也初步建立了起來。雖然張作霖屢次興兵入關，耗費巨大，對東北尤其奉天財政和經濟造成了沉重的負擔，但在十餘年時間裏除了郭松齡反奉尚有一些影響外，東北基本沒有再發生兵

災戰禍，所以在相對穩定的環境下東北社會與經濟仍在曲折中前進和發展。北洋時期，中央政權衰微，地方強勢，所以這時期的東北雖爲北京政府版圖的一部分，但實際處在奉系的控制之下。同時由於日蘇兩國在東北尚有諸多特殊權益，所以東北還是日蘇兩國的勢力範圍。

　　張作霖被日本人炸死後，張學良成爲奉系首領而主政東北。隨後，東北實現易幟，北洋時代結束，國民黨時代開始，東北的角色和地位也隨之發生了變化，它雖然仍處在奉系的實際控制之下，但卻演變成爲南京國民政府版圖的一部分，同時仍是日蘇兩國的勢力範圍。（參見圖 0-3-1）而蔣介石主導的國民黨及國民政府與北京政府相比，雖然也時時受到黨內派系和地方實力派的挑戰，但卻要強勢的多。形式上統一中國後的國民黨開始試圖整合中國，儘管其中參雜著蔣介石的個人私欲，但不可否認國民黨爲實現中國眞正統一也付出過努力。易幟前的北伐是國民黨重新統一中國的努力，易幟不久的編遣會議以及隨之發生的國民黨內各派系的混戰，也是蔣介石主導的國民黨和國民政府試圖統一中國的努力。而擁有重兵和東北地盤的奉系，自然也要成爲國民黨和國民政府「統一」的目標。

　　所以，易幟後的東北與張作霖時代的東北相比，面臨的境況明顯不同。張作霖時期，由於奉系實際控制東北，所以他面臨的挑戰主要來自於日蘇兩國，只要將與日蘇兩國尤其是日本的關係處理好，他便可以集中精力參與到北京政權的爭奪中。而易幟後的東北則不同，一方面仍是面臨日蘇兩國的威脅，另一方面則是來自於南京的「統一」壓力，所以張學良不僅要外防日蘇兩國尤其是日本的覬覦，還要內防國民黨和國民政府對東北的滲透與爭奪。

圖 0-3-1：易幟後東北所處形勢示意圖

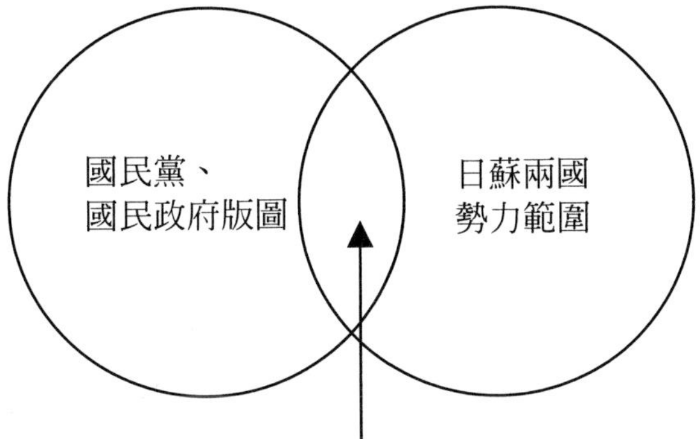

國民黨、
國民政府版圖

日蘇兩國
勢力範圍

張學良時期奉系所控制的東北

　　由於與日蘇關係問題是張作霖時期便長期存在的老問題，雖然一直未得解決並時時威脅著東北，但畢竟東北還控制在奉系手中，而且奉系在長期的對日蘇交涉中也掌握和總結了不少經驗。而與國民黨和國民政府的關係問題則是易幟後才出現的新問題，雖然在北伐前後奉系與國民黨也多次打交道，比如孫皖奉反直「三角聯盟」和北伐時期蔣介石與張作霖之間的議和等，但這種聯絡和交涉畢竟是發生在對等地位之上，與易幟後中央與地方的關係顯然不同。所以易幟後如何調整與國民黨和國民政府的關係，以便確保對東北的牢固控制，就成為了張學良時期的奉系首先要面對的問題。

　　易幟後的東北就是處在這樣一個內外壓迫的環境之下：一方面國民黨要求在東北發展黨務，國民政府要求在東北管理政務；另一方面蘇聯要求維持權益，日本要求擴大權益。而奉系一方面要維持統一的旗幟，又要維持對東北的控制；另一方面既想從蘇聯那裡收回權益，又想阻止日本的擴張。北洋時期的奉系及其所控制的地方政權，是在應付日蘇侵略和爭奪北京政權的矛盾關係中求得生存與發展；而國民黨時期的奉系及其所控制的地方政權，也必將在新的矛盾關係中去尋求新的生存空間和政治空間。面對從北洋時代到國民黨時代的體制轉型，面對國民黨、國民政府以及日蘇對東北的不同利益要求，奉系及其地方政權有著生存空間和政治空間的雙重訴求，並在這種要求與訴求的較量與博弈中，奉系及其地方政權不斷演變、蛻變，直至走向解體和消亡。

　　以上便是筆者對本書研究的主要思路，欲求在「國民黨、國民政府——奉系——日、蘇」這樣一個中央與地方、中國與外國的三方關係框架中對奉系地方政權的變化、影響因素及其相互關係作一考察，以探究體制轉型尤其是「政治分會——政務委員會」制度模型對奉系和南京國民政府初期民國政治走向的重大影響，探究奉系與國民黨和國民政府以統一合作為前提的分治關係，探究奉系的外交權問題以及對日蘇政策的演變等問題。

　　本書主要使用的研究方法可以概括為以下幾點：

　　第一，以史料為基礎，力求實證。為進行本書的研究，筆者查閱了大量資料，並在浩如煙海的故紙堆中將一個個歷史碎片拼接起來，試圖從中去探尋前人所未曾發現的線索和面相，並在實證的基礎上去將這些為人所忽略的歷史面相重新還原。

　　第二，「政治分會——政務委員會」地方政治制度模型的提出。在對本書資料篩選和思考的過程中，並在更廣闊的歷史視野內去觀察，筆者發現國民黨在革命黨時期曾實行過政治分會制度，這一制度雖然具有臨時性質，但對防止國民黨分崩離析起到了不可低估的作用。正是這一制度的存在，國民黨在北伐時期才得以保持「團結」和「統一」的形式，才能集合桂、馮、閻等幾個派系的軍事力量與蔣一起直搗北京。而在國民黨成爲執政黨後，由政治分會演變而來的政務委員會對於國民黨統一全國則起了非常重要的作用。東北政務委員會的成立使國民黨首次實現了對中國的統一，中原大戰後華北又被納入到奉系和東北政務委員會的管轄之下，由東北軍駐守的北方成爲蔣介石南下剿共的穩定後方。九一八事變後成立的北平政務委員會實際是東北政務委員會的延續，對於避免蔣介石與日本在華北直接發生衝突起到了隔離帶的作用。試想如果此時冀察兩省由中央軍直接駐守，那麼上海與華北的雙線作戰，將使蔣系中央軍產生怎樣的影響，又會對民國政局產生怎樣的影響？行政院駐北平政務整理委員會是南京直接接手華北的實踐，雖然做出了很大的貢獻，〔註 44〕但在日本的侵略威逼下，蔣介石最終還是決定妥協，讓宋哲元組織冀察政務委員會來作爲日本與國民黨之間的隔離帶。而冀察政務委員會也不辱使命，在與日本多方周旋後使日本分離華北的企圖破產，而冀察政務委員會的成立與日本發動全面侵華戰爭相隔了近兩年時間。可見，政務委員會制度不僅對於統一起到了作用，對於國民政府應對華北危局也起到了不可低估的作用。而同時，西南也成立了政務委員會，雖然屢被學者批評爲西南半獨立的標誌，但也不能否認這一制度的存在使民國免於分裂，如果南京和廣州兩個國民黨中央和國民政府的局面長期延續，那對中國近現代的走勢必將產生了新的影響。

　　總之，在北洋時代向國民黨時代轉變過程中（A→C），在國民黨由革命黨向執政黨轉變過程中（B→C），這一地方政治制度模型對於國民黨穩定地方實力派，建立國民黨的正統地位，實現統一和應付華北危局均起到了重要作用。（參見下圖）

〔註44〕參見謝國興：《黃郛與華北危局》，臺北：國立臺灣師範大學歷史研究所，1984年。

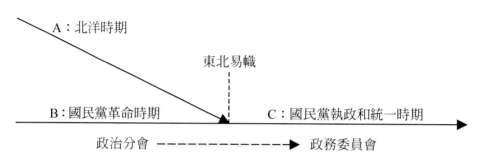

圖 0-3-2：「政治分會──政務委員會」地方政治制度演變圖示

第三，借鑒政治學、經濟學和統計學等其他各學科的概念和研究方法。在本書的研究中，為了便於說明問題，筆者引入了一些政治學和經濟學等其他學科的概念，比如政治空間、生存空間、政權組織形式、博弈等。同時在本書的研究中，尤其是對國民黨與奉系關係的研究中，筆者引入了經濟學中常用的利益最大化原則，作為經濟活動主體的企業和控制企業的股東們，進行經濟活動的目的就是要獲得經濟利益的最大化，同樣作為具有不同利益的兩個政治實體國民黨和奉系，在政治活動中所追求的自然也就是政治利益的最大化。這便是筆者對奉系與國民黨和國民政府關係進行分析的基本前提。此外，筆者在本書中還使用了一些表格數據，利用統計學的方法對有關問題進行有力的論證。

五、創新之處

本書以 1928 年到 1933 年張學良主政時期的奉系地方政權為研究對象，以北洋時代向國民黨時代轉變為背景，對這一時期奉系地方政權的重建、發展與演變，政權延續與蛻變的影響因素，國民黨、國民政府與奉系的關係，以及國民黨由革命黨向執政黨轉變過程中實行的「政治分會──政務委員會」制度等內容作了較為全面的研究和考察。本書的創新之處有以下幾點：

第一，研究視角與方法。本書的研究對象正處於民國的體制轉型期，既有北洋時代向國民黨時代的轉變，又有國民黨由革命黨向執政黨的轉變，這些轉變使中央制度和地方制度均發生了變化。在本書中，筆者提出對於國民黨統一全國起了重要作用的地方政治制度模型，即「政治分會──政務委員會」制度模型。

第二，資料使用。筆者為撰寫本書收集了大量遼寧省檔案館、北京市檔

案館和國家圖書館所藏的尚未被使用過的資料，比如東北政務委員會檔案和北平政務委員會檔案。

第三，塡補並拓展了對張學良時期奉系的研究。以往的研究多以張學良個人和所經歷事件爲研究對象，而對於張學良主政時期奉系地方政權的整體研究則寥寥無幾。在本書中，筆者對奉系地方政權的運作機制、與東北地方政府的關係、與國民黨和國民政府的關係、對日蘇的外交政策等均作了新的詮釋。同時對於東北易幟談判、中原大戰善後、北平政務委員會等問題，或從不同角度或從既往研究的薄弱點著手加以論述和探討。

第四，提出了一些新觀點。在本書中筆者提出了一些新觀點，比如奉系地方政權由北洋地方政權轉變爲國民黨地方政權；東北政務委員會的組織結構和運作機制雖不是最優，卻是適合奉系的；奉系對東北控制仍然延續著北洋時期的傳統，即以地緣和人脈爲紐帶，而與國民黨和國民政府的關係，則維持「分治合作」的局面，使國民黨的黨治體制始終沒有在東北建立起來；奉系雖然在不斷國民黨化，但始終未被同化等等。

第一章　緣起：歷史傳承與制度融合

　　張作霖被日本人炸死後，張學良子承父業，重新建立保安司令制度，延續著奉系地方政權。而在東北易幟談判期間，國奉雙方本已達成在東北建立政治分會的協議，但後來發生變故而改名成立了東北政務委員會，成爲奉系地方政權的組織形式。而無論是保安司令制度，還是政治分會，在奉系和國民黨的歷史上均有過存在，並產生了深遠的影響。本章將從國奉雙方各自的歷史與制度上對張學良時期奉系地方政權的起源進行考察。

一、張作霖時期奉系地方政權的演變及對北京政府的控制

　　張作霖草莽出身，靠辦保險隊起家。1902 年接受清政府招安，被任命爲新民府巡警前營馬隊幫帶，由政府通緝之匪轉變成爲政府承認的地方武裝首領。〔註1〕「這是本質上的轉變，是他政治生涯中最關鍵的一步。」〔註2〕1911年辛亥革命爆發，東三省革命黨人也在醞釀起義事宜。而爲了鎮壓革命，東三省總督趙爾巽密調張作霖率軍進入省垣拱衛。〔註3〕由此「當張作霖 36 歲

〔註 1〕有關張作霖生平及奉系軍閥形成前早期情況可詳見〔英〕加文・麥柯馬克著，畢萬聞譯：《張作霖在東北》，吉林文史出版社，1988 年，第 1～37 頁；陳崇橋等編著：《從草莽英雄到大元帥：張作霖》，遼寧人民出版社，1991 年，第 1～67 頁。

〔註 2〕胡玉海：《奉系縱橫》，遼海出版社，2001 年，第 47～48 頁。

〔註 3〕《關於調張作霖部進駐奉天的往來電》（1911.11.12～12.13），遼寧省檔案館編：《奉系軍閥檔案史料彙編》①，江蘇古籍出版社，1990 年，第 582～584頁。而根據王鐵漢 1948 年 8 月 9 日在瀋陽訪問張作相，1950 年 12 月 20 日在臺北訪問萬福麟的紀錄寫成的《張雨亭先生掌握東三省軍政權的經過》一文（臺灣《傳記文學》，第 5 卷，第 3 期，第 31～34 頁），趙爾巽原本密令吳俊升率部赴盛京，而該情報爲張作霖在盛京的聯絡官張惠臨得知，並報告給張。張獲此情報，當即親率所部奔向省城。並在途中，通過吳的防地時，並沒有透露這個命令。到達盛京後，趙爾巽不但沒有治其擅自調兵之罪，還令他統轄該地區 15 個巡防營，與新軍抗衡。轉引自〔英〕加文・麥柯馬克著，畢萬聞譯：《張作霖在東北》，吉林文史出版社，1988 年，第 13 頁。

的時候，就進入了東北政治舞臺的中心。」〔註4〕隨後民國成立，張作霖的奉天前路巡防營被改編爲陸軍第 27 師，張任師長。該師是奉軍的主要班底，也成爲張作霖擴張權勢的主要力量。此後隨著張作霖勢力的逐漸擴大，於 1915 年排擠奉天將軍張錫鑾，1916 年又排擠了繼任者段芝貴，張遂成爲奉天將軍兼奉天巡按使。〔註5〕不久袁世凱死後北京政府更改官制，張作霖改任奉天督軍兼奉天省長，至此奉系形成。隨後 1917 年奉系奪取了黑龍江省，1918 年張作霖被任爲東三省巡閱使，節制東三省軍政，1919 年又奪取了吉林省。〔註6〕奉系就此統一了東三省，成爲在北洋各派系中可以與直皖兩派系鼎足而立，並具有全國影響力的重要地方實力派。之後奉系屬兵秣馬屢次進關，參與軍閥戰爭，企圖控制北京政府，並最終在 1927 年如願組織安國軍政府，張作霖也成爲北京政府的最後一任國家元首。

1、保安司令制度——奉系地方政權走向「自治」

奉系形成後，雖然控制了東三省，但其政權組織形式依然是遵用北京政府的官制。如 1916 年奉系剛形成時，張作霖身兼奉天督軍和省長，該軍民兩署便是奉系地方政權的組織形式。1919 年奉系統一東三省後，張作霖由于謙任東三省巡閱使節制三省軍政，該巡閱使署便成爲奉系地方政權的組織形式。〔註7〕但這種情況在 1922 年第一次直奉戰爭奉軍戰敗退回東北宣告東三省獨立後發生了變化，奉系開始建構新的政權組織形式——保安司令制度。

（1）打起「聯省自治」的旗號

1922 年 5 月初奉軍在第一次直奉戰爭中戰敗，直系控制的北京政府乘機於 10 日褫奪張作霖本兼各職。對此奉系立即做出應對，張作霖於 12 日在灤州宣佈獨立，改稱奉軍總司令，並發表宣言：「對於友邦人民生命財產力加保護，所有前清及民國時期所訂各項條約一概承認。此後如有交涉事件，請徑行照會灤州本總司令行轅。自本月一日起，所有北京政府訂立關於東三省、

〔註 4〕〔英〕加文・麥柯馬克著，畢萬聞譯：《張作霖在東北》，吉林文史出版社，1988 年，第 12 頁。

〔註 5〕參見陳崇橋等編著：《從草莽英雄到大元帥：張作霖》，遼寧人民出版社，1991 年，第 35～48 頁。

〔註 6〕參見陳崇橋等編著：《從草莽英雄到大元帥：張作霖》，遼寧人民出版社，1991 年，第 68～86 頁。

〔註 7〕督軍公署、省長公署和巡閱使署的組織構成與職權，以及有關北京政府時期地方軍民兩政官制沿革變化，詳見錢端升等著：《民國政制史》下冊，上海人民出版社，2008 年，第 351～432 頁。

內外蒙、熱河、察哈爾之條約，未得本總司令允許者，概不承認。」〔註8〕面對奉軍大敗，直軍乘勝進擊之勢，奉系是大廈將傾，還是臥薪嘗膽徐圖東山再起，東北今後又將何去何從，如何發展，對此東北社會各界產生了激烈的爭執與分歧。

在下層民眾中，有主張脫離北京政府東三省獨立而後與國民黨聯合者，如旅滬同鄉會趙鋤飛致王永江函：「吳佩孚之投機恢復舊國會制憲，乃操縱中國政柄之權術也。……頃聞我三省舊國會議員有紛紛赴津擬謀響應吳曹投機陰謀之說。滬報遍載，令人惶駭。此說果成，乃寔不啻代表我三省三千萬軍民投降於徐曹吳，且陷我三省時局於不可收拾之境。……謹就管見爲先生告之，第一，要警告三省舊國會議員，萬不可趁機奔直求曹吳恢復國會。污蔑人格，甘作降卒，侮辱我三省人格者應以三省團體名義除其省籍或以通敵論罪。第二，要脫離北京政府宣佈獨立，免去今日一僞令，明日一亂命，挑剔三省軍民自相殘害。須早日與西南政府切實結合，謀主義上之互助，否則徒脫北而不結南，人將目之爲殃民誤國，謠言一出統系無所屬，人心何所繫，即所期者亦將瓦解不可恃也。第三，軍事動作……急於雪恨亦應與各方取一定機會，免遭孤立，勿作零星犧牲，徒傷元氣。現在討吳者尚潛伏騎牆者正觀望，目前只要保守陣地，勿急求反攻，察四圍之空氣作切實之準備，一觸機會吳曹沒滅絕無遠期。」〔註9〕

亦有主張息兵與直系謀和推進地方自治者，如旅江奉天公民代表廣鐵生致奉天省議會及各團體電：「近聞吳使矯總統命，免我巡帥本兼各職，事關三省安危，諸公於理力爭，使人欽佩。惟須貫徹巡帥初衷謀統一進步，要標本兼顧，望始終堅持。謹提出數條用備採擇：一、巡帥救國保民眞誠……。二、勸吳使覺悟，息兵謀和，莫背三省民心，致送國土，如得覆許，電與巡帥諒解。三、廢都裁兵，請吳方作模範，我方須取同一態度。四、雙方贊助開國民公會，政府武人不得干預，定眞正是制，純良憲法。五、對於恣意征伐，用男不充兵，地不納稅法抵制之。六、自治地方。七、改巡警爲續備。」〔註10〕

〔註 8〕陶菊隱：《北洋軍閥統治時期史話》，三聯書店，1983 年，第 1146 頁。

〔註 9〕《旅滬同鄉會趙鋤飛爲東三省應宣佈脫離北京政府致王永江函》（1922.5.17），遼寧省檔案館編：《奉系軍閥檔案史料彙編》③，江蘇古籍出版社，1990 年，第 720 頁。

〔註10〕《旅江奉天公民代表廣鐵生爲東三省自治息兵謀和致奉天省議會及各團體電》（1922.5.22），遼寧省檔案館編：《奉系軍閥檔案史料彙編》③，江蘇古籍出版社，1990 年，第 730 頁。

　　而在上層領導集團內，以王永江爲代表的「文治派」文官群體則主張實行「聯省自治」制度，以少數軍隊駐守山海關以外，其餘各軍調回原防，並同時力行縮減軍備，發展東北。〔註11〕並於5月19日由奉天省議會召開會議，宣佈東三省實行「聯省自治」，同時仍公認張作霖爲東三省巡閱使兼奉天督軍、省長，並推舉其爲東三省保安總司令，孫烈臣、吳俊升爲副司令。〔註12〕而以張作霖爲代表的「武人」雖對內對外也均宣稱東三省自治，自5月1日起東三省政務由東三省人民自作主張，並以後滿蒙交涉，由奉作主。〔註13〕但張作霖始終意欲再戰，以圖雪恥。然而隨著奉軍於6月中旬在山海關附近與直軍的再戰仍以失敗告終，使得張作霖不得不接受議和，並與直系簽訂停戰和約。〔註14〕而對東北的政治改革，在眾人仍擁護張作霖爲東北首領的前提下，張也不得不遵從眾議，接受「聯省自治」的主張。

（2）《東三省聯省保安規約》——奉系自治政權的合法性

　　東三省要脫離北京政府而實行聯省自治，自然要由東三省各省議會均決議通過才能具有合法性。而爲了便於三省採取統一行動，6月1日，奉、吉、黑三省省議會在奉天組成了東三省省議會聯合會，成爲名義與形式上的東北最高立法機關。6月8日，東三省省議會聯合會「推舉」張作霖爲東三省保安總司令，孫烈臣、吳俊升爲副司令，正式宣告「聯省自治」。〔註15〕7月15日，張作霖正式成立東三省保安總司令部，「所有部內應設職員即由巡、軍兩署及鎮威軍總司令部人員改組擇充委任」，並下設七處：參謀處、副官處、軍務處、軍需處、軍法處、軍醫處、秘書處。〔註16〕與此同時各省議會又陸續「推選」王永江爲奉天省長，魁升爲吉林省長，于馴興爲黑龍江省長。然而這些選舉

〔註11〕　胡玉海：《奉系軍閥大事記》，遼寧民族出版社，2005年，第294頁：《王永江爲請縮減軍備共圖文化致楊宇霆函》（1922.7.8），遼寧省檔案館編：《奉系軍閥檔案史料彙編》④，江蘇古籍出版社，1990年，第37頁。

〔註12〕　胡玉海：《奉系軍閥大事記》，遼寧民族出版社，2005年，第292頁；韓信夫、姜克夫主編：《中華民國大事記》第一冊（1905～1922），中國文史出版社，1997年，第885頁。

〔註13〕　韓信夫、姜克夫主編：《中華民國大事記》第一冊（1905～1922），中國文史出版社，1997年，第887、889頁。

〔註14〕　胡玉海：《奉系軍閥大事記》，遼寧民族出版社，2005年，第294～295頁。

〔註15〕　胡玉海：《奉系軍閥大事記》，遼寧民族出版社，2005年，第294頁。

〔註16〕　《張作霖爲成立東三省保安總司令部的咨令》（1922.7.15），遼寧省檔案館編：《奉系軍閥檔案史料彙編》④，江蘇古籍出版社，1990年，第39頁；胡玉海：《奉系軍閥大事記》，遼寧民族出版社，2005年，第297頁。

並非出自議員本意，而是受到奉系的強迫而不得不爲。原本吉林省議會選舉其議長于源浦爲吉林省長，黑龍江省議會選舉其議長梁聲德爲黑龍江省長，二人皆爲本省人，本合「聯省自治」與「軍民分治」之原則，但張作霖卻指定魁升爲吉林省長候選人，于馴興爲黑龍江省長候選人，要求各省議會改選。〔註17〕魁升，雖然是吉林永吉人，但從 1919 年 8 月起便一直任奉天省政務廳廳長。〔註 18〕于馴興，雖長期在黑龍江任職，歷任綏蘭道尹、政務廳長，時任教育廳長，但卻是安徽壽縣人。〔註 19〕可見即便是實行自治，奉系仍要把吉黑地方政權掌控在自己手中。「對文官們說來，軍政與民政分離，並由議會選舉省長的權力是自治聯盟計劃的基礎。因此，張作霖對吉林和黑龍江兩省選舉的干涉和否決，是對他們的期望的明顯打擊。」〔註 20〕

　　東三省實行「聯省自治」，除了設立立法機關，確立軍民兩政分治的原則外，更重要的是要制定東三省聯省保安規約，希望以此來約束「武人」，而確保自治的實行。但其結果不言而喻，張作霖的權威不但未受任何影響，還因爲該規約的制定而賦予了奉系繼續統治東三省的合法性。

　　8 月 12 日，東三省保安總司令部爲制定聯省保安規約而發出如下通告：

　　　　東三省保安總司令部業已成立，所有東三省聯省保安規約亟應

　　　組織完備，以利推行，而資遵守。現經軍民兩署及各法團開會集議

　　　決定辦法如左：

　　　一、名稱，東三省聯省保安規約。

　　　二、起草，由三省議會聯合會。

　　　三、組織，由三省軍民兩署及五會聯合會。奉吉江軍民兩署各 1

　　　　　人，三省議會各 5 人，三省農、工、商、教各會各 1 人，均

　　　　　由各機關各團體自行推定。

〔註17〕　參見〔英〕加文・麥柯馬克著，畢萬聞譯：《張作霖在東北》，吉林文史出版社，1988 年，第 88～89 頁。

〔註18〕　《東北人物大辭典》編委會編：《東北人物大辭典》，遼寧人民出版社、遼寧教育出版社，1992 年，第 919 頁；《奉天省軍政民政司法職官年表》，劉壽林編：《辛亥以後十七年職官年表》，中華書局，1966 年，第 256～259 頁。

〔註19〕　《東北人物大辭典》編委會編：《東北人物大辭典》，遼寧人民出版社、遼寧教育出版社，1992 年，第 663 頁；《黑龍江省軍政民政司法職官年表》，劉壽林編：《辛亥以後十七年職官年表》，第 271～275 頁。

〔註20〕　〔英〕加文・麥柯馬克著，畢萬聞譯：《張作霖在東北》，吉林文史出版社，1988 年，第 88～89 頁。

四、地點，奉天省議會。

五、起草日期，由 8 月 14 日起。

六、召集日期，8 月 21 日。

七、召集機關，東三省保安總司令部。

八、簡章，由三省議會聯合會另定之。現在召集期迫應即通知各
機關各團體查照議定辦法，各速進行，並將推定人員務於 8
月 21 日齊集奉天省議會，是爲至要。〔註21〕

但遲至 24 日，東三省保安聯合會才召開成立大會。當天下午 1 時舉行開會式，
三省會員一共有 31 人（參見表 1-1-1）。其中三省議會方面有會員 15 人，所佔
比例約 48%；三省法團方面有會員 10 人，所佔比例約 32%；三省軍民兩署方
面有會員 6 人，占比例約 19%。即議會、法團、軍民兩署會員比例爲 5：3：2，
可見議會在該聯合會中之地位。在開會式上，首先由張作霖的代表楊宇霆向
各會員及來賓報告開會宗旨：「總司令因事務總忙，特遣宇霆代表到會，將開
會宗旨向大家報告。總司令蒙各界推戴，又有桑梓關係不得不勉爲其難。惟
在督軍、巡閱使時代，莫不各有官制。保安總司令既經各界推戴，其職權若
何，尚應規定明確，故有東三省規約若干條之提議，諸君對於三省利弊……
凡所規約有無弊竇，務請知無不言，以資盡善。」奉系將該規約定義爲保安
總司令的官制，這與文官群體和社會各界法團期望約束軍權伸張民權的主張
差距甚遠。所以在隨後的來賓演說中，針對規約性質首先便產生了爭執與分
歧。由於文官群體與議會早在前一輪省長選舉中敗下陣來，並屈服了奉系的
強權，故此時他們的代表僅站在中立的立場發言。官地清丈局會辦林成秀說：
「政權施行之際，約分官權、民權兩種，官權盛則民權衰，民權盛則黨派起，
循環不已，政治實無良善之日。該規約所載，於政權運用之際，務須審思評
慮，盡善盡美，以期有利無弊。蓋規約者，實三省治亂關頭未可忽略者也。」
黑龍江省議員於北忠說：「此會之開，原爲推戴張使，所以推戴張使者，爲張
使能保護三省治安也。然欲爲三省治安，對內則宜團結人心，對外亦須團結
堅固，使外人無隙可乘，然後於保安二字方有把握。」其態度顯然是不偏不
倚，軍方與法團兩不得罪。而最後發表演說的醒時報社長張兆麟則說：「本報
鼓吹自治已非一日，保安責任雖屬張帥，其實仍賴各界互助……敵人以爲凡

〔註21〕《東三省保安總司令部關於聯省保安規約的通告》（1922.8.12），遼寧省檔案
館編：《奉系軍閥檔案史料彙編》④，江蘇古籍出版社，1990 年，第 62 頁。

在三省謀產業者，對於保安、對於民治均與有責，故今日之會關係極爲重要，萬不可兒戲視之。」〔註22〕張的發言雖然沒有明確反對規約的官制性質，但顯然其對奉系將規約僅定爲官制而排斥民權參與表示了不滿。

表1-1-1：東三省保安聯合會會員名單

會員部門	姓　名	比　例
奉天省議會代表	李樹滋，呂榮寰，陳伯文，王昌年，周從政	48.4%
吉林省議會代表	劉樹春，程萬里，祖錫澤，趙汗章，陳永峰	
黑龍江省議會代表	孫廷，譚硬多，李柏英，王景山，金毓庚	
奉天農務總會代表	鹿鳴	32.3%
奉天工務總會代表	薛永來	
奉天商務總會代表	劉愛賢	
奉天教育會代表	戴裕忱	
吉林農務總會代表	苗全	
吉林工務總會代表	王會安	
吉林商務總會代表	關啓瑞	
吉林教育總會代表	朱永濬	
黑龍江商務總會代表	孫榮賽	
黑龍江教育總會代表	蒼明略	
奉天軍署代表	王鐵錚	19.4%
奉天省署代表	謝蔭昌	
吉林軍署代表	劉尙清	
吉林省署代表	孫樹棠	
黑龍江軍署代表	張延厚	
黑龍江省署代表	郝延鐘	

資料來源：《東三省保安聯合會會員姓名單》，遼寧省檔案館編：《奉系軍閥檔案史料彙編》④，江蘇古籍出版社，1990年，第84頁。

　　而同日，東三省工、農、商、教育等法團代表在審查由東三省省議會聯合會起草的保安規約後給張作霖的意見書中則明確提出了反對：

　　　　按規約原根據保安二字，即當以保安二字爲前提。所謂保安

〔註22〕《奉天省議會速記錄》（1922.8.24），遼寧省檔案館編：《奉系軍閥檔案史料彙編》④，江蘇古籍出版社，1990年，第79頁。

—31—

者，凡關係東三省，現狀如約維持，隱患如約預防，理應使我官民一體，上下一心，共同規定一種團結章程，組織一種團結機關，以期達到保安目的。今日之規約即應根據此旨，稍一不慎，爭執必多，先自紛擾，何安是言。代表等被招蒞會，責任在乎審查等等手續，當就草約具體上研究之，而後始能談到各項所謂具體者何，即該規約之性質爲何，宜先辨明，產生之根據何在，宜先認定，否則貽笑中外，不可不慎。就管見所及，此種規約就性質上言之，並非變相憲法，若按立法形式組織規約，現在之保安總副司令實無根據，將來國是一定，國憲產生，又恐不無衝突。詳察其性質無非東三省聯合保安一種章程而已，所以軍政機關，實體法團參加其間，而共同組織一種參政規則而已。就保安規約根據上言之，當先組織東三省保安聯合會。國家政局來定國憲，未產生以前，藉此爲維持政局之助，由本會推舉正副會長並組織各部，推舉參議幹事。凡東三省保安事件，由東三省保安聯合會審議之，由各省政務官執行之。今日之會議原根據東三省聯合會簡章召集而來，所謂規約者，當然根據保安聯合會提綱挈領順序以產生之，若如簡章摭而充之再定東三省聯合保安一種詳細章程，諸事無有依據，當然中外無不誹謗，所謂求安而□安矣。若對於東三省過去之事實免去牴觸，未來之政治尚有餘地，其無謂之紛爭亦可不致再爲發生。代表等關切桑梓陳述管見，是否有當先請裁奪以定審查方針。〔註23〕

奉系將規約認定爲官制，自然是要藉三省民意賦予保安總司令的合法性，並取得如同督軍、巡閱使一樣繼續專制東三省的權力。三省法團雖然不贊成東三省省議會聯合會將規約定爲憲法性質，但也不贊同官制性質，而是堅持規約爲聯合保安章程性質，重點是「聯合」，是各法團也要參政，要與議會、軍、政機關一起共同組織保安聯合會，並以該會爲東三省最高行政機關，三省保安事件均由該會審議，而後交由各省行政機關執行。顯然保安聯合會要凌駕於保安總司令之上，是對奉系統治權的挑戰。

〔註23〕《東三省商務教育等會代表爲審查東三省保安規約給張作霖的意見書》（1922.8.24），遼寧省檔案館編：《奉系軍閥檔案史料彙編》④，江蘇古籍出版社，1990年，第69～70頁。

　　針對規約的性質，草擬者東三省省議會聯合會認爲應是憲法，即實行議會政治，自然更利於議會一方；東三省法團認爲應是聯合保安章程，各法團也要參政議政；而掌握實力的奉系則認爲規約即官制，是保安司令統治東三省的合法性體現。三方爭執與分歧的結果，自然是以軍隊爲後盾的奉系獲得勝利而告終，但爲了獲得合法性，各法團要求參政的要求也得到了奉系的同意，保安聯合會被名義上賦予了最高行政機關的地位，並得以保留。

　　25日，保安聯合會開談話會，目的就是要協調各方意見以取得一致。楊宇霆在會前被眾會員推舉爲會議主席，主持會議，並首先發言，再次強調了規約的官制性質：「規約性質與憲法不同，諸君莫誤認爲規約爲憲法。蓋規約者，係總司令一種官制官規。在巡閱使時則有巡閱使之官制官規，在督軍時代則有督軍之官制官規，俱有明令可以遵循。今總司令係由東三省各界推舉，故此項之官制官規，亦應由東三省各界規定。保安之聯合會之召集，即爲規定此事。今諸君所擬之規約未免與憲法夾雜，寔與總司令召集提議之旨不合，可否逐條宣讀，將其不合於總司令之官制官規者刪除，以求適當。否則若爲制憲，有地方各界便足了事，又何用軍政各界之參與其間也。」而在隨後的討論中，主要是修改規約草案，將具有憲法色彩的條文逐一刪去，而保留具有官制性質的條文，並將個別字句加以修改。而其中意見分歧最大的保安聯合會職權及其是否繼續留存，吉林商務總會代表關啓瑞認爲：「此條關係保安極爲重要，絕不可刪」，結果「眾謂暫且擱置，以待開大會時再行討論。」〔註24〕

　　26日，保安聯合會召開大會，對修改後的規約草案加以詳細研究並定稿。其方法是逐條宣讀，逐條修改，由於前一日討論會已基本形成統一意見，故爭議仍是保安聯合會問題。楊宇霆說：「此條擬改爲東三省共同保安事宜由總司令主持之，遇有重大事項，由總司令召集東三省省議會聯合會及各法團聯合會議決行之，大家以爲何如。」而眾會員意見不一：「時有謂仍由保安聯合會議決行之者；有謂保安聯合會未必永久存在者，仍以省議會及各法團議決行之爲是者。」對於爭執楊宇霆提議：「先將條文前章通過，其後章僅屬文字關係，無甚重要，俟條文全體通過後研保安聯合會是否永久存在，再行改正」，眾會員贊成該辦法。在規約十三條全部通過後對東三省保安聯合會是否存在問題的討論中，吉

〔註24〕《奉天省議會速記錄》(1922.8.25)，遼寧省檔案館編：《奉系軍閥檔案史料彙編》④，江蘇古籍出版社，1990年，第81頁。

林商務總會代表關啓瑞「主張永久存在」，吉林省議會代表程萬里「主張存其名義，必要時有重要事項時再行召集」，吉林農務總會代表苗全主張「保安聯合會當然存在，無研究之必要」。最後由楊宇霆提議「贊成東三省保安聯合會存在者請起立」，由於「起立者多數」，故決定保留該會。〔註25〕

9月中旬，東三省保安總司令部將成立東三省保安聯合會情形及聯省保安規約公佈。「總司令通告召集三省省議會及軍民兩署並各法團組織東三省聯省保安規約等因，旋於8月24日，假奉天省議會開保安聯合會成立大會，計三省會員共31人一致出席。25日開談話會，經東三省省議會聯合會各起草員將保安規約草案提出討論，大致就緒。26日開大會後將該規約草案詳加審核，逐條通過，並公認本會名義，應永久存在，仍附設於奉天省議會內，以期便利，28日舉行閉會式。此本會成立及議決保安規約與閉會等之一切情形也。……本會係借用奉天省議會關防，合併奉聞。」最後決議通過的《東三省聯省保安規約》共計十三條，主要內容如下：

> 一、東三省因地理歷史關係及維持現狀之必要，聯合為一保安
> 　　區，實行聯省保安規約。
> 二、東三省保安區以奉天、吉林、黑龍江及所屬蒙旗固有之區域
> 　　為限。
> 三、東三省主權在保安期內由三省人民共享之。
> 四、東三省疆土及一切權利由三省官民共保之，無論何人不得侵
> 　　略。
> 五、東三省保安行政方針應取一致。
> 六、東三省軍務由保安總司令統轄之，副司令協理之。
> 七、東三省保安總司令由省議會聯合會選舉，副司令由總司令任
> 　　免之。
> 八、東三省共同保安事宜，由保安總司令主持之，遇有重大事項
> 　　須由保安總司令召集，由東三省保安聯合會〔處理〕之。
> 九、總司令認為必要時，得在保安區域內宣佈戒嚴。
> 十、在保安區域內倘有違反第四條規定者，總司令得行使相當之
> 　　抵禦。

〔註25〕《奉天省議會速記錄》（1922.8.26），遼寧省檔案館編：《奉系軍閥檔案史料彙編》④，江蘇古籍出版社，1990年，第82頁。

十一、東三省各本省有與外人締結條約合同，關係本省利害之事，
其已實施者仍舊辦理，未實施或新發生者須得省議會及各法
團之同意。

十二、本規約如有未盡事項得由保安總司令召集東三省保安聯合會
修正之。〔註26〕

由上述第八條和第十一條可知，各法團參政議政的要求得以實現，儘管這
只是紙面上的權限，但起碼說明各法團已成為了東北地方政權中一支重要
的參與力量。雖然議會要求制憲的要求被拒絕，但由於此前各省議會已組
成東三省省議會聯合會，並成為了名義上東北最高立法機關，議會由被奉
系長期排擠不受重視的地位一躍成為東北地方政權中對張作霖合法地位
起到主要作用的關鍵角色〔註27〕，也可得到滿足。但縱觀內容又可知，該
規約最終還是被定性為保安總司令的官制，使得因被北京政府免職而失去
全部合法性的張作霖重新獲得了繼續統治東北的合乎民意的合法性。東三
省聯省自治本以軍民兩政分治為基礎，東三省省議會聯合會為最高立法機
關，東三省保安總司令部為最高軍事機關，東三省保安聯合會為最高行政
機關。雖然該規約沒有明確規定東北地方政權的組織形式，但對東三省保
安總司令與東三省省議會聯合會、東三省保安聯合會的關係作了「明文」
規定，由此亦可推知奉系地方政權表面上的組織形式（參見圖1-1-1）。

圖1-1-1：奉系地方政權表面組織形式

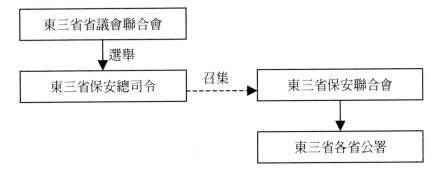

〔註26〕《東三省保安總司令部為成立三省保安聯合會及聯省保安公約等給奉天省長
咨》（1922.9.16），遼寧省檔案館編：《奉系軍閥檔案史料彙編》④，江蘇古籍
出版社，1990年，第77～79頁。

〔註27〕主要原因有二：第一，該規約中規定東三省保安總司令由東三省省議會聯合
會選舉產生；第二，在東三省保安聯合會中議會所佔比例最大（參見表1-1-1）。

　　而在奉系軍事力量面前，無論是地位提升的議會還是參與政權的法團，均是奉系取得合法性的工具，其對保安總司令權限的限制也僅能停留在紙面上，因為條文規定本身就是含糊其辭的，並沒有規定「重大事項」的標準，如果張作霖認為任何情況均構不成「重大事項」，那就無須召集保安聯合會，由其「主持之」便可。並且猶如二者地位上昇一樣，奉系亦可以在必要時隨時將其貶低並一腳踢開，比如自治兩年後的 1924 年奉系發動了第二次直奉戰爭，並宣佈重新以北京政府為正朔，之後又與北伐軍對抗等等，奉系均毋庸理會議會與法團的意見便是證明。因此此時奉系地方政權的實際組織形式是以東三省保安總司令為核心的保安司令制度，在東三省省議會聯合會推舉張作霖為總司令，東三省保安聯合會制定完聯省保安規約後，二者的任務與使命便基本宣告結束，而各省政府依然控制在奉系手中（參見圖 1-1-2）。

圖 1-1-2：奉系政權實際組織形式

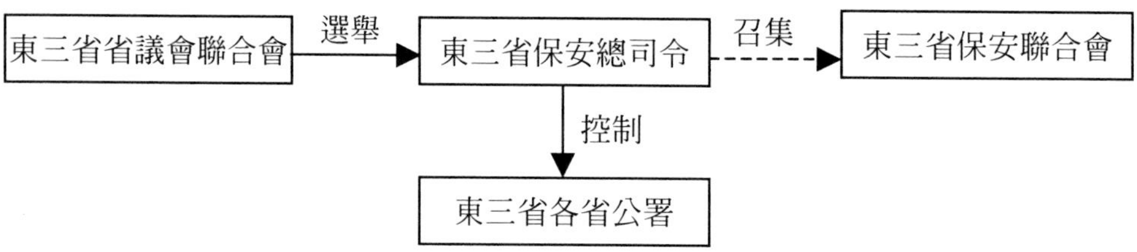

（3）保安會的緣起

　　奉系地方政權採取保安司令制度的組織形式，並非此時首創，在 8 月 24 日東三省保安聯合會成立大會上，奉天省議會代表在發言中就曾對保安司令制度的起源做過介紹：「原保安會在晚清季年曾以敝會地點開會一次，所得成績異常優良，今率三省之力又開保安聯合會，其成績定於當年而上可明言也。」〔註28〕所謂「原保安會」即是 1911 年辛亥革命時為鎮壓革命黨人起義而成立的奉天國民保安公會。辛亥革命爆發後，東北革命黨人試圖以和平方式驅逐東三省總督趙爾巽，但由於趙已密令張作霖回省保護，故受挫。此後在如何應對革命局勢及東三省應持何態度的討論中，趙爾巽提出「保境安民」的政治方針，並在張作霖的支持下，迫使革命黨人接受了該主張。隨後革命黨人

〔註28〕《奉天省議會速記錄》（1922.8.24），遼寧省檔案館編：《奉系軍閥檔案史料彙編》④，江蘇古籍出版社，1990 年，第 79 頁。

又試圖在 11 月 12 日保安公會成立會議上宣佈東三省獨立，但同樣因爲張作霖的武力介入而功敗垂成，趙爾巽當選爲保安公會會長，張作霖當選爲軍政部副部長，新政權仍舊掌握在舊派人物手中。〔註29〕17 日，趙爾巽將奉天省設立保安公會情形及分會章程公佈如下：

> 奉省設立保安公會，其宗旨惟在保護公安，維持秩序。省城組織雖分八部，而舊設各機關一切仍舊照常辦事，並無變更。所舉各部正部長皆以行政官兼充，副部長則參用地方士紳，以資聯絡而分責成。省外各屬自應一律照辦，惟章程雖應劃一而事勢各有不同，應先將分會名義成立，即以該地方官爲分會會長，至於會中組織不必拘定八部，各按地方情形酌分數科參用。現在地方士紳同署辦公，抱定保安宗旨，認眞舉辦，官無求備，志乃不紛，毋或稍涉鋪張，轉致多所誤會，省章現已重行更訂，印發可以參酌行之。

奉天省城設保安公會，各府、廳、州、縣則設保安分會，均以「保境安民」爲宗旨。《奉天國民保安分會章程》一共十一條，主要內容是規定分會組織與職權，具體如下：

第一條　本分會爲保衛地方公安起見，無論滿、漢、回、蒙，凡在本地土著及現住之各省各國人，其生命財產均在本會保安範圍之內。

第二條　本分會以尊重人道爲主義。

第三條　本分會所即在地方官衙署設立，若有相宜地址亦可另設。

第四條　本分會以保安爲職務，有輔助行政之權責。

第五條　設分會長一人，由府、廳、州、縣官兼任之，副會長二人由各界公推之。

第六條　分會長總理本地方保安一切事宜，副會長協理一切事宜。

第七條　本分會應分設文牘、庶務兩課，由會長商同副會長委任之。

第八條　設參議員爲本分會監督機關，設參議總長一人，副長二人，參議員無定額，參議員人員均用舊有城鄉執事紳民公推。

〔註29〕胡玉海：《奉系縱橫》，遼海出版社，2001 年，第 54～56 頁。

　　第九條　本分會仍用地方官印信不另刊關防。〔註30〕

因爲普通民眾只求安定的生存環境，所以從此開始「保境安民」就成爲東北社會各界共同追求的政治目標，也成爲奉系尋求合法性來源的主要執政理念，並屢試不爽。無論是 1922 年第一次直奉戰爭後，還是 1925 年郭松齡反奉後，抑或是 1928 年奉軍退回東北後，只要在東北的統治受到外部力量的威脅，奉系就會祭起「保境安民」實行自治的大旗，就均可順利渡過難關。

（4）截留國稅與東北利權奉系化

　　在第一次直奉戰爭後，直系控制了北京政府，爲了防止東北國稅落入直系手中，奉系開始截留各項國稅。與此同時，爲了防止直系控制的北京政府利用東北各種利權獲得外國貸款，奉系還宣佈不承認此後北京政府與外國簽訂的一切涉及東北的條約。

　　5 月 13 日，張作霖令吉林省將所有吉省鐵路收入款項截留，此後不得解歸中央，並派人前往路局強制執行。同日張又致函滿鐵：「所有吉長、四洮鐵路及東三省境內已未辦各路，均由本省人民長官自爲處理。於 5 月 1 日以後，無論何人，有對於外人指定東省路權借款情事，本省概不承認。」19 日，奉系決定扣留東北各地關稅、鹽稅及郵政等收入款項，不解交北京政府，以防落入吳佩孚手中。〔註31〕而爲了防止實施扣留過程中發生意外，奉系還同時準備了預案，如東三省巡閱使署飭令各海關監督：「營口、安東、璦琿、琿春、哈爾濱各關監督鑒，扣留關稅之事，本日所發兩電，有彼如不肯扣留，即告明設關之埠港，我將布告商民作爲自由港，概不收稅等語。此是最後之辦法，但能不到如此地步，豈不甚好。我之扣留稅款，原爲此款若解交北京政府，即落吳某之手，增加彼方之武力，則戰事愈益延長。但使各關洋員能確實擔保此後關餘均由洋員手扣留，絕不辦交北京，設法要求洋員予以憑據，則我三省即不扣留，亦未爲不可。並將此意向各關洋員說明，此爲最公道之辦法，勿再誤會爲要。」〔註32〕

　　儘管如此，奉系截留國稅的做法還是引起了西方各國的質疑和反對。如

〔註30〕《趙爾巽箚發奉省設立國民保安公會及奉天分會章程》（1911.11.17），遼寧省檔案館編：《奉系軍閥檔案史料彙編》①，江蘇古籍出版社，1990 年，第 585 頁。

〔註31〕胡玉海：《奉系軍閥大事記》，遼寧民族出版社，2005 年，第 291～292 頁。

〔註32〕《東三省巡閱使署致東北各關監督電稿》（1922.5.19），遼寧省檔案館編：《奉系軍閥檔案史料彙編》③，江蘇古籍出版社，1990 年，第 723 頁。

英、法、日三國公使提出抗議：「聞知張總司令近日發表命令，有 5 月 1 日起將東三省鹽稅以及其他各稅一併扣留等語。查此項命令如果屬實，勢必破壞中國政府訂立之條約及經濟，終致引起與各該國極大之複雜問題。今該三國代表急欲明白聲明者，即此項收入完全爲擔保外債之品，並在該各國處理支配之下，凡對於此項收入之一部分如有干預者，將認爲非法的或曖昧的惹及中國政府之外交也。職是之故，該代表等提出抗議，極力抵抗，該代表等爲今之計深盼望張總司令速即設法取消此種辦法，以免自取失敗爲要。」〔註 33〕

美國駐奉領事對東三省獨立與扣留國稅等事也進行了質詢。對東三省自治問題，奉系「告以北京政府在吳氏強權之下，不能行使職權，所發命令不能認爲有效。……東省人民對於張使免職命令當然不能承認，至以後如果政府再有此等不公正之舉動，對於東省發強迫之命令，人民爲自衛計，亦必有相當之對付。」對於扣留國稅問題，奉系認爲「現在東省應藉重外交大事者，自不能不稍示和緩」。並告知該領事「已飭各鹽關對於扣款事，穩健進行」，同時表示「奉天現在財政充足，本不願以鹽關各稅扣留備用。惟東如不扣，則鹽關各稅必解至北京，歸入吳氏勢力範圍，不啻接濟敵人武力。如有人能保證於東三省事未解決以前不將鹽關各款解京，東三省亦可從緩提扣」。〔註 34〕

各國的質疑與抗議，無非是擔心奉系不承認前清政府和北京政府與之所簽訂的各種條約。所以只要奉系對此類條約一概承認有效，那麼東北截留國稅一事自然也就沒有阻礙了。因此奉系於 6 月 3 日做出如下決議：「現在東三省地方一切政治已經宣佈東省人民自爲主張，所有一切對外條約及協議各款，除本年 5 月 1 日以前訂定者繼續有效外，其在 5 月 1 日以後倘北京政府或將三省路礦林地及稅收各項抵押借款者，三省概不承認。凡此期間對外締結各約必須經交省議會議決，由東省長官簽訂方爲有效。俟合法政府成立後再行歸復舊制」。〔註 35〕奉系就此正式承認了前清政府和北京政府過去所簽訂的一切對外條約，接下來截留國稅的工作進入了實質階段。

〔註 33〕《駐奉日總領事轉送英法日三國公使致張作霖函》（1922.5.27），遼寧省檔案館編：《奉系軍閥檔案史料彙編》③，江蘇古籍出版社，1990 年，第 724 頁。

〔註 34〕《王永江電稿》（1922.5.20），遼寧省檔案館編：《奉系軍閥檔案史料彙編》③，江蘇古籍出版社，1990 年，第 724 頁。

〔註 35〕《張作霖爲東三省宣佈獨立後對外締結各約必經省議會議決給奉天省長咨》（1922.6.3），遼寧省檔案館編：《奉系軍閥檔案史料彙編》④，江蘇古籍出版社，1990 年，第 8 頁。

　　就在做出上述決議的前幾天即5月31日，奉系便已決定將奉省郵務收入撥至奉天省庫〔註36〕；7月13日，張作霖令營口鹽務局今後將鹽稅直接上交東三省保安總司令部；25日，張作霖又致書鹽務稽核處，聲明從本月13日起，東三省鹽稅收入全部用於東三省政費；30日，張作霖又決定取消東三省鹽務所，限外國職員交卸職務。〔註37〕與此同時各海關關稅也都按月撥入東三省保安總司令部。

　　奉系如此截留並驅逐北京政府任命的各國洋員還是遭到了不少抗議與質詢，如7月18日，英國領事對營口鹽務局將鹽稅直接撥入東三省保安總司令部提出抗議；〔註38〕24日，德國駐奉總領事對東三省扣留國稅各行動向奉天交涉員進行了質詢：「本月22日，天津華北明星英文日報內載東省新聞一則，茲將照抄一紙附上即請查閱，張巡帥確否分電奉吉黑三省各廳署實不詳悉，想貴交涉員當知之，即請明告，以免懸揣。」所附抄者為7月22日天津華北明星英文日報關於「張作霖宣告東三省自治」的一則報導，附文如下：

　　　　東三省業已聲明自治，奉吉黑三省人民完全贊同，此後無論北京或其他各處均不得稍有干涉。首先最緊要者，即為維持東三省治安，保護東三省人民，以符自治之實。督軍、省長等名義從此取消，新有中外各機關收入，自今以後完全撥歸奉吉黑三省，以作政費，不得彙解北京。營口、長春兩處鹽稅亦在截留之列，新有官家機關以前為北京政府委派而得者，一概給予護照，以資遣去之。應補人員須由東三省人民自選，呈由保安總司令核准，此乃先善為政治上之東三省獨立。〔註39〕

但由於奉系此前已經承認了舊有條約體系，所以這些抗議聲只不過是例行公事而已，東北從此已經切斷了與直系控制的北京政府的聯繫，成為了張作霖及其奉系的獨立王國。

〔註36〕《佟兆元為將郵務收入撥至奉天省庫致南滿郵務管理局函》（1922.5.31），遼寧省檔案館編：《奉系軍閥檔案史料彙編》④，江蘇古籍出版社，1990年，第7頁。

〔註37〕胡玉海：《奉系軍閥大事記》，遼寧民族出版社，2005年，第296～298頁。

〔註38〕胡玉海：《奉系軍閥大事記》，遼寧民族出版社，2005年，第296頁。

〔註39〕《德駐奉總領事為抄送登載張作霖宣告東三省自治的〈華北明星英文日報〉致佟兆元函》（1922.7.24），遼寧省檔案館編：《奉系軍閥檔案史料彙編》④，江蘇古籍出版社，1990年，第44頁。

2、安國軍軍政府的成立──奉系地方政權走向中央

東北宣佈自治後，奉系在政治改革的同時還對經濟和軍事進行了改革，
〔註40〕而隨著奉系實力的逐漸增強，張作霖再次進關復仇雪恥的意願也越來
越強。經過兩年的整軍經武，1924 年張作霖認爲時機已經成熟，重新編組鎮
威軍，於 9 月 8 日組成鎮威軍總司令部，15 日正式向直系開戰。〔註41〕10 月
24 日馮玉祥發動的北京政變成爲這場戰爭的轉折點，11 月 3 日吳佩孚最終敗
北，在大沽口登船南逃。11 月中下旬，爲了研究應對局勢的辦法，張作霖、
馮玉祥、段祺瑞三方連續在天津召開會議。在 20 日的會議上，由於張作霖的
支持，會議決定請段祺瑞先行入京，主持一切。段則於同日通電定於 24 日就
任臨時執政，組織臨時政府，並稱不願稱作總統，也不設國務總理。〔註42〕
而同時由直系恢復的第一屆國會亦隨著其垮臺而解散。

段祺瑞就任臨時執政後於 12 月 4 日頒佈《中華民國臨時政府制》，對臨
時執政的職權進行了規定，全文如下：

> 第一條　中華民國臨時政府以臨時執政總攬軍民政務，統率海陸
> 　　　　軍。
> 第二條　臨時執政對於外國爲中華民國之代表。
> 第三條　臨時政府設置國務員，贊襄臨時執政處理國務。
> 第四條　臨時執政命國務員分掌外交、内務、財政、陸軍、海軍、
> 　　　　司法、教育、農商、交通各部。
> 第五條　臨時執政召集國務員開國務會議。
> 第六條　本制自公佈之日施行，俟正式政府成立即行廢止。
>
> 　　　　　　　　　　　〔註43〕

顯然臨時執政的職權相當於國家元首兼國務總理，段祺瑞欲攬總統和總理大

〔註40〕　參見陳崇橋等編著：《從草莽英雄到大元帥：張作霖》，遼寧人民出版社，1991
　　　　　年，第 162～175 頁；〔英〕加文・麥柯馬克著，畢萬聞譯：《張作霖在東北》，
　　　　　吉林文史出版社，1988 年，第 94～123 頁。
〔註41〕　《鎮威軍總司令部爲張作霖於 9 月 8 日就任總司令給奉天省長公署咨》
　　　　　（1924.9.16），遼寧省檔案館編：《奉系軍閥檔案史料彙編》④，江蘇古籍出
　　　　　版社，1990 年，第 418 頁；韓信夫、姜克夫主編：《中華民國大事記》第二冊
　　　　　（1923～1929），中國文史出版社，1997 年，第 220 頁。
〔註42〕　韓信夫、姜克夫主編：《中華民國大事記》第二冊（1923～1929），中國文史
　　　　　出版社，1997 年，第 246、255 頁。
〔註43〕　《中華民國臨時政府制》，《東方雜誌》，1924 年第 21 卷第 24 號，第 109 頁。

權於一身實行獨裁的企圖已躍然紙上。「然而因南方國民黨人勢力日大，北方奉系、國民軍系等軍閥傾軋混戰，段祺瑞的皖系軍事實力已喪失殆盡，故儘管段祺瑞仍自視爲政治強人，但實際境況已與當年的黎元洪、徐世昌相差無幾。」〔註44〕以皖奉合作爲基礎的臨時政府本屬過渡性質，以建立正式政府爲目標，但終至北京政府結束正式政府也未建立起來。

　　從法統的角度來說，由 1912 年到 1924 年之間，除了袁世凱自 1914 年 5 月到 1916 年 6 月的兩年間廢除《中華民國臨時約法》以外，其他歷屆政府都是屬於臨時約法的系統，其間雖不免有爭執與反覆，但府院制政體並未更動。雖然 1925 年 12 月 26 日，北京臨時政府修正《中華民國臨時政府制》，恢復設立國務總理，並任命許世英任之。〔註45〕然而臨時執政的產生卻沒有任何法理依據，它只是出於以奉系爲首的各派軍閥的共同「推戴」，甚至一切組織和職權，均可通過各「巨頭」會議協商來決定。〔註46〕自此以後，法統廢止，而由軍閥強權便可導致政體異化。因此說臨時執政的出現無疑開了民國以來政治運作的惡例，同時也爲後來張作霖無視法統而成立軍政府開了先例。

　　由奉系支持的北京臨時政府成立後，東北聯省自治已失去意義，因此隨後奉系宣佈服從中央，取消自治。1924 年 12 月 5 日，張作霖電段祺瑞稱，巡閱使之職爲軍閥之禍本，應請裁撤，並願從自身做起，首先解除東三省巡閱使。6 日又通電宣佈將鎮威軍名義及戰鬥組織一併取消，沿線駐軍準備分期撤回防地，嗣後東三省軍事進止悉聽中央命令。10 日，段祺瑞下令裁撤各省巡閱使，改督軍爲督辦，並令張作霖仍節制指揮東三省軍政。同日段特任張作霖督辦奉天軍務善後事宜，特任張作相督辦吉林軍務善後事宜，特任吳俊升督辦黑龍江軍務善後事宜。1925 年 1 月 7 日，段特任張作霖督辦東北邊防屯墾事宜。18 日，張作霖召集在省各要人開會，討論廢止東三省保安總副司令後，改組邊防外交軍務之辦法。20 日，張作霖就任督辦奉天軍務善後事宜節制東三省軍政及督辦東北邊防屯墾事宜。〔註47〕取消東三省保安總副司令，

〔註44〕張憲文等著：《中華民國史》第一卷，南京大學出版社，2005 年，第 224 頁。
〔註45〕錢端升等著：《民國政制史》下冊，上海人民出版社，2008 年，第 148 頁。
〔註46〕錢實甫：《北洋政府時期的政治制度》上冊，中華書局，1984 年，第 61～62、73 頁。
〔註47〕韓信夫、姜克夫主編：《中華民國大事記》第二冊（1923～1929），中國文史出版社，1997 年，第 263、266、279 頁；胡玉海：《奉系軍閥大事記》，遼寧民族出版社，2005 年，第 379、383 頁。

接受北京政府的任命，即表明實行兩年多的東北聯省自治宣告結束。

雖然巡閱使裁撤，東三省保安總司令廢止，東三省在名義上失去了最高軍政統御機關，但由於段執政已以命令形式令張作霖繼續節制東三省軍政，所以實際上奉天督辦即爲東三省督辦。而且張作霖又多了一個新頭銜即東北邊防屯墾事宜，邊防屯墾雖然涉及軍事，但主要還是涉及民政，因而東北「各該地方官吏均歸節制」〔註48〕。如此，東北軍民兩政仍然爲張作霖所掌握，實行自治以來的東北權力格局並未發生變化，段執政的任命無非是對張作霖既得權力的重新肯定，並賦予北京政府任命的合法性而已。

第二次直奉戰爭奉軍獲勝後，奉系企圖乘勝進軍，擴大其在關內的地盤。但這與新興的同樣企圖擴張勢力的國民軍系產生了矛盾。在段祺瑞的斡旋之下，兩派暫時劃定勢力範圍，奉系以津浦線爲發展方向，馮系則以京漢線爲發展方向。但由於奉軍在戰爭中損失最多，而馮系國民軍則是靠此次戰爭才發展起來的，所以奉系自然不甘心將大片地盤拱手讓與馮系，而且此時以皖奉聯合爲基礎的段祺瑞臨時政府卻處在國民軍的實際軍事控制之下，這對於志在奪取北京政權的張作霖來說，自然也是無法容忍的。而爲了對付奉系，馮玉祥與早已對張作霖不滿的奉軍將領郭松齡、李景林結成「三角同盟」，共同反張。1925 年 11 月下旬，郭松齡宣佈舉兵討伐張作霖，但由於李景林和馮玉祥均未能按計劃行事，使得郭軍最終功虧一簣。此事件的發生使得張馮之間本已緊張的關係更加惡化。

1926 年 1 月初，爲了討伐馮系國民軍，奉直兩系達成諒解，並商定：（1）雙方共同以馮玉祥爲敵，合力消滅馮系國民軍；（2）事成後奉軍出關，關外地盤由張作霖主持，吳不過問；（3）以直魯歸吳，以三特別區歸張宗昌和李景林；（4）以後中央政府和陝甘豫地盤聽吳主持，奉張絕不過問。〔註49〕在決定了奉直聯合討馮方針後，對於曾由其支持卻實際處在國民軍控制下的北京政府，奉系也不予承認，1 月 11 日張作霖通電全國，聲明段祺瑞既以喪失行政上之實權，今後「東三省與北京政府各部停止行政交通關係，廢去東北

〔註48〕《張作霖爲就任督辦奉天軍務節制東三省軍政及督辦東北屯墾事宜的通電》（1925.1.22），遼寧省檔案館編：《奉系軍閥檔案史料彙編》④，江蘇古籍出版社，1990 年，第 550 頁。

〔註49〕奉直雙方諒解達成的條件可參見孟星魁：《直系軍閥大聯合的醞釀和失敗經過》，中國人民政治協商會議全國委員會文史資料委員會《文史資料選輯》編輯部編：《文史資料選輯》（合訂本），第 12 卷第 35 輯，中國文史出版社，2000 年，第 99 頁。

邊防屯墾督辦之職名，專用鎮威上將軍之名稱。」〔註50〕在奉直兩軍的討伐下，國民軍實力不濟，頻頻後撤。4月2日，國民軍派出代表與直系接洽和議，提出國民軍謀和條件：（1）釋放曹錕，（2）恢復法統，（3）將京漢全線交歸吳佩孚，（4）國民軍駐屯京兆，（5）協同吳軍要求奉軍退回關外。8日，吳佩孚派代表赴奉與張作霖磋商國民軍求和問題。吳提出條件並徵求張的意見：（1）恢復法統，（2）釋放曹錕，（3）國民軍全體改編，將領由吳任命，（4）以王士珍為臨時海陸軍元帥，（5）限5個月內召開新國會，7個月內組織大選。〔註51〕國民軍所提條件利直不利奉，意圖離間直奉關係，同時仍試圖實際控制北京政府。而吳佩孚所提條件雖然接受了一些國民軍條件，並提出了對直更有利的要求，但也是以奉直諒解條件為基礎的，所以張作霖也只能表示大致同意。然而此時北京已經處在奉軍和直魯聯軍的圍攻之中，要想讓張作霖放棄攻馮已無可能。國民軍無奈之下只得放棄北京，但在棄城之前，國民軍於9日再次發動政變，派兵包圍國務院，謂段祺瑞「禍國殃民，無所不至」，「迫不得已採用嚴正辦法嚴行制止。一面恢復曹公（錕）自由，並電請吳玉帥（佩孚）即日移節入都主持一切。」〔註52〕段祺瑞則逃入東交民巷，於20日正式宣佈下野，北京臨時政府改組，胡惟德兼署國務總理，攝行臨時執政職權。〔註53〕至此段祺瑞臨時政府便宣告終結，此後一年多時間裏北京政府元首一直處於虛位，而由國務總理代行國家元首職權，進行攝政。

將國民軍勢力驅逐出北京後，北京政權落入了直奉兩派系掌握之中。但隨著6月份以後國民黨北伐的開始和強勢推進，吳佩孚逐漸將兵力抽調南下，而在對北伐軍的戰爭中，無論是吳佩孚還是孫傳芳均悉數敗北。至1927年3月，國民黨攻克南京，直系軍事力量基本被消滅殆盡。而此時北方軍閥中向存實力者僅剩下奉系，於是各方軍閥逐漸向奉系靠攏，以期共同對抗北伐軍，以致北京政權終於逐漸落入到了張作霖的掌控之中。

1926年11月，在直系孫傳芳與北伐軍交戰敗勢已定的情況下，奉系企圖

〔註50〕 韓信夫、姜克夫主編：《中華民國大事記》第二冊（1923～1929），中國文史出版社，1997年，第420頁。

〔註51〕 韓信夫、姜克夫主編：《中華民國大事記》第二冊（1923～1929），中國文史出版社，1997年，第451、452頁。

〔註52〕 韓信夫、姜克夫主編：《中華民國大事記》第二冊（1923～1929），中國文史出版社，1997年，第453頁。

〔註53〕 韓信夫、姜克夫主編：《中華民國大事記》第二冊（1923～1929），中國文史出版社，1997年，第457頁。

以支持直系爲藉口，派兵南下，並適時吞併吳佩孚、孫傳芳殘部，而後再謀對抗北伐軍，稱霸全國。因而在張作霖的授意下，孫傳芳、張宗昌等人於 11 月 29 日以直魯豫蘇皖等 15 省區共同推戴的方式，推舉張作霖爲安國軍總司令。12 月 1 日，張作霖在天津正式就任該總司令職，27 日進入北京，以進一步實現其多年以來稱霸東北乃至稱霸全國的夢想。1927 年 6 月 16 日，孫傳芳、張宗昌等人又聯名通電，擁戴張作霖爲海陸軍大元帥，並組織安國軍政府。18 日，張在中南海懷仁堂就任中華民國軍政府大元帥。〔註54〕同日張頒佈了《中華民國軍政府組織令》，主要內容如下：

第一條　陸海軍大元帥統率中華民國陸海軍。

第二條　大元帥於軍政時期代表中華民國行使統治權，保障全國人民法律上應享有之權利。

第三條　軍政府置國務員，輔佐大元帥執行政務。

第四條　國務員之員額如左：國務總理、外交總長、軍事總長、內務總長、財政總長、司法總長、教育總長、實業總長、農工總長、交通總長。

第五條　大元帥之命令國務總理須副署之，其關於各主管部務者，各部總長須連帶副署，惟任免國務員不在此列。〔註55〕

由上述組織令可以看出，軍政府雖然也設國務總理，但仍屬無權狀態，總統和總理職權實際仍集於大元帥一人，張作霖成爲軍事獨裁者。同日張作霖特任潘復爲國務總理，組織內閣。20 日，張特任王蔭泰爲外交總長，何豐林爲軍事總長，沈瑞麟爲內務總長，閻澤溥爲財政總長，姚震爲司法總長，劉哲爲教育總長，張景惠爲實業總長，劉尚清爲農工總長，潘復兼交通總長。〔註56〕張作霖就任大元帥後成爲北京政府最後一任國家元首，奉系由偏居東北一隅轉變成爲北京政權的實際控制者。只不過好景不長，在北伐軍的凌厲攻勢下，最終奉系退回了東北。

二、政治分會制度——易幟後奉系地方政權的制度來源

在國民革命期間，國民黨由革命黨向執政黨轉變過程中，曾於地方實行政治分會制度。該制度實行的初衷是輔助和指導地方革命的進行，但隨著北

〔註54〕張憲文等著：《中華民國史》第二卷，南京大學出版社，2005 年，第 15～16 頁。
〔註55〕《政府公報》，1927 年 6 月 19 日，第 4008 號。
〔註56〕《政府公報》，1927 年 6 月 21 日，第 4010 號。

伐的進展，國民黨內部的分裂以及寧漢雙方對馮玉祥和閻錫山的爭奪，使得
政治分會制度演變成爲地方實力派控制地方政權的工具。而面對國民黨內各
派系的紛爭，如何實現國家政權的統一，在國民黨內也隨之產生了分歧。以
李石曾爲代表的贊成「分治合作」政治思想的一部分人，支持政治分會制度，
主張地方分權，維持各實力派勢力範圍的現狀，以此達到國民黨的形式統一。
儘管該思想遭到了包括胡漢民、蔣介石在內的眾多國民黨人的反對，並且國
民黨中央最終以胡漢民提出的訓政綱領爲指導思想，實行以黨治國的黨國體
制，但分治合作思想和政治分會制度卻爲張學良時期的奉系所認可和堅持。
雖然最終政治分會遭到裁撤，但奉系成功地以政務委員會的形式加以保留和
延續，達到了張學良所說的要與國民黨「分治合作」〔註57〕的目的。

1、政治分會的制度來源和設立概況

　　1924年國民黨「一大」後，國民革命興起，同時國民黨、奉系、皖系三
角聯盟也正在醞釀反直。爲了應對複雜的政治形勢，孫中山認爲「軍政黨務
須分工辦理，故政治委員會〔註58〕先成立，而軍事委員會繼之成立」。同年7
月1日，該政治委員會成立，舉行第一次會議，並由孫中山指定胡漢民、汪
精衛、廖仲愷、伍朝樞、邵元沖、戴傳賢、譚平山、瞿秋白、譚延闓、許崇
智、孫科、蔣介石等12人爲委員，協助他處理重大黨政問題。14日，國民黨
中央執行委員會第43次會議決議通過由胡漢民提出的政治委員會對中央執行
委員會之權限案，規定：「（1）關於黨事，對中央執行委員會負責，按照性質
由事前報告或事後請求追認；（2）關於政治及外交問題，由總理及大元帥決
定辦理。」〔註59〕由此可見，當時的政治委員會權力有限，基本上是孫中山
的一個政策咨詢機構。

　　孫中山逝世後，在1925年6月14日召開第14次政治委員會會議上，決
定建立國民政府，同時對政治委員會也通過了兩條決議，「一切大事皆準是以

〔註57〕周毅、張友坤主編：《張學良文集》上卷，同澤出版社，1996年，102頁。
〔註58〕國民黨最初於中央執行委員會內設政治委員會，1927年初國民政府和中央黨
　　　　部北遷時改稱政治會議，1935年冬國民黨「五大」時又改稱政治委員會。該
　　　　會是「全國實行訓政之最高指導機關」（參見羅家倫主編：《革命文獻》第21
　　　　輯，臺北：中國國民黨中央黨史委員會，1978年，總4377～4379頁。），即
　　　　凌駕於國民政府之上的國民黨軍政最高決策機關。
〔註59〕《政治報告》，國民黨中央執行委員會秘書處編：《中國國民黨第三次全國代
　　　　表大會會議記錄》，1929年，第59頁；袁繼成等：《中華民國政治制度史》，
　　　　湖北人民出版社，1991年，第117頁。

行：（1）在中國國民黨中央執行委員會內設政治委員會，以指導國民革命之進行；（2）關於政治之方針，由政治委員會決定，以政府名義執行之。」「這既指出了政治委員會與中央執行委員會的關係，同時給了它指導國民革命、決定國民政府施政方針的權力，使它由一個咨詢機構一變而成為一個政治指導機關。」〔註60〕

　　1926年1月，國民黨「二大」中央黨務總報告決議案中規定，將以前各地設立之執行部裁撤，由國民黨中央直接管理各省區市黨部，同時還規定「除國民政府所在地設置政治委員會外，各重要地點必要時，經中央執行委員會常務委員會之核准，得分設政治指導機關。」1月23日，國民黨二屆一中全會通過政治委員會組織條例七條，其最重要者：「（1）政治委員會認為必要時，得推任同志在某地方組織分會，其權限由政治委員會定之；（2）政治委員會設委員若干人、候補委員若干人，政治委員有缺席時，由出席之候補委員依次抵補，有臨時表決權，餘只有發言權；（3）中央執行委員會得聘任政治委員會顧問，在政治委員會只有發言權。」〔註61〕由此可見，國民黨最初設立政治分會也是為了指導各地革命的進行，是各地區的政治指導機關。

　　此後國民黨先後在各地設立了近十個政治分會。政治分會的設立基本可以劃分為三個階段：第一階段，是從1926年1月國民黨「二大」到1927年初國民黨中央黨部和國民政府北遷武漢之時，為初設期。這一時期設立了北京、廣州兩個分會，是在國民黨尚未發生分裂的情況下，按照國民黨「二大」的定性進行設置的。「最早之政治分會為北京分會，在十五年一月第二次全國代表大會中通過設立，三月一日成立，」「十五年十月後，武漢克復，中央黨部、國民政府自廣州北遷，政治會議決議在廣州設分會」。〔註62〕北京政治分會由於地處北洋軍閥控制的中心，所以基本沒有什麼作為。而廣州政治分會則在北伐後的戰略後方兩廣地區發揮了重要的作用，承擔了指導政治的重任〔註63〕。

〔註60〕《政治報告》，國民黨中央執行委員會秘書處編：《中國國民黨第三次全國代表大會會議記錄》，1929年，第59～60頁；袁繼成等：《中華民國政治制度史》，湖北人民出版社，1991年，第117頁。

〔註61〕榮孟源主編：《中國國民黨歷次代表大會及中央全會資料》，光明日報出版社，1985年，第116、226頁。

〔註62〕《政治報告》，國民黨中央執行委員會秘書處編：《中國國民黨第三次全國代表大會會議記錄》，1929年，第61頁。

〔註63〕廣州政治分會不僅指導政治之進行，還具有指導黨務之權限，可參見《中央政治會議廣州分會十六年份月刊合編》，（編者與出版者不詳），1928年。

　　第二階段，從 1927 年 3 月到 1928 年 2 月國民黨二屆四中全會，爲混亂期。由於國民黨分裂寧漢對立以及雙方爲了爭取晉馮兩派，使政治分會數量大增，並淪爲國民黨內各實力派控制地盤的工具。「十五年九月十八日，第 22 次政治會議議決於武漢組織分會，既而政府遷鄂，是會並未成立。中央特別委員會時代，唐生智、顧孟餘等仍另組政治會議武漢分會，至唐生智逃走時解散」。武漢政治委員會於 1927 年 6 月 13 日，「曾議決組織開封分會，指導陝西、甘肅、河南等省事務，並將北京及西安分會裁撤」，「所謂西安分會者，乃十六年三月武漢政治委員議決組織，會議未詳。政府、黨部暫駐南昌時，於第 66 次〔政治〕會議議決設立上海臨時政治委員會，四月初成立，定都南京後改名政治會議上海分會，旋因上海清黨，此會迄未成立。定都南京後政治會議第 74 次會議，議決組織浙江分會，至中央特別委員會時結束」。「十六年六月八日，南京政治會議第 103 次會議議決因北京政治分會此時不能行使職權，故決定暫在山西設政治會議太原臨時分會」，「但該會並未組織成立」。〔註 64〕此爲這一時期政治分會設立之情況，由於寧漢對立傾軋，使得政治分會成爲雙方拉攏收買地方實力派的籌碼，也成爲地方實力派控制地盤的合法性來源。

　　第三階段，從 1928 年 2 月國民黨二屆四中全會到 1929 年 3 月政治分會裁撤，爲裁撤期。由於政治分會已淪爲軍閥控制地盤的工具，所以蔣介石復出後不得不承認各方實力派的既得利益，粵、桂、晉、馮四大派系均各設置一個政治分會，以利北伐進行。國民黨二屆四中全會議決「中央政治會議及各地方分會，可仍存在，候第三次全國代表大會決定。各分會應專理政治，不兼管黨務。現在經本會通盤籌劃，於廣州、武漢、開封、太原四處設立分會。關於政治指導之區域，廣東、廣西屬廣州分會，湖南、湖北屬武漢分會，河南、陝西、甘肅屬開封分會，山西、綏遠、察哈爾屬太原分會。其不屬於以上四區分會者，概由中央政治會議處理之。」〔註 65〕

　　各地政治分會均實行委員制（參見表 1-2-1），雖然名義上規定「委員額數與選任，由中央政治會議決定」，但實際上都是國民黨中央與各實力派討價還價妥協的結果。「委員之兼職，限於該特定地域內之最高級機關長官，且此種委員人數不得超過分會委員全額之半。凡中政會委員皆得出席。分會中又由

〔註 64〕《政治報告》，國民黨中央執行委員會秘書處編：《中國國民黨第三次全國代表大會會議記錄》，1929 年，第 61～62 頁。

〔註 65〕榮孟源主編：《中國國民黨歷次代表大會及中央全會資料》，光明日報出版社，1985 年，第 519 頁。

政治會議任命主席一人。分會設秘書處，置秘書長一人，秘書若干人，掌理記錄、文書、會計、庶務等事。」「分會之執行職務，初依職務所為之決定，咨該特定地域內之最高級地方政府執行，以後其一切議決案交該地方最高政府執行。」〔註66〕而各地政治分會之職權，主要有以下五項：「其一，指導監督最高級地方政府，但須依政治會議之決定。其二，因地制宜處分，但其處分不得牴觸政治會議之決定，且其事項以未經政治會議詳細決定者為限。其三，緊急處分：政治分會遇有非常事變，得依委員出席人數三分之二以上之決議，為緊急處分。第二、三兩項處分，應於最短期間呈請中政會議追認。其四，地方黨政爭議之裁決：最高級地方黨部與最高級地方政府之間有爭議時，由政治分會裁決」。「其五，黨務：政治分會以掌政治為主，向不兼管黨務。16年6月條列規定，原則上不掌黨務，但中央執行委員會認為有必要時，可委託政治分會處理其特定地區內之黨務。至17年2月3日，政治會議及分會恢復之議決，同時即規定專理政治，不兼管黨務。以故3月1日之條列，即明定不兼管黨務。」〔註67〕

　　由此我們可以看出，隨著政治分會的蛻變，明顯呈現出「中央權力與地方權力的對峙」，「各地政治分會各依附在一個集團軍之下，行使其最高職權。所謂中央政府，也只能在依附的集團軍勢力圈內，發號施令，形成一個變相的政治分會。所以在字面上雖有「中央」與「地方」的不同，在實質上則無所區別。」蔣介石只不過「獲得外交代表的資格」「表現為統一的形式」而已。〔註68〕面對這樣的現狀，國民黨如何結束軍政走向訓政，確立怎樣的指導思想便成為黨內爭論的焦點。而在當時，國民黨內出現了以李石曾為代表的部分人主張分治合作，繼續沿用政治分會制度，並引起了一年餘的爭論。

表1-2-1：國民黨二屆四中全會後各政治分會委員名單

分會名稱	分會委員
廣州政治分會	主席李濟深，委員戴季陶、陳銘樞、李文範、馮祝萬、黃紹竑、林雲陔、朱家驊、陳克鈺
武漢政治分會	主席李宗仁，委員程潛、白崇禧、張知本、張華輔、嚴重、劉嶽峙、陳紹寬、李隆建、胡宗鐸

〔註66〕錢端升等著：《民國政制史》上冊，上海人民出版社，2008年，第171頁。
〔註67〕錢端升等著：《民國政制史》上冊，上海人民出版社，2008年，第171頁。
〔註68〕《革命前路》，1929年第3期，第1頁。

開封政治分會	主席馮玉祥，委員郭春濤、鄧哲熙、淩勉之、李興中、張吉墉、何其鞏、劉郁芬、宋哲元
太原政治分會	主席閻錫山，委員趙戴文、南桂馨、賈普德、商震、馬駿、溫壽泉、田桐、方本仁、張勵生、祁志厚
北平臨時政治分會	主席李石曾，委員馮玉祥、閻錫山、張繼、劉守中、王法勤、鹿鍾麟、趙戴文、蔣作賓、白崇禧、馬福祥、陳調元、李宗仁、商震、劉鎮華

資料來源：《大公報》，1928 年 3 月 21 日第 3 版、3 月 30 日第 2 版、4 月 5 日第 3 版、4 月 12 日第 2 版、4 月 19 日第 2 版、6 月 26 日第 2 版、8 月 25 日第 2 版；《中華民國大事記》第二冊（1923～1929），第 789 頁；《政治會議廣州分會委員一覽表》，《中央政治會議廣州分會十六年份月刊合編》下冊，（編者與出版者不詳），1928 年，「附錄」。

2、分治合作思想及其爭論

（1）分治合作思想的提出

1927 年國民黨分共，寧漢分立對峙，之後汪精衛又密謀驅逐桂系勢力奪取廣東，而引發廣州事變，「桂系與汪派激烈互控，黨內元老多不直汪。時黨國失卻重心」，李石曾因此「提『分治合作』口號」。[註69] 11 月，李石曾提出分治合作的政治思想，並連續發表數文進行闡釋。

第一，分治合作思想的主要內容。李石曾提出該政治思想是以反對「專政集權」為目標的，他認為「專政集權」正是：「不分」乃「強權專制」，「不治」乃「官僚壟斷」，「不合」乃「壓迫離異」，「不作」乃「破壞怠惰」。而「分治合作」則正與「專政集權」向對立：「分」乃「分立分工之自由」，「治」乃「修明地方之民治」，「合」乃「合成群體之互助」，「作」乃「致力民生之工作」。[註70] 並因反對專政集權，而主張保存政治分會制度，李石曾說：「余深信欲導中國於和平建設統一，捨此則無別途。中國承數千年專制之餘毒，皇帝思想尤未能盡量剷除，握政權者，每存挾天子以令諸侯之妄想，憑藉一種名義排斥一切，以實現其武力統一之迷夢。北洋軍閥與共產黨，均抱有此種迷夢，然一再試驗已失敗，今本黨既已底定全國，則北洋軍閥

[註69] 蔣永敬：《胡漢民先生年譜》，中國國民黨中央委員會黨史委員會，1978 年，第 410 頁。

[註70] 李石曾：《「分治合作」「專政集權」二者之分析與比較》，中國國民黨中央委員會黨史委員會：《李石曾先生文集》上冊，中央文物供應社，1980 年，第 253～254 頁。

等之覆轍決不可再蹈。自今以往，惟有依據總理遺訓，採用均權制度。蓋國民黨採用均權制度，在建國大綱第十六、十七說得甚爲明白，因分權則散漫，集權則專制，政治分會正爲調劑省與地方之樞紐，今後必須本親愛精誠之精神，分治合作，努力和平建設，使人民安居樂業，如此三民主義乃得實現。……此種制度則認爲絕對優良。」〔註 71〕

　　第二，分治合作思想的來源。李石曾分治合作思想源於蒲魯東的無政府主義思想，對此李直言不諱：「吾之言分治合作之意，……皆感受蒲魯東分治合作之思想。」〔註 72〕而分治合作名稱亦是由李從法語中轉譯而來：「分治合作乃由吾轉譯，略經鍛鍊而成，吾意即鍛鍊 Régionalisme 與 Fédéralisme 兩字而譯之『分治合作』。苟用直譯法，前字當譯作地方制度，後字當譯作聯合制度。若云『地方制度與聯合制度』爲名過於冗長，故略經鍛鍊遂成爲『分治合作』之名稱。」〔註 73〕李同時認爲地方分權是世界政治思想中的兩大潮流之一，亦是現今世界政治發展的趨勢，故主張國民黨以分治合作途徑實現和平統一。李認爲「極端反對」其分治合作主張「而最有意義者，……則爲共產黨之領袖陳獨秀。陳爲馬克思主義之信徒，固以專政集權爲能事，以變相君主爲思想，宜乎其反對分治合作之主張。世界上政治思想有兩大顯明之派別，馬克思主張專政集權，蒲魯東主張分治合作。於此言之，分治合作問題，非僅關於國內之思潮，抑亦關於世界之趨勢也。西方之欲以強力統一歐洲與世界者，有俄之彼得，法之拿破侖，德之威廉第二，與蘇俄之列寧。東方之欲以強力統一中國者，有北洋軍閥與共產黨。至國民黨則以和平統一爲目的，故捨分治合作，恐無途徑。」〔註 74〕

　　第三，分治合作思想與孫中山及其均權思想的關係。首先，李石曾認爲反對專政集權乃國民黨一貫的主張，而欲達此目的實現和平統一，惟有分治

〔註 71〕周憲民：《政治分會存廢問題》，《大公報》，1928 年 8 月 11 日，第 9 版。

〔註 72〕李石曾：《分治合作問題（三）》，李石曾、于右任等著，畢修勻編：《分治合作問題討論集》，革命周報社，1929 年，第 7 頁；《中央半月刊》，1927 年 12 月 15 日第 13 期，第 2 頁。

〔註 73〕李石曾：《集權與均權》，李石曾、于右任等著，畢修勻編：《分治合作問題討論集》，革命周報社，1929 年，第 80 頁；《革命周報》，1928 年第 7 冊合訂本第 61～70 期，第 3 頁。

〔註 74〕李石曾：《分治合作問題（三）》，李石曾、于右任等著，畢修勻編：《分治合作問題討論集》，革命周報社，1929 年，第 9 頁；《中央半月刊》，1927 年 12 月 15 日第 13 期，第 3 頁。

合作，並且孫中山死後如家庭失去父母，也惟有分家實行分治合作不可。「『分治合作』，乃古今中外民黨中之一種思想，正與『專政集權』思想，相對峙者。……民元國民黨主張聯邦制，即此思想之表現，其時被壓迫於袁世凱而中止。後張溥泉同志倡聯省自治，本反對專政集權之意，但其名為軍閥政客所利用，以致引起極大之誤解。國民黨固主張均權，並以分縣自治為方法，乃反對專政集權極顯明之態度。不幸國民黨有一時為共產黨假借利用，盡行改變其精神，適成絕對相反之思想。」〔註 75〕「自辛亥之後以至今日，國內屢經變化，日趨於分。無論白色之軍閥如袁、段、吳、張與赤色之共黨專政，皆無能遂其武力統一之幻想，此吾人可得斷言者也。國民黨之言統一，非武力之統一，乃和平之統一，今後之光明途徑，其在乎此。然欲達到和平統一，亦必有其方術，而非僅理論所能成。於是「分治合作」之研究，似不可緩，而實行分治合作之時，亦或即和平統一之時矣。」〔註 76〕「分治合作之關係至大，於今日之中國，乃存亡問題，非僅富強問題而已。……國民黨本以分縣自治為主張，是其分治合作之程度，尤遠過於聯邦。……且中山先生為創造國民黨之自然領袖，如父母之於家庭，絕非人為之領袖所可比。故吾恒謂中山先生之於黨，之於民國，是父母而非皇帝，亦非教主，故先生死後不能有第二最高之領袖成立。即假定先生在日，專政式之統一制為可能，如一家賴父母存在維持其統一者。然逮先生既歿，是只有兄弟姊妹叔侄，而無唯一之父母，則除分治合作，亦別無他途。若欲於先生之外要求有其他至尊之領袖，是不以父母待先生，而以皇帝與教主待先生。若先生死而有知，亦絕非其所欲聞。」〔註 77〕

其次，李石曾認為分治合作不但與孫中山均權制度性質相同，而且還可以與其演進互補。「所謂『分治合作』與孫先生之所謂『均權制度』，其性質相類，惟名稱不同而已。政治制度之異有三：曰集，曰分，曰均。『均權制度』與『分治合作』皆在集分兩制之間者，故謂其性質相等。……『分治合作』為『均權』之注釋，亦甚適當。孫先生之『均權制度』，加以申說則謂：『不

〔註 75〕李石曾：《分治合作問題（一）》，中國國民黨中央委員會黨史委員會：《李石曾先生文集》上冊，中央文物供應社，1980 年，第 251 頁。

〔註 76〕李石曾：《分治合作問題（二）》，中國國民黨中央委員會黨史委員會：《李石曾先生文集》上冊，中央文物供應社，1980 年，第 252 頁。

〔註 77〕李石曾：《分治合作問題（三）》，李石曾、于右任等著，畢修勺編：《分治合作問題討論集》，革命周報社，1929 年，第 6 頁；《中央半月刊》，1927 年 12月 15 日第 13 期，第 1 頁。

取集權制度，亦不取分權制度，應取均權制度。均權制度以縣爲單位，以省聯絡縣與中央之間。』吾之『分治合作』加以申說亦謂：『不取集權制度，亦不取分權制度，取分治合作制度。以分治爲單位，以合作聯絡地方與合體之間。中央即合體之代表。』是二者之性質固相類也。……吾猶有欲申明者，則兩者之程度皆與時間有密切之關係。時間云者，亦即進化之程序。如軍政、訓政、憲政三時期相承繼，即其一例。在訓政時期開始縣自治，逮其完成，乃入於憲政時期，而實行均權制度。至此則分治合作之程度，以縣爲小單位，以省爲大單位，大小二者與中央聯爲一貫。然於此訓政時期之預備均權與憲政時期之完成均權之前，其所謂軍政時期，是否已以分治合作爲預備均權制度之預備？吾毅然而應之曰：『是』。……以縣爲單位，以省聯絡於縣與中央之間，見於孫先生成文之規定，而爲建國大綱之條文。至於軍政時期或訓政未終之時期——換言之，即縣自治未開始或未完成時期——暫以省爲小單位，以政治分會爲大單位，以政治分會聯絡於省與中央之間，亦見於孫先生半成文之規定。北京政治分會實成於孫先生在北京將入醫院之先，後乃推行於各處。且政治會議及其分設機關之意，亦見之於二次代表大會。彼時雖名稱不完全相同，然謂爲半成文之規定，必不爲過。……況此暫以省爲小單位，以政治分會爲大單位而聯絡省與中央之間，既有習慣法，復有半成文之規定，其制之當存在，固彰彰明也。……聯省自治制度與精神，其最大缺點有二：一即以省爲固定之單位，每一省爲一集權之小國，是仍具集權之精神，而非均權之精神也；一即每一小國不過以聯省爲暫時苟安之方法，而非根本之計劃，每一小國各自待時，以期兼併其他小國而復成一集權之大國，是其精神不在均而仍在集也。以上兩點乃聯省自治之大病，而不能與均權制度或分治合作同日語。換言之，即均權與分治合作可隨時之可能，而相與進化，大而爲省區，小而爲縣村，伸縮自如，無往不宜。而聯省自治則無此彈性。……就較近之期言之，先以政區爲大單位，以省爲小單位，然後代之以縣爲小單位，以省爲大單位，此種程序確極合理而能見諸實行也。」〔註78〕

　　第四，分治合作思想與黨務的關係。李石曾認爲除了政治領域應分治合作外，在國民黨黨務方面亦應分治合作。「吾以爲黨務同於政治，統一固有必要，而分治亦同爲必要，若只有統一而無分治，則有專制專政之弊矣。若僅

〔註78〕李石曾：《集權與均權》，李石曾、于右任等著，畢修勺編：《分治合作問題討論集》，革命周報社，1929 年，第 79～83 頁；《革命周報》，1928 年第 7 冊合訂本第 61～70 期，第 2～6 頁。

有分治或分而不治，則有分裂散亂之弊矣。故吾恒不欲單單以言統一或分治，而必言『分治的統一』或『分治合作』。」並以吳稚暉和胡漢民兩人的話語進行佐證：「吳同志有云：『分治合作有必要，關於分治宜注重治字，若分而不治則不好。關於合作，總理墓在寧，最好以寧之中央政府形成一廟之性質。』換言之，即使中央成一莊重之代表，而非以操專政之特權也。胡同志亦云：『分治合作即自由互助，自由與互助二者不可離。若分治而不合作則爲分裂，分治而合作，則有意無弊。』又云『人常好言政府之威權，實則今後之政府只要有威信，不要有威權』，是與吳同志以政府比廟之意略同。」同時在黨務方面主張以下三點：「1. 黨之統一。宜爲「分治的統一」或「分治合作」，不宜爲專政式的統一。2. 提高黨權。黨權中宜於分治合作兩性同時提高，不宜爲集權專政式偏枯式的提高。3. 黨權裁制一切。宜加以吳胡兩同志意見之精神，爲之補充。」〔註79〕

（2）分治合作論者的其他闡述

李石曾提出分治合作思想後，在國民黨內和輿論界均產生了巨大反響。在國民黨上層贊成分治合作論者主要有吳稚暉、張靜江、蔡元培等黨內元老。綜合而言，分治合作論者對該思想的補充闡述主要有以下幾個方面：

第一，分治合作即分工合作。褚民誼認爲：「分治合作就是分工合作，如嫌治字與作字，不相連屬，則改爲分治合理亦無不可」，而且「由科學上的觀察，無論哪一種科學，也無往而不有分治合作的原理在內。」並從天文學原理、生物學原理、社會學原理等幾個方面進行說明。〔註80〕繼而又從中國歷史發展中加以說明，認爲「幾千年來中國的歷史，一治一亂，在治的時候，必是分治合作，亂的時候，非分而不治即合而不作，非割據即專制。⋯⋯此種例證，在中國史中，實舉不勝舉，要以周秦治亂，最爲顯著。民國以來，袁世凱只知假的合作而不知眞的分治，最近若干年，又只知假的分治而不知眞的合作。惟孫先生建國方略，既不偏重中央集權，又不偏重地方分權，而主張均權，此即洞見數千年治亂之源，亦即分治合作精義之所在。有人以分治合作，爲割裂中央，爲違背總理遺教，此實於未明分治合作之意義，若知分治合作，即分工合作，那中央地方，各不偏重，換言之即分治合理，則此

〔註79〕 李石曾：《黨之統一與提高黨權》，李石曾、于右任等著，畢修勺編：《分治合作問題討論集》，革命周報社，1929 年，第 11～12 頁。

〔註80〕 詳見褚民誼：《分治合作即分工合作》，李石曾、于右任等著，畢修勺編：《分治合作問題討論集》，革命周報社，1929 年，第 15～16 頁。

種誤會，自可渙然冰釋了。〔註81〕

　　第二，分治合作即分縣自治。張靜江認爲欲消除國內各種亂象「第一要點，即須消弭戰禍。……至消弭戰禍之最好方法，實爲分治合作。關於分治合作理論上之根據，李石曾先生，曾有詳細解說，要而言之，分治合作，即孫先生之分縣自治。若中國皆能依照孫先生分治自治之計劃，切實做去，不但國內一切糾紛頹敗之現象，可以根本廓清，且足使貧弱之中國，一躍而躋於富強。」並分別論之：

1. 人才。在勵行中央集權之國家，各縣人才，群集中於中央，而各縣之地方事業，轉無人過問，其處理地方之事業者，不過五六等人才，因不能在中央活動，始退而回歸本縣。因此，在中央則無法消納此多數之人才，在各縣則轉有無才可用之苦，其不調節，莫此爲甚。若實行分縣自治，則每縣最少總可覓得十個一二等人才，九十個三四等人才，有此百人，一縣之公共事業，即不難勝任愉快。且在本縣服務之人，其責任心必較重，其興趣比較濃厚。普通官吏貪贓枉法，事至平常。倘以本縣之人，服務本縣，則十目所視，十手所指，父老昆弟，皆爲監察，即欲貪贓枉法，亦苦其道無。由此就人才方面言，分縣自治之特長一也。

2. 財政。現今財政，其困難已達極點，然大抵係因總覽度支之責，過於集中所致。且籌集款項，若能使其款之用途，與納款者切身利害有關，則其輸納必較踴躍。故實行分縣自治之後，如欲舉辦公共事業，若道路、水利、改良農產、開發工商以及育幼、養老、濟貧、救災種種，其就地籌款，必較縣知事奉政府命令，募集公債者難易不啻倍蓰。試以吳興一縣爲譬，若令其每年爲中央籌款若干，事必不易，若令其籌款以舉辦本縣之公益事業，則每年二百萬，要無難色。此在國人常情，大抵如此。夫一縣而有二百萬入款，爲建設事業之用，其必有非常之成效，自不待言。此就財政方面言，分縣自治之特長二也。

3. 增加生產。欲使家給人足，則必使生產力增加，此盡人所知也。我以農業立國，生產力之首應增加者，要爲農產。如實行分縣自

〔註81〕諸民誼：《分治合作即分工合作》，李石曾、于右任等著，畢修勺編：《分治合作問題討論集》，革命周報社，1929年，第17～18頁。

治，於農業方面，特別注意，若種子、農具、肥料等等，均能以最新之方法，使其改良，則一縣農業之生產，較未改良以前，即不難增至一倍，或竟在一倍以上。農業生產既增，工商業自亦能隨之發達，蓋農民既皆殷庶，其金錢自不能不流用於工業品，及職司貿易之商人也。如此則家給人足之目的，即不難達到。此就增加生產言，分縣自治之特長三也。

4. 鞏固國防。居群強環立之下，若無堅固之國防，在國際上，實未易即躋於平等。但若照以前辦法，軍隊由中央一手訓練，則至多練二百萬兵，已有不勝負擔之苦。況此項軍隊，一旦為武人操縱，其流弊即不堪設想。若實行分縣自治，就每縣農民依照征兵方法，更番訓練，平時寓兵於農，戰時則人人皆可執干戈以衛社稷，自最低限度言每縣在戰時，平均出兵二萬人，要非難事，以中國二十二行省一千餘縣計，實可得二千萬以上之精兵，試問世界強國尚有能與我抗衡者耶？至此，不平等條約，我不必求廢，而彼自廢矣。此就鞏固國防言，分縣自治之特長四也。〔註82〕

第三，分治合作有利於和平統一。魏道明認為分治合作主張「不僅為解決現在黨的問題之良策，亦解決全國政治及經濟問題之唯一方法也。」僅就政治方面言之，「中國今日之分裂現象，為極顯明之事實。因分裂之故，以武力企圖統一者，不知犧牲幾許生命財產，終未能達到統一之目的，殊為我國統一之慘史。其故無他，帝制思想之遺毒耳。人皆欲以統一自我而成，應用傳統之武力方法，以作武力之迷夢。殊不知在今日民治思想之下，與夫對外處境，武力統一，已為不可能之事實。苟其人以十餘年用於求統一之力量，而於分治合作原則之下，用以謀建設之事業，則今日之政治，亦何至如是之複雜與混亂，民生亦何至如是之窮困而不安。」「中國之地大人多，甲於天下，以一省之面積，足當英、法、德任何之一國，苟盡量而發達，其發達之限度，當可與英、法、德任何一國相伯仲。吾國二十二行省，若有一二省能達到上述之程度，或數省而至較遜之程度（分治合作不必定以省為單位，此處用省係為利便說法起見──原文注），則外可以抗帝國主義者之侵略，內足以為他省之模範。以分治之意思，為各省本身之建設，以合作之精神，謀各省相互之

〔註82〕 張靜江：《論分治合作》，李石曾、于右任等著，畢修勻編：《分治合作問題討論集》，革命週報社，1929年，第21～24頁。

利益。由一省以推及全國，於分治合作之下，而和平統一，可以告成。較之武力統一，徒犧牲而無可成功者，其相去當不啻千萬里，十數年來之求武力統一者，亦可以爲鑒矣。」〔註83〕

　　第四，分治合作的益處與實行方法。漢南認爲「國民黨採取的政治制度是不偏於中央集權或地方分權而爲均權制度，均權制度精神就是分治合作的精神，換一句話說，均權制度的意義也就是分治合作的意義。」「秦以後……所變動者不過是中央與地方間的聯合制度罷了。此種聯合制度各朝代隨時而有變遷，如秦漢之郡，東漢改州，隋改州郡，唐置監司，宋改路，元設行省，明置布政按察，清置總督巡撫，民國初年之省，現在的政治分會。此種中央與地方間的中間物之所以時生變遷者，推原其故，完全由於時勢之需要，並且所謂變遷不過名稱與範圍耳，其作用還是始終如一，毫無絲毫之變遷可言。……民國成立，名雖共和，而掌握政權的人仍是充滿帝王思想的老古董，掌握兵權的軍閥們的思想更不堪問了。所以當時的巡閱使制度，因此而形成了割據的事實。可是這種事實之起因多由於帝王思想所造成，要消滅這種惡果，須先去惡因，不去惡因，空言制度不良是無用的。即使取消了甲制度改爲乙制度，惡因不去而惡果如故。現在也有人以巡閱使制度詆毀政治分會的，殊不知巡閱使制度與政治分會其性質絕不相同：一以人爲主，一以機關爲主；一以軍事爲主，一以政治爲主。……我們可以得一結論，就是應用分治合作原則的政治分會制度，與歷史上的聯合制度性質相同，而且（一）合於權力的地方分散之原則，（二）作用同而名稱異，（三）與割據不相干。」同時，「政治分會之存在有數種利益如下：1.在訓政時期有藉作將來實行均權之準備；2.中國的版圖遼闊，藉政治分會制度，中央可收鞭長莫及之效；3.革命之後，百廢待興，藉各武裝同志現成之威望，整理一切，同心協力，分工合作，輕而易舉。」「由此觀之，分治合作制度之精神、性質及功用，與均權制度既無不合之處，而分治合作論者主張保存之政治分會制度又可以濟均權之窮，準此，則世之反對分治合作而並反對政治分會之毫無理由，彰彰明矣。」〔註84〕

〔註83〕魏道明：《分治合作與和平統一》，李石曾、于右任等著，畢修勺編：《分治合作問題討論集》，革命周報社，1929年，第19～20頁。

〔註84〕漢南：《分治合作與中國》，李石曾、于右任等著，畢修勺編：《分治合作問題討論集》，革命周報社，1929年，第101～111頁。

　　同時，漢南還提出了實行分治合作的方法。「依我個人意見，有兩種辦法：一是把地方可辦的事列舉出來，一是把中央應有的權限列舉出來，使地方於此等權限以外的事都得自由設施。但是前者因為各地方的情形過於複雜，而且瑣碎異常，不單不能列舉，即使列舉起來，也要掛一漏萬的。所以為實行便利起見，還是採取第二個辦法，把中央的權限列舉出來，規定明白，此外都歸地方自由處理。」其認為中央應有的權限為：

1. 外交。外交是中央應有的權限，因為國際問題至為複雜，對於外交應有一定的步驟，步驟一亂，不惟喪失國權，而且惹起國際糾紛。故凡關於外交的事情，各省應當絕對的推到中央辦理，以免對外的行動不一致，然後不平等條約可望廢除，國際地位可望提高。

2. 軍事。中國現在的軍事，其目的不在對外而在對內，這是人人知道的。惟其如此，所以軍事應該嚴格的統一起來，否則不單裁兵計劃不能實行，而且建設大計終成畫餅。為中國前途計，軍事以及一切軍事設備都應完全劃歸中央。

3. 財政。中國現在的財政是一個最難解決的問題，要想中國的財政統一，恐怕要在軍事統一以後，財政有了統一，然後一切預算決算才能確立，然後才能談到建設事業。還有關於財政的貨幣問題，各省濫鑄銅元，濫發紙幣，弄得金融紊亂已極，如果不想改良幣制則已，要想改良幣制，也非把這種權限完全歸之於中央不可。

4. 交通。如建築鐵路，這件事應該分兩層來說。一，幹線，因為幹線需款太大，且牽連的省份也很多，不得不由中央來籌劃。至於支線盡可讓各省自由敷設，中央常加以監督可也。

5. 大工業。如鋼鐵廠，造船廠，電氣事業，酸類製造等，各省雖然也可以舉辦，也得要中央設法比較容易一點。〔註85〕

（3）反對分治合作論者的質疑與批評

　　「自李石曾先生提出分治合作之主張以來，遂成了論爭之焦點，贊成者固多，而反對者亦頗不乏人，其反對最先而最有力者，則為共產黨首領陳獨

〔註85〕漢南：《分治合作與中國》，李石曾、于右任等著，畢修勻編：《分治合作問題討論集》，革命周報社，1929年，第112～114頁。

秀。陳氏爲馬克思主義之信徒，人人皆知，專政集權之帝王思想，爲其祖傳密寶，其反對分治合作之自由思想，乃勢所當然不足爲怪的。其次就是『紅牛截』的于右任先生，於氏的思想雖不得而詳，但是我們把他創辦的南中國共產黨製造場的上海大學，及在陝西的所作所爲，種種成績一看，就可以推知其爲人了，所以於氏之反對分治合作，也是毫不足爲怪的。再次就是陳公博主辦的革命評論及其領導下的十餘種刊物，一犬吠形，百犬吠聲的向分治合作論者大罵而特罵，於是主張分治合作就是主張繼續分據，主張繼續分據就是亡黨的怪論，遂洋洋自得的從陳公博的口中而刊佈於革命評論，復由革命評論而留聲機般的傳達到其他十餘種刊物。雖然陳公博自認是國民黨的『忠實同志』，然而共產黨罵他是反革命，第三黨罵他是官僚買辦化的留美學生代表，西山會議派罵他是共產黨準共產黨，陳秘書罵他是準第三黨，繆斌先生罵他是國民黨的的共產主義者，本報的景明先生又證明他是灰色共產黨；況且陳公博及其領導的刊物上明明白白，毫無隱諱的主張專政集權，所以陳公博之反對分治合作與陳獨秀就不約而同了。陳公博說分治足以亡黨，可是就現在的時局看起來，國民黨不單是不會亡，反而黨的基礎一天一天的如日月經天，江河行地，不因黑暗勢力之起伏而起伏也。」〔註86〕

　　反對者的言論大多是「村婦罵街式的東西」，「對主張此說的人，大加詆毀，什麼惡臭的名稱都用得出來」，所以「反對者的理由可值得一駁的實在是少數，大多皆謂分治合作是繼續割據的託詞，是軍閥的護身符，與聯省自治有同樣的動機與背景」等等。〔註87〕概括而言，反對分治合作者的觀點主要有幾下幾種：

　　第一，分治合作「短於無具體方法」，持此觀點的以國民黨元老之一的胡漢民爲代表。胡「對於『分治合作』口號深感不妥，因〔此〕促李氏注意〔以〕不妨礙國家統一爲前提。」〔註88〕並認爲「與其說分治合作，不如說分工合作，因爲分治合作太偏於政治方面。」〔註89〕他「解釋李石曾

〔註86〕漢南：《分治合作與中國》，李石曾、于右任等著，畢修勺編：《分治合作問題討論集》，革命周報社，1929 年，第 98～99 頁。

〔註87〕《編者言》，李石曾、于右任等著，畢修勺編：《分治合作問題討論集》，革命周報社，1929 年，第 3 頁。

〔註88〕蔣永敬：《胡漢民先生年譜》，中國國民黨中央委員會黨史委員會，1978 年，第 410 頁。

〔註89〕漢南：《分治合作與中國》，李石曾、于右任等著，畢修勺編：《分治合作問題討論集》，革命周報社，1929 年，第 114 頁。

之分治合作主張，謂宜以互讓精神求互助效果。……現在北伐客觀上成功
之條件，一一完備，所患者唯恐主力各軍，或因小嫌小怨，而自起糾紛，
即此一點，足以使客觀上一切成功之條件失其效能。故凡我武裝同志，此
時急宜效法總理生平偉大之人格，以互讓之精神，求互助之效果。唯互讓
始能免除互爭之習氣，唯互讓始能恢復革命的政治道德，唯互讓始能樹立
國民黨整個之威信，唯革命之威信，始能產生革命之權力。若不從互讓努
力，而從互爭努力，其結果則所得者既非威信，亦非威權，而為威風，革
命而以威風終，其一蹶不振，雖有大力，莫之能阻矣。然此一點，其重要
意義，復與政治問題相關連。蓋革命事業，其始必以軍事為政治之一核心。
今革命主力各軍，既已奄有全國三分之二，以互讓互助之精神，移之於政
治方面，則分工合作，斯為建設開始時期之必要原則。石曾先生所謂分治
合作，人或以聯省自治貶之。然昔之倡聯省自治者，不能自治，何能聯省。
今若以聯省自治之說，詆毀分工合作之義，是欲以獨裁，而強抑各省之建
設，其將何以推革命之展進。即此可知聯治不同於分治合作明甚。然石曾
先生之說，短於無具體方法，吾人若能但師其意，而於與民休養生息之中，
各因地方之需要與努力，而著手於交通輸運，實業教育之建設，則其具體
方法，亦無俟遠求。」〔註90〕

　　對於分治合作思想，胡漢民雖認為不妥，但還是認為「其意」尚可取，
而對於分治合作論者所主張保留的政治分會制度，胡則明確表示無存留之必
要。「建設新中國，徹底實施五權憲法，而全體同志尤須一致團結。若徒以抨
擊左派為事，則與實行共產黨之策略正同，乃真正國民黨之所不取。至撤廢
政治分會一事，余尚有一言，蓋政治分會，乃因軍事時期應運而生者，所謂
過渡辦法也。現在既入訓政時期，當無再存留之必要。」〔註91〕

　　第二，主張中央集權，反對分權與均權，持此觀點的在反分治合作論者
中占多數。周憲民認為：「中國將來應實行均權制是不成問題，可是現在的中
國，教育還不普及，人民程度非常幼稚，一般人對於政治還沒有相當認識，
割據思想還未完全剗除，訓政方才開始的現象之下，要想實行均權制度，這
無異乎俗話說：『沒學爬就學走』，不免生出『欲速則不達』的弊病來，所以

〔註90〕《胡漢民為國事問題致黃紹雄李濟深書》，蔣永敬編：《北伐時期的政治史料：
　　　　1927年的中國》，正中書局，1981年，第578～579頁；《胡漢民去國途中致
　　　　李濟深黃紹雄書》，《大公報》，1928年3月5日，第6版。
〔註91〕《胡漢民談》，《大公報》，1928年8月31日，第2版。

現在還是應當『暫時』採用中央集權制。等到訓政時期告終，教育普及以後，人民於政治有相當認識，割據思想消滅，憲政開始的時候，再來採用均權制，才是按部就班的辦法。……況且現在中國的政治是要實現黨的主張，政治是在黨的引導之下進行的，黨不主張專制，政府雖採中央集權制也不致流於專制的。」〔註92〕馬瀋認為：「『權』只有集中才有『力』量，有力量，才能行使，權能行使，才能有效而使政治入於正軌，開始建設。況我們所謂『集權』，絕不是『集中』於個人，而是『集中』於本黨所指揮的合法的中央政府。譬如黨權如不集中，則不免黨的精神渙散，而失掉統一指揮革命勢力的力量一樣。」「我所謂『集權』於政府──換一句話說，即是集權於黨，因為政府是受黨的指揮的，而黨又是革命民眾意力的結晶體，自然革命民眾為黨的『權力』的根本，而黨的『權力』，又為政府『權力』的靈魂，這與『個人專制』，是不是絕不相伴呢？自然現在本黨的危險狀態，原形畢露，不能充分代表民眾，有指揮政府的權力，使政府難免為少數人或個人做所謂『挾天子以令諸侯』的勾當，但這是個人的問題，而不是『集權』本身的問題，我們為革命為黨，只有極力破除這個『集權』的障礙，更哪能主張『均權』，根本使『集權』非歸於消滅不可呢。」〔註93〕

第三，均權制度非分治合作，更無主張政治分會。李則綱認為：「考總理對於政權、治權，中央與地方權限種種，不憚反覆詳說。未聞有所謂『政治分會』，而建國大綱第十六、十七、十八各條，與本黨政綱對內政策第一、第二、第三各條，解釋『均權制度』亦頗詳明。其所謂『均權』，『凡事務有全國一致之性質者，劃歸中央，有因地制宜之性質者，劃歸地方，不偏於中央集權，或地方分權。』其所以實現此種『均權』之制度『以縣為自治單位，省立於中央與縣之間，以收聯絡之效』。未見……所謂若今日大者五六省，小者二三省之『政治分會』」。〔註94〕馬瀋認為「主張『均權』者，事實上第一個要義，就是保存現有之政治分會。……每個政治分會都是以每個軍事派系勢力所支配的區域為範圍，財政、外交以及一切行政，都可自由決定，甚至

〔註92〕周憲民：《政治分會存廢問題》，《大公報》，1928 年 8 月 11 日，第 9 版。

〔註93〕馬瀋：《「集權」與「均權」？》，李石曾、于右任等著，畢修勺編：《分治合作問題討論集》，革命週報社，1929 年，第 72 頁；《革命週報》，1928 年第 14 期，第 12 頁。

〔註94〕李則綱：《與李石曾先生論政治分會書》，《革命評論》，1928 年 8 月 19 日第 16 期，第 87 頁。

法令亦可自由頒佈，黨部亦自由干涉，這與封建集團對峙的局面何異？……這樣至多只能『分』而不『治』，更哪裏談得到『合』而且『作』？所以我相信現在主張『分治合作』與不取消政治分會，只是『分權』而不是『均權』──因『均』是不久要『並』的──是把『國家的權』分到沒有，而助長『個人的權』，結果是使一般『欲憑藉一種名義，排斥一切者』作為實現割據一方的工具而已！因此所謂『均權』的合作，事實上就是破壞『和平』『統一』『建設』的障礙，絕無其他路可走。」〔註95〕周憲民質疑，「採用均權制是否應設政治分會？」並稱總理說「中央與省之權限採均權制」，可見「所謂均權，是中央與省權限的『均權』，並不是要設一個贅瘤似的政治分會，才能使權限趨於『均』，中央與省的『均權』，簡直與政治分會沒有絲毫關係。」又稱「再看世界上採用均權制的國家，並未有政治分會或類似政治分會這種機關，它們的組織大概是由鄉村而縣，而省或州，由省或州而中央政府，在省與中央之間，並未設其他機關，『均權制』仍然是毫不困難的實現了，中國要採用均權制，為什麼要設政治分會呢？」〔註96〕

第四，主張實行孫中山均權制度，並認為該制度優於蒲魯東主義的分治合作，根本無須另覓途徑，持此觀點的主要是國民黨元老之一的于右任。於認為世界上政治思想除了馬克思蒲魯東兩大派別外，「尚有吾黨總理孫中山先生可與馬蒲鼎足而三也」，而且「總理之三民主義富於革命性而不失其和平中正，富於實際性而不流於空闊玄虛，較之馬克思列寧蒲魯東等之主義，均遠勝之。故現代世界最優良之主義，實非蒲魯東主義，而為孫文主義。吾黨固不必取法蘇俄，亦何可妄自菲薄，棄固有之信守，而曲從蒲氏以安那其主義〔註97〕為出發點之分治合作說耶？……吾國民黨將與軍閥共產黨等講分治合作，有是理乎？……總理手定國民政府建國大綱，分建設之程序為軍政、訓政、憲政三個時期，全國經過軍政、訓政兩個時期後，即為憲政開始時期，斯時三民主義、五權憲法達於實現，而政權則還之全民眾，不過在憲政開始前，必須經過軍政、訓政兩個時期，萬不能躍等而進，或改取別種步調，另覓途徑。……在憲政時期未達到前，遽欲行分治合作，則必毀壞本黨

〔註95〕馬濬：《「集權」與「均權」？》，李石曾、于右任等著，畢修勻編：《分治合作問題討論集》，革命周報社，1929年，第73頁；《革命周報》，1928年第14期，第13頁。
〔註96〕周憲民：《政治分會存廢問題》，《大公報》，1928年8月11日，第9版。
〔註97〕即無政府主義。

建設程序，別取途徑矣。」此外於還對李石曾將孫中山比作民國之父母而主張分治合作提出了質疑：「石曾先生以爲父母既死，則兄弟姊妹叔侄只有實行分家，各自組織小家庭，方可相安於無事，此例也可適用於家庭，而不可適用於負建國治國重任的國民黨。即以國民黨比家庭，則兄弟姊妹叔侄如此之多，黨權政權疆土有限，試問如何分法？且總理所留下之遺產，明明爲整個而不可分之主義政綱，實屬無法割裂，總理遺囑，又明明教訓吾黨同志繼承其遺志，求其實現，未嘗有所謂分治合作也。吾黨同志果爲忠實黨員，爲三民主義信徒，除遵奉總理遺囑努力工作外，別無途徑。安有所謂除分治合作外，別無他途也。分治合作縱不失爲一途，在國民黨的立場上，乃歧途而非正路也。……總理已爲吾人安排一條光明大路，無用旁鶩外求，總理固主張分縣自治，卻始終反對聯治派，二者之間無調合之餘地。……國民黨既不要專政集權亦不要分治合作，國民黨自有國民黨之主義政綱，總理既非馬克思列寧，亦非蒲魯東，總理自有總理特立獨立的偉大」。〔註 98〕

章乃器稱「中山先生原定的步驟和方略都已經是夠好的了」，「這還有什麼政治分會的必要嗎？」〔註 99〕張敬安質疑稱，既然「李先生……說分治合作制度，與均權制度性質相等，惟名詞不同罷了。……那麼均權制度載在建國大綱，既有了均權制度，又何必另創一分治合作的名詞，以致惹起種種誤會，招敵人的口實，況且李先生爲中國人而且是忠實的國民黨老前輩，並不是不知道有均權之說。以李先生之學問思想，正宜將總理固有之遺教，發揚而光大之，似不必另立門戶，徒招他人口實」。〔註 100〕李則綱也稱：「『政治分會』既未具於建國方略、建國大綱，而本黨對於建設統一和平，自有總理昭示明白之途徑。今先生忽謂捨『政治分會』殆無別途，若更無強有力之理由，此總理之所闡發者更爲精審。」〔註 101〕

第五，分工合作非分治合作。章乃器認爲「分治合作論者曾經擎出經濟

〔註 98〕于右任：《分治合作質疑》，李石曾、于右任等著，畢修勺編：《分治合作問題討論集》，革命周報社，1929 年，第 36～41 頁。

〔註 99〕章乃器：《不可以同時反對專政集權嗎》，李石曾、于右任等著，畢修勺編：《分治合作問題討論集》，革命周報社，1929 年，第 53 頁。

〔註 100〕張敬安：《我對於分治合作的懷疑》，李石曾、于右任等著，畢修勺編：《分治合作問題討論集》，革命周報社，1929 年，第 119 頁；張敬安：《關於分治合作問題的討論》，《革命周報》，1928 年第 7 冊合訂本第 61～70 期，第 375 頁。

〔註 101〕李則綱：《與李石曾先生論政治分會書》，《革命評論》，1928 年 8 月 19 日第 16 期，第 85 頁。

學內分工制度做論據，說他們的分治合作就是分工的意思，因為分工制是一種
新的而且進步的制度，所以分治合作也是進步的。他們這種議論，可說是錯極
謬極，他們只見了『分工』二字便就字面加以任意的解釋，卻沒有窺見分工的
內容。經濟學上的分工有三種：一種是照工作的精粗次序而分的——譬如紡紗
由掺花、譚花、粗紡而至精紡；一種是照不同的組合分子而分的——譬如製造
汽車，便要分為發動機、車身、車輪……等部分。但是有一種共通性，就是：
分工的各部分各做不同的工作。所以分在兩處而做同一的工作的便不能算分
工——各人在自己的家裏該了織布機織布當然不能算是分工，在同一個工廠
裏各人管了一部的織布機也不能算是分工。分治合作論者所提議的政治分
會，是做同樣的工作呢？還是做不同的工作呢？我們可以毫不思索而回答一
個『不』字，因為這完全是照著各人自己家裏該著織布機而各自織布的方式。
雖然各處情形不同，所管的事或許有繁簡的區別，但是目的則同是要治理那
區域內的人民——如同織布的人一樣，所織的布雖然有粗細花素的分別，而
目的只不外於成布。」〔註102〕

反對分治合作論者，之所以反對，其原因主要有兩點。首先，他們認為
分治合作就是變相的聯邦制、聯省自治，易導致分裂割據。國民黨元老之一
的于右任質疑：「石曾先生之所謂分治合作究為何物？具體方案究為何若？未
見明白說出，此中玄妙，煞費猜度，但觀其夙昔之主張與此次論文〔註103〕中
所歌詠留戀者，似近乎聯邦或變相之聯省制，」〔註104〕張敬安則「從字源上
研究的結果，總覺得分治合作犯了『聯邦』的嫌疑」：「據李先生說，分治合
作的思想，出自法國社會主義者蒲魯東氏，分治即 Régionalisme（地方主義）
之意譯，合作即 Fédéralisme（合作主義）之意譯，括弧內之譯名本自李先生。
我以為前者譯為地方主義可謂恰合，後者譯為合作主義，似覺不當，因為法
文的 Régionalisme 等於英文的 Federalism，意即聯邦主義、聯治主義、聯合主
義。此為名詞，形容詞為 Federal，故聯邦制度的『聯邦』兩字譯作 Federal state。
如果我的解釋不錯的話，那麼分治合作的思想，簡直就是變相的聯邦制度的

〔註102〕章乃器：《分治合作如何》，李石曾、于右任等著，畢修勺編：《分治合作問題
討論集》，革命周報社，1929年，第49～50頁。

〔註103〕于右任作指該文為李石曾所作之《分治合作問題（三）》，參見李石曾、于右
任等著，畢修勺編：《分治合作問題討論集》，革命周報社，1929年，第5～9
頁；《中央半月刊》，1927年12月15日第13期，第1～3頁。

〔註104〕于右任：《分治合作質疑》，李石曾、于右任等著，畢修勺編：《分治合作問題
討論集》，革命周報社，1929年，第40頁。

思想了。同理，分治合作制度也就是變相的聯邦制度了」。〔註105〕

馬潘認為：「提高黨權為集中政權之根本，而以統一財政、外交、交通、及取消各政治分會、裁兵以及改良軍事系統為集中政權之第一步工作，以後方能語於建設。這種統一集中政權的方針，……在我們以及一般民眾盼望集中黨權政權的當見，『分治合作』論又由李石曾先生由海外帶回了」。並質疑自從 1927 年秋冬之間國民黨剛要統一中國的時候而出現的分治合作論「事實上，如同盛倡「聯省自治」那時那種情形，彷彿近似。」後又指出「現在談建設，則不能不先求統一國家，欲求統一國家則不能不集中權力，而打破封建集團式的割據之可能與實現，所以倡『均權』與所謂『分治合作』者，無論言詞若何巧妙，如律以春秋之筆，是『其罪與幾年前倡聯省自治者等而過之』。」〔註106〕李則綱明確質疑分治合作「與『聯省自治』不同之點安在？」〔註107〕章乃器則進一步指出分治合作的動機和背景與聯省自治的動機和背影完全一樣，他認為「聯省自治說的動機，是因為有一部分革命軍人——陳炯明和趙恒惕是他們的代表——因別人的犧牲得著一個可以偏安的局面，他們為自己的權利計，就想把持這個局面作為自己和他們私人的私有地盤，就想因此離開了革命的戰線，放棄了革命的策略，一面勾結北方的軍閥——吳佩孚，一面聯絡一些寄生的政客和意志薄弱的革命同志，擎出一個國民黨曾經提議過的聯邦制做招牌，來倡聯省自治。偏偏分治合作發動的時候，也正當著一部分——或者可說是大部分——的革命軍人，漸漸地有離開了黨的主義和革命的途徑的傾向而帶上濃厚的軍閥的色彩，分治合作案的分區方式，分為兩湖、兩廣……等區域，又偏偏不依照天然的地勢和歷史的沿革，而照著形成為各派軍人的地盤的區域！怎能不使人信為是和聯省自治有同樣的動機。」「聯省自治的動機若此，所以聯省自治的背景是軍閥的地盤主義和政客的封建思想的實現。分治合作何獨不然？……對於這種軍人的謬誤思想，我們就應該提出黨義去糾正

〔註105〕張敬安：《我對於分治合作的懷疑》，李石曾、于右任等著，畢修勻編：《分治合作問題討論集》，革命周報社，1929 年，第 117～119 頁；張敬安：《關於分治合作問題的討論》，《革命周報》，1928 年第 7 冊合訂本第 61～70 期，第 373～375 頁。

〔註106〕馬潘：《「集權」與「均權」？》，李石曾、于右任等著，畢修勻編：《分治合作問題討論集》，革命周報社，1929 年，第 68～69、77 頁；《革命周報》，1928 年第 14 期，第 10～11、15 頁。

〔註107〕李則綱：《與李石曾先生論政治分會書》，《革命評論》，1928 年 8 月 19 日第 16 期，第 87 頁。

他。糾正而沒有效果，我們便應該進一步討伐他們。分治合作論者以為只有對北方軍閥是應該討伐，對於投了機掛了革命軍人的招牌而仍存在濃厚的地盤思想的新軍閥卻主張和他妥洽，他們以為掛著青天白日旗的軍人是不能容許別人對他革命的，他們卻沒有想到陳炯明也是個革命軍人。」〔註108〕

其次，他們認為分治合作論者主張保留的政治分會與巡閱使無異，實為分裂割據。張敬安提出質疑：「現在的政治分會，就等於從前的巡閱使，從前的軍閥假巡閱使之名，行割據之實，現在的武裝同志假政治分會之名，行割據之實，這是時下主張取消政治分會及反對分治合作論者唯一的藉口。我個人的意見，覺得這種論調未免太誣衊了武裝同志，然而又不能否認它毫無半點理由。……如果將來這種制度發生了和從前巡閱使一樣的罪惡到底有什麼辦法？照現在的情形看起來，確實不能令人十分樂觀，我們有沒有方法先事預防呢？」〔註109〕馬濬認為「本來應事實的需要，政治分會的成立，並非大病，但唯一根本條件，是不因政治分會而分中央的權——換言之，國家之權——這是第一個要義。只是現在政治分會，是要包辦一切，是要如李石曾先生所謂『均權』的第一步大目的，那就『形同割據』永遠使中國四分五裂，不但建設無望，且吞併堪虞，不得不使我思以往之覆轍。」「要之，在現在形式上雖統一了若干地方，然實際上，各以特殊勢力形成各個政治單位，各支配其特殊勢力範圍，上有各政治分會之對立，中有各省政府之對立，甚至下有若干縣政府之對立，財政計劃行政設施外交方針交通管理……等等，無不各行其是，目無中央，是吾黨吾民眾所望的統一國家，已變部落式的對峙之局。是『政權』既不在民眾，又不在黨，亦不在政府，而在於特殊地位之個人，統一既不成功，建設安從著手？所謂三民主義革命之成功，更邈乎遠矣。所以我們在此有要求『集權』的必要，庶可以集中的權力，打破由『均權』而『分權』式的『分裂』，同時以集中的權力，消除一切破壞國家統一的障礙，促成統一財政，軍事，外交，交通等之第一步的成功，而完成建設之大計。自然所謂『集權』者，雖直接集權於中央政府，間接實集權於黨，因中央政府乃在黨領導指揮之下，而實行其『權力』也，而黨則係革命民眾的結合，

〔註108〕章乃器：《分治合作如何》，李石曾、于右任等著，畢修勺編：《分治合作問題討論集》，革命周報社，1929年，第44～47頁。
〔註109〕張敬安：《我對於分治合作的懷疑》，李石曾、于右任等著，畢修勺編：《分治合作問題討論集》，革命周報社，1929年，第119頁；張敬安：《關於分治合作問題的討論》，《革命周報》，1928年第7冊合訂本第61～70期，第375頁。

故實亦不嘗統一集中於革命民眾之手也。」〔註110〕李則綱言：「政治分會，為軍事時期不得已之組織，此殆稍明黨國情勢者所深知。今海內方告統一，訓政開始，本黨同志，全國同胞，無不渴望政治速納正軌，深恐政治分會為梗，馴成割據之勢，隱伏未來巨患，故有取消政治分會之呼籲。〔註111〕周憲民則從理論與事實兩方面闡述理由反對分治合作，認為：「集權制、均權制各有優劣，中國在訓政時期不必採用均權制，總理並未主張在訓政時期採用均權制，即使採用均權制無須設政治分會，調劑中央和省同地方的權限，也無須設政治分會。設政治分會有失黨治精神，不當以分職分勞為設政治分會的理由。……政治分會所轄地是變相的勢力範圍，易為政客把持，使行政不能統一，黨權不能提高」。〔註112〕

（4）分治合作論者的回應

對於質疑與反對的聲音，分治合作論者同時也進行了積極的回應，其觀點主要有以下幾種：

第一，分治合作順應世界政治思想發展潮流，符合中國實際情況。漢南認為「李氏分治合作之主張，不是一種制度，也不是一種組織，乃是一種政治上的理論，……只要對世界思想史稍有研究的人，都要承認政治思想之二大派別，即中央集權與地方分權，政府萬能與個人自由，亦即專政集權與分治合作之二大派別。……退一萬步來說，就現在的情形一看，長江一帶，陝、甘、豫、晉、綏以及川、湘、滇、粵、桂等省何處而非『分治』？又何處而非『合作』？此種事實實屬無可諱言。」〔註113〕

第二，拿共產黨作替罪羊，堅持分治合作可以對抗專政集權。修匀稱：「國民黨抄襲了共黨的組織，採用了共黨的方法，把國民黨的原有精神喪失殆盡，現在一般人都這樣說，而且國民黨曾經因此而弄到四分五裂，一切皆呈破碎現象了，這不得不佩服共黨的神通廣大。做共黨應聲蟲的那些主張中央集權的所謂忠實的國民黨員，現在還戀戀於共黨的理論與方法也有自覺之日嗎？

〔註110〕馬濬：《「集權」與「均權」？》，李石曾、于右任等著，畢修匀編：《分治合作問題討論集》，革命周報社，1929 年，第 76～77 頁；《革命周報》，1928 年第 14 期，第 14～15 頁。

〔註111〕李則綱：《與李石曾先生論政治分會書》，《革命評論》，1928 年 8 月 19 日第 16 期，第 84 頁。

〔註112〕周憲民：《政治分會存廢問題》，《大公報》，1928 年 8 月 11 日，第 10 版。

〔註113〕漢南：《對分治合作問題的一個答辯》，李石曾、于右任等著，畢修匀編：《分治合作問題討論集》，革命周報社，1929 年，第 65～67 頁。

我想，以後的國民黨中的最重要的問題，恐怕是集權與分權之爭了，或可謂準共黨與進步的國民黨之爭了。我希望國民黨走上天下爲公，世界大同的這樣分治合作的路，而不希望他倒退到專政集權的古董鋪裏去……石曾先生主張分治合作不過應此時中國之需要，完全站在國民黨立點上，替國民黨謀出路，不知國民黨員也能領受他的好意而置諸實行否？」〔註114〕

　　第三，強調分治合作與聯邦制、聯省自治不同，而與孫中山均權制度相同。漢南認爲「孫先生雖有均權制度之說，但均權制度一語，意義似稍狹，不若分治合作之廣涵，前者僅替代一種制度之意義，後者則兼制度與思想之意義而有之。準此，則李先生提出分治合作之主張一方打到專政集權之謬誤思想，同時發揚光大三民主義之均權制度的精神，實爲需要之舉，不能算做另立門戶節外生枝了。」「分治合作之原文，……本來譯外國名詞只要不失原意就夠了，……Fédéralisme 既有聯合主義之意，那麼由聯合而譯爲合作，不可謂不當了。……至於分治合作論者所主張之分治合作制度，並無所謂什麼省憲，換言之，就是沒有與聯邦制度的各邦邦憲性質相同的省憲。此爲分治合作與聯省自治及聯邦制度根本不同之一點，是分治合作另爲一制度而非聯省自治及聯邦制度不待言了。復次，孫先生是反對聯省自治最有力之一人，並且建國大綱十七與十八兩條明白規定中央與省之權限採均權制度，縣爲自治之單位，省立中央與縣之間，以收聯絡之效。是分治合作與均權制度完全相同，不證自明了。」〔註115〕同時漢南還對分治合作的動機與背景做了分析，以證明其與聯省自治的動機與背景完全不同。他認爲分治合作符合「現今的政治潮流」乃「求進化，求自由」，反對「馬克思、列寧式之僞共產革命」的「專政集權」和「帝王思想」，「此自思想上說明分治合作發生的動機及背景也」。又認爲分治合作提出之時，國民黨內只是「一時的亂象，是由於共產黨的搗亂，革命的力量一時失了重心所致。並且國民黨中的份子根本就複雜的了不得，加之共黨混跡其中，挑撥離間，無所不用其極，所謂長衫同志猶不免互相猜忌，而況武裝同志乎？當時的局面雖說紛亂如是其極，然武裝同志中，卻並沒有發現如陳炯明、趙恒惕者流，公然割據叛黨的事實。」而政治分會而人利用以圖割據地盤者「除開權利薰心的汪精衛與灰色共產黨陳公博輩，曾經在武漢及廣州假政治分會之名行過燒殺之事實

〔註114〕修勻：《分治合作與專政集權》，李石曾、于右任等著，畢修勻編：《分治合作問題討論集》，革命周報社，1929 年，第 96 頁。

〔註115〕漢南：《論分治合作答張敬安君》，李石曾、于右任等著，畢修勻編：《分治合作問題討論集》，革命周報社，1929 年，第 124～128 頁。

外，而現在一般所謂革命的軍人卻並沒一個假借什麼名義作出大不了的事來。」而分治合作「又爲切合均權補救時局之唯一良法」，此「從制度上來說明分治合作發生的動機與背景」。〔註116〕

　　除了上述回應外，分治合作論者還對缺少實行方法的質疑進行了回答，此可參見前文相關論述。

　　綜上所述，反對分治合作論者主要有三派：其一爲集權派，他們主張專政集權，一切權力均應操之中央政府，有強有力之中央政府，然後有統一之國家，否則就會形成割據的局面；其二，爲均權派，他們認爲分治合作並非孫中山均權制度，而且均權制度更爲優越，無須捨此而另覓他途；其三爲視分治合作爲聯邦制、聯省自治者，因反對聯邦制、聯省自治而反對分治合作。而分治合作論者則始終堅持稱分治合作思想順應世界政治思想發展潮流，以反對專政集權爲目標，與聯邦制、聯省自治根本不同，而與孫中山均權制度則相同。雙方思想顯然難以調和。僅從雙方的觀點來看，各有道理與狡辯混雜其間，半斤八兩不分勝負，但由於政治分會的存在而致使國民黨處於分裂割據的現實情況，是無論如何也無法忽視的，所以使得分治合作論者的一切答辯都顯得蒼白無力。誠如章乃器在答漢南質疑的一文中所反質疑的一段話，使分治合作論者啞口無言，漢南稱：「無論什麼制度，都由當時之需要而生，有環境做它的背景，不是隨便提出來的，也不是空言可以反對得了的。均權制度如此，分治合作制如此，即分治合作論者主張保存之政治分會制亦如此。」章乃器則對此續言道：「袁世凱之帝制如此，張勳之復辟如此，曹錕、吳佩孚的竊據如此，張作霖的大元帥制亦如此，聯省自治又何嘗不如此？」〔註117〕最終政治分會制度於1929年3月被徹底裁撤，關於分治合作問題的爭論也告一段落，但分治合作論者並不甘心認輸，而是拋開制度本身從中國人的「精神方面」去尋求慰藉，如漢南說：「無論什麼制度，在歐洲總算比較的差強人意，但是一弄到中國來就是一塌糊塗。議會政治制度就是一個好例。可知制度之爲物，究係死的，全在用之之人如何。如果中國人的精神方面──道德、智識、學問，長此下去，無有長進，就是世上少有的制度，天下無雙的主張，都是沒有成功之希望的。謂予不

〔註116〕漢南：《爲分治合作問題質新評論記者》，李石曾、于右任等著，畢修勺編：《分治合作問題討論集》，革命周報社，1929年，第135～138頁；《革命周報》，1928年第7冊合訂本第61～70期，第441～444頁。

〔註117〕乃器：《爲分治合作問題答革命周報漢南先生》，李石曾、于右任等著，畢修勺編：《分治合作問題討論集》，革命周報社，1929年，第149頁。

信，我們且看裁撤政治分會以後！」〔註118〕

三、結語

　　1928 年 6 月，奉系退出北京後，張學良在東北重建地方政權，組織保安委員會，就任保安總司令，易幟後又組織東北政務委員會，這些政權組織形式雖爲新創建，但均有其來源與出處。張作霖時期，東三省就曾宣告聯省自治，組織過保安聯合會，張作霖就曾擔任保安總司令。此爲張學良時期奉系地方政權的歷史起源。

　　而其制度起源，則源自於李石曾的分治合作政治思想與其主張保留的政治分會制度。從 1927 年 11 月到 1929 年 3 月，關於分治合作問題的爭論長達一年有餘。這場爭論對國民黨由革命黨轉變成爲執政黨後，採取何種指導思想與政治制度均產生了重要影響。國民黨進入訓政後，頒佈訓政綱領，於中央實行五院制，並採取一系列措施統一政權，而在地方則實行分縣自治，推行均權制。可見在這場爭論中成爲反分治合作論者主流思想的集權制與均權制的作用與影響。這場爭論除了對國民黨產生影響外，對曾與國民黨對抗後實行易幟的奉系也產生了影響。李則綱在批評李石曾分治合作論時，曾言道：「至『武力統一』四字，於先生尤爲失言。現時自關東三省外，各省皆在國民政府統治之下，本無不統一可言。謂取消「政治分會」則爲「武力統一」，是先生不啻暗示各分會已成割據之勢，政權欲達統一，非武力不可。恐各分會當局，亦未必首肯先生之言。抑現在未統一者，僅東三省一隅，日人曾反對國軍出關，張學良亦以保安相搪抵，先生豈能助彼輩張目乎！不然，『武力統一』四字，無所安綴。」〔註119〕李則綱之言自然是一句質疑與反詰而已，李石曾主觀上也自然不會爲奉系「張目」，但是在客觀效果上分治合作論確實爲張學良「張目」了。在奉系退出北京後，國奉雙方談判易幟條件時，奉系曾明確要求必須設置政治分會，謂「此種過渡辦法，絕不能少」〔註120〕，張學良也曾明確說易幟是要與國民黨「分治合作」。而蔣介石爲了早日收統一之效，最終不得不答應在東北設置政務委員會以代替政治分會。

〔註118〕漢南：《裁撤政治分會以後》，《革命周報》，1929 年第 9 冊合訂本第 81～90 期，第 199 頁。
〔註119〕李則綱：《與李石曾先生論政治分會書》，《革命評論》，1928 年 8 月 19 日第 16 期，第 86 頁。
〔註120〕畢萬聞主編：《張學良文集》第 1 冊，新華出版社，1992 年，第 130～131 頁。

第二章 嬗變：從北洋舊政權到國民黨新政權

　　1928 年 6 月，皇姑屯事件後，奉系進入了張學良時代。從北京撤回奉天，奉系政權便開始了由末代北洋中央政權向國民黨地方政權轉變，而在轉變中奉系面臨著如何建構東北政權的問題。這包含兩個層面，一是張作霖死後奉系最高領導人選問題；二是東北政權結構體系問題。由於張作相的擁戴，張學良順利成為奉系新領導人。於是，奉系一面建立以張學良為核心的東北政權，一面開始了與國民政府進行易幟談判。經過半年的談判與醞釀，最終瓜熟蒂落。12 月 29 日，奉系通電全國，「宣佈遵守三民主義，服從國民政府，改易旗幟」〔註 1〕。東北易幟後，奉系政權開始向國民黨地方政權轉變。但此時，張學良在奉系中的地位仍不穩固，楊宇霆派對其威脅很大。為了穩固政權，張學良在東北政委會即將成立之前，槍殺「楊常」，消除了政權過渡後的不穩定因素。1929 年 1 月 12 日，東北政務委員會宣告成立，隨後東北保安委員會宣告結束，北洋舊政權最終轉變為國民黨新政權。儘管東北從北洋體制轉變為國民黨體制，但仍殘留著諸多舊軍閥的因子。本章的主要內容便是討論奉系地方政權的這種嬗變經過及其不徹底性。

一、皇姑屯事件後奉系地方政權的重建

1、保安司令制度的再次建立

　　皇姑屯事件後，奉系進入了後張作霖時代。張作霖在世時，雖然有意地培養張學良，但他畢竟太年輕，資歷、威望都不夠，所以張作霖並沒有指定他為

〔註 1〕韓信夫、姜克夫主編：《中華民國大事記》第二冊（1923～1929），中國文史出版社，1997 年，第 936 頁。

接班人。在張作霖橫死後，奉系中有資格繼承張作霖地位的有三個人：張作相、楊宇霆、張學良。張作相代了奉系內的元老派；楊宇霆代表了奉系內新派中的「洋派」，即日本士官派；張學良則代表了奉系內新派中的「土派」，即本土陸大、講武堂派。其中，張作相威望最高、資歷最深，他是與張作霖一起打拼天下的結拜兄弟，手握兵權；楊宇霆次之，他是張作霖的高參，深得其賞識；張學良則年紀最輕、威望最淺，但他是張作霖的長子，並掌控著奉軍中最精銳的三四方面軍。三人各有優勢，均有成為奉系新首領的可能。〔註2〕

　　而此三人誰能成為真正的奉系新首領，則主要取決於內外兩方面因素。首先看外部因素，主要包括日本和南京國民政府。皇姑屯事件後，日本炸死張作霖想乘亂謀取東北的陰謀已是路人皆知〔註3〕，所以張作霖的繼承者顯然不能是親日派。從這點看，上述三人均符合條件。自國民政府兩次北伐以來，南北統一已是大勢所趨。在此形勢下，敗回關外的奉系要想求得生存，必須要與國民黨打交道，這就要求張作霖的繼承者不能是守舊派。從這點看，代表奉系老派的張作相顯然不是合適人選。楊宇霆和張學良雖都為新派，但楊不主張東北易幟，主張走地方派路線，與桂系李宗仁、白崇禧合作以倒蔣，張則主張東北易幟，走中央路線，與蔣介石合作。〔註4〕國民黨內蔣派勢力最大，佔據中央，掌控南京國民政府，所以要與國民黨打交道顯然不可能繞過蔣介石。從這點看，楊宇霆不符合與南方國民黨交涉的現實要求，所以張學良是繼承其父地位的最佳人選。

　　其次看內部因素，也就是上述奉系內部三派的角力與分合。皇姑屯事件後，奉天軍政高層召開緊急會議，決定對於張作霖之死「秘不發喪」〔註5〕，

〔註2〕關於此三人優劣勢的分析，可參見王海晨、胡玉海：《世紀情懷：張學良全傳》上，廣東人民出版社，2001 年，第 215 頁。

〔註3〕關於皇姑屯事件的幕後元兇，學界早已蓋棺定論是日本，但最近仍有人試圖為日本翻案，如托托著《張氏父子與蘇俄之謎》（呼和浩特：遠方出版社，2008 年）便認為是蘇聯特工暗殺了張作霖。然托著中對於張作霖被炸一節只是旁敲側擊、潦草敷衍，不但沒有重建被炸經過，更沒有令人信服的證據。

〔註4〕楊宇霆曾對張學良說：「我們可以分開來做，你走中央路線，我和地方派繫聯絡」，並主張「拉李宗仁、白崇禧以倒蔣」。參見陳崇橋：《試論「楊常事件」》，《近代史研究》1986 年第 2 期，第 252、259 頁；胡玉海、張偉：《奉系人物》，遼海出版社，2001 年，第 124 頁及第 125 頁注釋。

〔註5〕張作霖死後，臧式毅力阻將其「被炸逝世之詳情」立即「公告天下」之舉，主張「秘不發喪」，以待張學良歸奉。參見竇應泰：《張學良遺稿：幽禁期間自述、日記和信函》，作家出版社，2005 年，第 29 頁。

「俟學良歸，軍民有主乃發表」﹝註6﹞，以致連日本人都不知道其死活而未敢輕舉妄動。張學良於 1928 年 6 月 4 日在北京得知其父死訊後，並沒有立即回奉，而是在蘆臺、灤州安排好關內奉軍撤退事宜後，才於 6 月 18 日返抵奉天。﹝註7﹞從張作霖死訊傳來到張學良返奉，期間雖有近半個月時間，但楊宇霆一派若想奪權，也是無此可能。一則此一期間楊宇霆始終與張學良在一起部署奉軍撤退事宜，並沒有提前回奉；二則即便楊此時在奉也不敢在張作霖死訊未公佈之前有所動作，因為一旦動作，張之死訊畢露無疑，在奉系全力保密以待張學良回奉之際，楊敢冒泄密之大不韙，那他也不可能成為奉系新首領了。所以從奉系內部對於張作霖死訊的保密程度以及張學良從容鎮定的態度來看，張學良「少帥」的身份還是較之他人更具優勢。另外，「張作霖死後，張學良成為繼承者」，還得益於「代表舊派的張作相的推薦」。﹝註8﹞本來 6 月 21 日，東三省省議會聯合會已推舉張作相為東三省保安總司令，接張作霖的班，但他堅辭此職，堅持推舉張學良任總司令。由於張作相的支持，奉系老派轉而也支持張學良，而楊宇霆一派便被孤立。﹝註9﹞「二張」叔侄的聯合為張學良成為奉系新首領奠定了基礎，同時也為張學良時期奉系地方政權的穩定奠定了基石。

　　7 月 2 日，東三省省議會聯合會一致推舉張學良為東三省保安總司令，7 月 3 日，張正式通電就任該總司令職，標誌著奉系進入了張學良時代。就任東三省保安總司令後，張開始組建他的司令部：包括三廳十九處，即秘書廳及所轄機要處、政務處、財務稽核處和蒙旗處，軍事廳及所轄副官處、軍衡處、軍務處、軍法處、軍需處、軍醫處和航警處，軍令廳及所轄第一至第六處，以及帥府事務處和參贊處。秘書廳廳長為鄭謙，軍事廳廳長為榮臻，軍令廳廳長為王樹常，帥府事務處處長為欒貴由，參贊處總參贊為袁金鎧。﹝註10﹞

﹝註6﹞ 轉引自胡玉海、張偉：《奉系人物》，遼海出版社，2001 年，第 298 頁。
﹝註7﹞ 張友坤等：《張學良年譜》（修訂版），社會科學文獻出版社，2009 年，第 202 頁。
﹝註8﹞ 〔日〕西村成雄著，史桂芬等譯：《張學良》，中國社會科學出版社，1999 年，第 40 頁。
﹝註9﹞ 關於張作相及老派支持張學良的原因，可參見陳崇橋、蕭鴻：《罕見的歷史奇迹——張學良、張作相相互讓「帥位」紀實》，《社會科學輯刊》1994 年第 1 期，第 96～97 頁。
﹝註10﹞ 《東三省保安總司令部秘書廳機要處職員履歷表》（1929.3），遼寧省檔案館編：《奉系軍閥檔案史料彙編》⑧，第 247 頁（該彙編編者所記此履歷表形成時間有誤，應為 1928 年末，因為 1929 年 1 月東三省保安總司令部就改組為東北邊防軍司令長官公署，而且據履歷表載有些職員是 1928 年 10 月後被委任為秘書廳機要處職員的，另外此履歷表與《奉系軍閥檔案史料彙編》⑦，

張學良就任東三省保安總司令及其司令部的建立，標誌著張學良政權的初步形成，也由此開始了張學良時期奉系地方政權的建構。

張學良就任東三省保安總司令前，還發生了一段「二張」叔侄互相「讓賢」的插曲，即對於東三省保安總司令一職，張作相與張學良互相謙讓。6月21日，張作霖死訊發佈並正式發喪後，東北最高領導人選問題成爲奉系高層面臨的主要問題。先是張學良主動讓賢，東三省省議會聯合會通過任命張作相爲東三省保安總司令的決議，並於24日正式發表通電，推舉張作相爲東三省保安總司令，張學良爲奉省保安司令〔註11〕。但張作相對內以張作霖並非善始善終，而是遇難橫死爲由〔註12〕，對外以「母老病劇，侍藥無人」爲由，堅辭東三省保安總司令職，並推舉張學良任此職。最終因他「心重語長，勢難敦駕」，東三省省議會聯合會「決議准其辭去總司令職」，並「推舉張學良爲東三省保安總司令」。〔註13〕於是7月2日，東三省省議會聯合會推舉張學良爲東三省保安總司令，並於7月4日正式發表通電。

筆者於前文對這一事件的一個方面，即張作相讓賢支持張學良接班已有論述。對於「二張」均確爲誠心相讓的觀點，筆者贊同前人的研究成果。〔註14〕但筆者對奉系把相互讓賢一事的場面做的如此大，是否另有目的，表示懷疑。

首先，「二張」背後均各有支持者，他們叔侄對最高權位的相互謙讓，實際上是雙方各派誰服從誰的問題，能做到這點，說明他們均是以奉系大局利益爲考慮的。而如果一次會議不能解決奉系新首領人選問題，那麼再多開幾次會議好好商量也就是了。何況奉系內部本就有矛盾，楊宇霆一派對奉系

第 367 頁的殘表應爲一表，記錄的都是秘書廳機要處職員履歷）；《東北保安司令部各廳處人員銜名清折》（1928），《奉系軍閥檔案史料彙編》⑧，第 53 頁；《東三省保安總司令部帥府事務處爲組織成立及欒貴由任處長致商務會函》（1928.7.16），《奉系軍閥檔案史料彙編》⑦，第 318 頁；胡玉海、張偉：《奉系人物》，遼海出版社，2001 年，第 298 頁。

〔註11〕《東三省省議會聯合會爲推舉張作相爲東三省保安總司令張學良爲奉省保安司令的通電》，《奉系軍閥檔案史料彙編》⑦，江蘇古籍出版社，1990 年，第 267 頁。

〔註12〕參見竇應泰：《張學良遺稿：幽禁期間自述、日記和信函》，作家出版社，2005 年，第 66 頁。

〔註13〕《東三省省議會聯合會爲張作相固辭會議一致推舉張學良爲東三省保安總司令的通電》（1928.7.4），《奉系軍閥檔案史料彙編》⑦，江蘇古籍出版社，1990 年，第 288 頁。

〔註14〕詳見陳崇橋、蕭鴻：《罕見的歷史奇迹──張學良、張作相相互讓「帥位」紀實》，《社會科學輯刊》1994 年第 1 期，第 93～99 頁。

最高權位早已虎視眈眈。所以根本沒必要小題大做，非要以東三省省議會聯合會名義連續發表兩個正式通電，把奉系內部的矛盾與分歧暴露於天下，搞得盡人皆知不可。這也與經過十餘年發展早已成熟的奉系所應有的行為不符，〔註15〕這就說明奉系這個略顯幼稚的舉動必然另有深意。

其次，一方面，東三省各省議會也好，省議會聯合會也罷，都是奉系掌握的「御用」立法機關，並沒有實際權力〔註16〕。由「讓賢」這一幕來看，奉系內部對於由誰出任新領導人並沒有達成共識。在此種情況下，誰「授權」東三省省議會聯合會做出的推舉呢？另一方面，即便東三省省議會聯合會有實際權力，不受奉系控制，那麼該聯合會要推舉張作相為東北新領導人，怎能不徵求其意見，怎會出現推舉完，通電也發表了，然而張作相卻辭職不幹，該聯合會再轉而推舉張學良這戲劇性的一幕呢？如此反覆，東三省省議會聯合會權威何在？所以奉系所謂「讓賢」之舉，必有目的。而這個目的就是要試探南京對奉系新老派的態度。尤其奉系老派思想陳舊，多主張閉關自守，也更具有北洋色彩，在統一大勢之下，老派更擔心國民黨能否容納他們，擔心其利益受損。正如《中央日報》所評論：「小張所慮青白（指南京國民政府的青天白日國旗）一掛，委員之任命，黨部之組織，均由中央主持，己之權力，勢將剝奪，非將此層說妥，得有相當之保證，未肯高懸青白，皈依黨國。」〔註17〕「小張所慮」自然代表了奉系新老兩派之所慮。所以在國民黨有意和談的背景下，奉系製造一點新聞素材，以便觀察國民黨的反應，而後再決定談判與否就很必要了。

〔註15〕奉系向來重視內部團結的形象，並以暴露矛盾為恥，必如1930年8月發生的馬廷福事件。張學良說：「馬廷福如真受人愚弄，有此行為，我個人的安全事小，而暴露東北軍的內部不團結、不一致，貽人恥笑的事大。」又稱「查東北軍隊向稱團結，此次事件如果實現，不惟破壞軍紀，且足貽笑外人。」而且張學良在對外發表言論時也時常說東北向來是「整個」的，以表示團結統一的形象。參見于學忠：《東北軍第四次入關的經過》，《文史資料選輯》（合訂本），第4卷第16輯，中國文史出版社，2000年，第87頁；《就馬廷福事件致東北四省首腦電》，畢萬聞主編：《張學良文集》第1冊，新華出版社，1992年，第306頁。

〔註16〕如早在1922年第一次直奉戰爭後，直系操縱的北京政府下令免除張作霖本兼各職，聽候查辦。張則操縱東三省省議會聯合會當上了「東三省保安總司令」，並宣佈東三省實行「聯省自治」，使北京政府的罷免令成為廢紙一張。

〔註17〕彬彬：《東三省歸附問題近訊》，《中央日報》，1928年8月16日。

　　然而奉系還沒等到國民黨的反應，就先得到了社會輿論的猛烈回應。張作相不就總司令職，由張學良繼任的消息傳出來後，報紙上立即出現大量報導，輿論普遍擔心奉系會獨立並行獨裁統治。如輿論皆認為東三省保安總司令「當屬張學良所有，不久將依軍民各機關之推戴而就任。一般觀察，謂張學良之就任總司令，無異拒絕遵奉三民主義與揭揚青天白日旗，而漠視國民政府，有實施東三省獨立新政之意。」〔註18〕還「多謂張學良就東三省保安總司令後，將以第三四方面軍之背景，與吉林張作相，黑龍江萬福麟協力，得楊宇霆之輔佐，而實行其獨裁的政治。邢士廉、于珍等運動與革命軍妥協，揭揚青天白日旗之計劃，蓋因張學良之政治基礎牢固，而付諸不問，是邢于等之運動殆歸失敗矣。」〔註19〕

　　所以，為消除張就任總司令而引起的世人不安和消極影響，奉系迅速、果斷地採取了三項措施，以表明其無獨立之意、無獨裁之心：一是於1928年7月1日發表政治通電，要求國府「以最簡捷辦法，速開國民會議，解決目前一切重要問題」，並聲明「決無妨害統一之意」〔註20〕；二是軍事上繼續「從事撤退，以明真意」，據報載「奉吉軍隊已相繼向關外撤退」，「灤州以東之吉軍主力，截至本日（7月3日）殆全部撤退關外」，奉軍「第三四方面軍，（6月）29日以來，陸續向關外撤退，其三分之一，已向山海關以東輸送」〔註21〕；三是7月2日，張電北平何成濬，稱派前省長王樹翰、司令邢士廉、總監米春霖、參謀徐祖貽為正式代表〔註22〕，赴平正式與蔣等談判。

　　在奉系打出這麼一套「組合拳」後，國府方面不得不有所回應。所以7月3日下午，剛到北平的蔣介石在碧雲寺「謂東三省問題務希和平解決」。同日，國民政府電奉軍將領，提出處理東三省三原則：一、以政治手腕為三省人民謀福利；二、對三省新舊派兼容並顧；三、以公正辦法處理三省政務軍

〔註18〕《張學良將就任三省總司令》（1928.6.26），季嘯風、沈友益主編：《中華民國史史料外編——前日本末次研究所情報資料》（中文部分）（以下簡稱《中華民國史史料外編》）第31冊，廣西師範大學出版社，1996年，第211頁。

〔註19〕《奉人觀察三省，仍實行獨裁政治》（1928.6.26），季嘯風、沈友益主編：《中華民國史史料外編》第31冊，第214頁。

〔註20〕中華民國史事紀要編委會：《中華民國史事紀要（初稿）》1928年7月至12月，臺北：中華民國史料研究中心，1982年，第3頁。

〔註21〕《奉吉軍隊已相繼向關外撤退》（1928.7.3），季嘯風、沈友益主編：《中華民國史史料外編》第31冊，第228頁。

〔註22〕韓信夫、姜克夫主編：《中華民國大事記》第二冊（1923～1929），中國文史出版社，1997年，第841頁。

事。〔註23〕在國府方面表達了對「新舊派兼容並顧」，並肯定了繼續以和平的、政治的方法來解決東三省問題後〔註24〕，即國府對於奉系打造東北政權默許後，張學良於 3 日晚正式通電就任東三省保安總司令〔註25〕。

2、奉系地方政權的重建

由於採取措施適當，張學良就任東三省保安總司令一事並沒有使南京國民政府產生劇烈反應。7 月 10 日，蔣介石在接見奉方代表時，又提出東三省須先行易幟，實行三民主義，餘事再請示國民政府。〔註26〕南京方面再次傳達出以政治手段解決東北問題的信號後，奉系加快了東北政權的建構。張學良時期，奉系廢除了獨裁專制色彩濃厚的舊制度，而改行更具民主色彩的新保安制度。

張學良政權結構：最高立法機關——東三省省議會聯合會；最高行政機關——東北臨時保安委員會；最高軍事機關——東三省保安總司令部；最高司法機關——最高法院東北分院。（參見圖 2-1-1）

圖 2-1-1：易幟前張學良重建的奉系地方政權結構圖

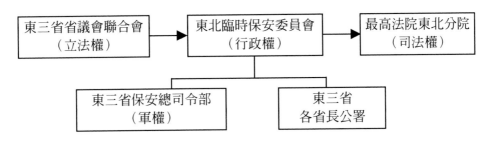

首先，發佈東北各省區臨時保安公約。

7 月 16 日，東三省省議會聯合會表決通過《東北各省區臨時保安公約》（以下簡稱《保安公約》）12 條〔註27〕。該公約第十二條規定：「本公約於政

〔註23〕韓信夫、姜克夫主編：《中華民國大事記》第二冊（1923～1929），中國文史出版社，1997 年，第 841 頁。

〔註24〕早在 1928 年 6 月初，蔣政治解決東三省問題的方針就已確定，並逐漸成為國府對奉方針，並於中旬傳遞給奉方。參見曾業英：《論一九二八年的東北易幟》，《歷史研究》，2003 年第 2 期，第 85 頁。

〔註25〕《張學良為於本日就職東三省保安總司令兼奉天保安司令的通電》（1928.7.3），《奉系軍閥檔案史料彙編》⑦，江蘇古籍出版社，1990 年，286 頁。

〔註26〕韓信夫、姜克夫主編：《中華民國大事記》第二冊（1923～1929），中國文史出版社，1997 年，第 845 頁。

〔註27〕《東北臨時保安委員會公佈東北各省區臨時保安公約》（1928.7.28），《奉系軍閥檔案史料彙編》⑦，江蘇古籍出版社，1990 年，第 328～330 頁。

局統一時候即廢止之」，即說明了所謂的「臨時」性，也預示著奉系政權的臨時性。從內容看，該公約具有臨時憲法性質，因爲它肯定了主權在民的原則，確立了奉系政權「三權分立」的保安制度，即明確規定以「東三省省議會聯合會爲最高立法機關」，「設立東北臨時保安會」爲最高行政機關，「處理各省區一切重要政務」，並於事實上成立了東北最高法院，後更名爲最高法院東北分院。

其次，重組東三省省議會聯合會。

東三省省議會聯合會，是 1922 年張作霖宣佈東北自治時成立的，當時即爲東北最高立法機關。張學良成爲奉系新首領後，爲刷新政治，建構政權，東三省省議會聯合會於 1928 年 7 月 16 日通過《東三省省議會聯合會組織大綱修正案》（以下簡稱《聯合會組織大綱》）15 條〔註28〕，重新組織了該聯合會。根據修正案，該聯合會「設於奉天省城」，仍爲東北「最高立法機關」，即「爲發動東北各省區最高軍政各權之機關，對於東北臨時保安會執行一切政務有議決及建議權」。該會由奉、吉、黑三省「省議會各推舉代表 10 人組織之」，設主席 3 人，「由會員中推舉」，「轉流主席」，下「設秘書長 1 人，秘書 1 人」。該會會員第一屆任期，「由民國 17 年（1928 年）6 月 1 日起」，「以 6 個月爲限，任滿後，再被舉者得連任」，但該會會員「非經聯合會之許可，不得辭退或更替」，「對於討論及議決事件在未經發表前」「私自宣示」者，「得予退出本會之處分，由該省省議會另補之」。該會「每屆開常會 1 次，臨時會得隨時召集之。」

再次，建立東北臨時保安委員會。

「根據《東北各省區臨時保安公約》第四條之規定，設置東北臨時保安總機關，其名稱爲臨時保安會」。7 月 19 日，東北臨時保安委員會召開成立大會，正式成立。依據《東北臨時保安委員會組織大綱》〔註29〕（以下簡稱《保安會組織大綱》），該會「設置於奉天省城」，有委員 17 名，由臨時保安會在「東北地方在任中之軍民長官及德望素著之人物」中推薦，「提出於東三省省議會聯合會，求得同意委任之。在保安會成立以前，由保安總司令提出於東三省省議會聯合會，求得同意委任之。」張學良爲委員長，袁金鎧爲

〔註28〕《東三省議會聯合會爲抄送組織大綱修正案給奉天省長公署咨》（1928.7.17），《奉系軍閥檔案史料彙編》⑦，江蘇古籍出版社，1990 年，第 318～319 頁。

〔註29〕《臨時保安會大綱》（1928.7.19），季嘯風、沈友益主編：《中華民國史史料外編》第 31 冊，第 244 頁。

副委員長，「張作相、萬福麟、湯玉麟、劉尚清、誠允、沈鴻烈、張景惠、王樹翰、劉哲、常蔭槐、莫德惠、翟文選、袁慶恩、淩升、齊默特色木丕勒爲委員」〔註30〕。從名單看，奉系現有之各實力派及要人盡在其內。該會「以東三省省議會聯合會爲監督機關」，採「用合議制，凡東北地方之重要事件」，由全體委員會議解決之。

第四，建立東北最高法院。

7 月份，奉系加快了東北地方政權的創建。而此時，國奉雙方易幟談判卻並不順利，由於國府始終沒能滿足奉系的政治要求，加上日本極力阻撓東北易幟，奉系最終決定放棄 7 月易幟計劃（詳見後文）。一面是易幟受阻，另一面卻是奉系忙於建立政權。7 月 25 日，蔣會見王樹翰、邢士廉，指出：三省既有誠意易幟，不必再通電公佈保安制度。〔註31〕顯然，奉系在易幟問題上裹足不前，反而加快建立自治政權的舉動，引起蔣和國府的不滿和疑慮。爲了釋疑，再次表明奉系無獨立傾向，7 月 26 日，張電平之邢士廉轉蔣，表示服從國府，並願爲蔣效力：「無論何時願對國府服從到底，雖是個人雙身，亦甘爲介公效力。但目前外交方面確實重要，諒介公早有成竹。但求對外有圓滿辦法，東省一切不成問題也。」〔註32〕

奉系雖然屢屢表示易幟誠意，但卻並沒有放棄易幟前打造政權的行動。11 月份，奉系一度暫停了的政權建設再次啓動，以「易幟前，關於第三審案件之管轄，彼時因與中央隔閡，因爲無所歸納，人民欲解決終審，感感不便，因此案件愈形積壓。……況法院編製法第四條，亦有此項必要之規定」爲由〔註33〕，奉系建立了東北最高法院。東北最高司法機關的建立，標誌著張學良政權建構的完成。一個主權國家只能有一個最高司法機關，奉系既然此前多次向國府表明心跡，並無獨立意願，那「東北最高法院」的名稱必然要更改，最終定名爲「最高法院東北分院」，聽起來與東北政治分會的全稱「中央政治會議東北分會」如出一轍。最高法院東北分院「管轄審級，與最高法

〔註30〕　《東北臨時保安委員會爲公推張學良爲委員長，袁金鎧爲副委員長，張作相等爲委員的通電》（1928.7.23），《奉系軍閥檔案史料彙編》⑦，江蘇古籍出版社，1990 年，第 322 頁。

〔註31〕　韓信夫、姜克夫主編：《中華民國大事記》第二冊（1923～1929），中國文史出版社，1997 年，第 855 頁。

〔註32〕　中華民國史事紀要編委會：《中華民國史事紀要（初稿）》1928 年 7 月至 12 月，臺北：中華民國史料研究中心，1982 年，第 203 頁。

〔註33〕　東北文化社年鑑編印處編：《東北年鑑》，東北印刷局，1931 年，第 662～663 頁。

院同，惟不負解釋法令責任」〔註34〕，即該院具有司法終審權。該院第一任院長爲孔昭炎，「承保安委員會委託」，於 11 月 21 日就職任事。〔註35〕

　　通過上述分析，可以看出張學良試圖借助西方民主政治制度理論在法理上不斷完善新政權，以與其父張作霖時期專制色彩濃厚的舊政權相區別，給人以民主和順應時代潮流的印象。當然，張學良建構並完善政權的動機還與此時奉系正與國民政府進行易幟談判有關，因爲只有相互平等的兩個實體進行對等談判才會給奉系帶來利益的最大化。一個被趕出北京落敗而逃的奉系，顯然無法、也沒有資格與乘勝追擊的國府進行無條件的平等談判，也就更談不上爭取利益了。

3、奉系地方政權的特點分析

　　奉系政權建構中存在兩個現象：第一，最高決策權「平移」：由東三省省議會聯合會平移到東北臨時保安委員會。

　　依據《保安會組織大綱》第四條之規定，保安會「以東三省省議會聯合會爲監督機關」。其受省議會聯合會之監督，表現在兩個方面：一、《保安公約》第四條規定：「保安會委員須經省議會聯合會同意」。對此，《保安會組織大綱》第三條亦有詳細說明：「本會設會員 17 名，會員由臨時保安會推薦。東北地方在任中之軍民長官及德望素著之人物，提出於東三省省議會聯合會，求得同意委任之。在保安會成立以前，由保安總司令提出於東三省省議會聯合會，求得同意委任之。」二、《保安公約》第七條規定：東北臨時保安會議決下列事項，「須咨東三省省議會聯合會同意：甲，對外締結各種契約、協定；乙，正式宣佈作戰；丙，增加人民負擔及募集公債；丁，東北通用之單行法律；戊，不屬於省議會職權範圍以內各事項。」可見，保安會在某些「人、事」方面要受到省議會聯合會的監督。而且《聯合會組織大綱》第九條還規定：「本聯合會爲發動東北各省區最高軍、政各權之機關，對於東北臨時保安會執行之一切政務，有議決及建議權。」這些似乎都表明東三省省議會聯合會是東北最高權力機關。

　　但實際上，「7 月 18 日，東三省議會聯合會議決通過，東三省保安會不受

〔註34〕 東北文化社年鑒編印處編：《東北年鑒》，東北印刷局，1931 年，第 662～663 頁。

〔註35〕 《孔昭炎爲就職最高法院東北分院院長致奉天政務廳長陳文學代電》（1928.11.21），《奉系軍閥檔案史料彙編》⑦，江蘇古籍出版社，1990 年，第 683 頁。

東三省省議會聯合會之指揮監督後，東三省臨時保安會成為東三省最高權力機構。」〔註36〕例如，「當此時局未定之際，中央最高司法機關，既因種種變更，失其聯絡、統馭之能力，若不由地方長官妥為監督」地方司法，「誠恐滋生弊竇，貽害非輕」，東北臨時保安委員會「有鑒於此，擬請奉、吉、黑三省省長，對於所屬境內司法機關，實行監督考覈之權，有功者獎，有過者罰」。〔註37〕而保安會給奉天省長公署的這個「咨文」，雖然一開篇便肯定「省內各級司法固貴有獨立之精神」，然而保安會還是硬性規定「地方行政長官實負有監督之責任」。顯然，保安會規定的這個行政監督司法的「臨時辦法」有「東北通用之單行法律」的性質，但並沒有「咨東三省省議會聯合會同意」。

再如，保安會減稅、裁稅一事。東北臨時保安委員會「第七次會議時，由張總司令、翟委員文選提出減收鹽稅一案，業經公決，每擔正稅附稅各減收現洋 1 元。又由翟委員提出裁撤常關稅一案，業經公決：（一）所有安東關 50 里內應收常稅一律裁撤；（二）長春關應即停辦；（三）糧貨船捐仍撥歸稅捐局徵收，以符原案」〔註38〕。《保安公約》第七條中有規定：東北臨時保安會議決「增加人民負擔」之事項，「須咨東三省省議會聯合會同意」。「增加人民負擔」，主要是指增加稅賦。雖然《保安公約》沒有規定保安會減稅、裁稅也要東三省省議會聯合會同意，但減稅、裁稅本身並不是行政機關的職權，而是權力機關，如國會或議會的職權。所以，擁有這種權力的東北臨時保安委員會顯然不是單純的最高行政機關，而是東北最高權力機關。

另外，從《保安公約》和《保安會組織大綱》對保安會職權規定的用詞變化，也可看出一些端倪。《保安公約》對保安會職權的規定是「處理各省區一切重要政務」，「政務」一詞表明保安會行政機關的性質。《保安會組織大綱》對保安會職權的規定是「凡東北地方之重要事件」由全體委員會議解決之。「政務」，即行政事務，範圍明確；而「重要事件」，範圍模糊，既可是行政範圍

〔註36〕 中華民國史事紀要編委會：《中華民國史事紀要（初稿）》1928 年 7 月至 12 月，第 116 頁；《臨時保安公約》（1928.7.19），季嘯風、沈友益主編：《中華民國史史料外編》第 31 冊，第 243 頁。

〔註37〕 《奉天省長公署轉發東北臨時保安委員會對司法機關實行監督考覈給各縣訓令》（1928.8.29），《奉系軍閥檔案史料彙編》⑦，江蘇古籍出版社，1990 年，第 497 頁。

〔註38〕 《奉天省長公署轉發張學良、翟文選減收鹽稅、裁撤常關稅提案，及說明書》（1928.9.8），《奉系軍閥檔案史料彙編》⑦，江蘇古籍出版社，1990 年，第 528 頁。

事件，亦可是非行政範圍事件。可見，由「政務」到包括政務在內的「重要事件」，這種變化也暗示出東北臨時保安委員會職權和性質的變化。

此外，《保安公約》中明確規定：「東北各省區省政府仍依省議會暫行法之規定，各對其本省議會負責」，而沒有規定保安會要對東三省省議會聯合會負責，只是在《保安會組織大綱》中規定保安會「以東三省省議會聯合會為監督機關」。受其監督與向其負責相比，顯然前者所受的約束力要小得多。而自從 7 月 18 日，東三省省議會聯合會通過東北臨時保安委員會不再受該聯合會之指揮監督的議決後，保安會與聯合會之間本就鬆散的聯繫徹底斷了。

由此可知，東三省省議會聯合會在通過《保安公約》，完成奉系政權的政治架構後，其最高決策權便轉移到東北臨時保安委員會，也就是轉移到該會委員長張學良手中。此後東三省省議會聯合會便以單純的最高立法機關身份存在，職單純立法權，而東北臨時保安委員會不再僅是最高行政機關，而是東北最高權力機關。

第二，最高行政權「下移」：由東北臨時保安委員會下移到東三省保安總司令部和各省長公署。

如果保安會是東北最高行政機關，那麼依據《保安公約》第五條規定：「東北各省區軍民政務，採分治主義。軍政由保安總司令及保安司令處理之，民政由各省區民政長官處理之」，保安總司令部和各省長公署就均應為保安會之下屬機關。

但事實確並非如此。筆者查閱了《奉系軍閥檔案史料彙編》相關部分，發現以東北臨時保安委員會名義發佈的命令，主要有三類，一是發佈省級最高長官任命，包括省長任命和最高法院東北分院院長任命；二是有關司法行政事宜；三是有關稅賦及稅種的增減。〔註 39〕顯然，這三類事務均超出了省長公署的職權範圍，也就是說，東北臨時保安委員會擔負省長公署職權範圍之外的責任。

先來看保安會發佈的省級最高長官任命。如任命翟文選為奉天省長，所發命令為「東北臨時保安委員會委託翟文選為奉天省長」〔註 40〕，用的不是

〔註39〕 可以肯定此三類僅是該彙編收錄的保安會所發佈命令的一部分，但此部分所透露出來的信息已足以說明保安委員會的性質。

〔註40〕 《奉天省長公署為東北臨時保安委員會委託翟文選任奉天省長的訓令》（1928.7.26），《奉系軍閥檔案史料彙編》⑦，第 326 頁。

「委任」或「任命」，而是「委託」。何爲委託，就是「請人代辦」〔註41〕，顯然不具有上下級命令色彩。再如「東北臨時保安委員會委託常蔭槐爲黑龍江省長」〔註42〕，「委託張景惠繼任」〔註43〕東省特區行政長官等，均使用的「委託」。是不是當時「委託」與「任命」等詞同義呢？顯然不是，因爲東三省保安總司令部「委王樹常」爲軍令廳廳長〔註44〕，「任魯穆庭爲財務稽核處處長」〔註45〕，就沒有用「委託」，而是用的「委」和「任」；國民政府「任命翟文選、陳文學、張振鷺」、王樹常等「爲奉天省政府委員」〔註46〕，用的也不是「委託」，而是「任命」。這就說明東北臨時保安委員會與各省政府之間不是上下級的關係。

再來看保安會處理司法行政事宜，此即前文提到的保安會規定行政監督司法一事。東北臨時保安委員會給奉天省長公署的公文，用的是「咨」，這顯然不是上下級間的行文用詞。因爲當時民國時期上級向下級行文一般用「令」、「飭」，下級向上級行文一般用「呈」，而「咨」則是平級之間的行文用詞。〔註47〕另外，在此咨文中，保安會對「奉吉黑三省省長，對於所屬境內司法機關，實行監督考覈」的授權，所用之詞是「擬請」，而「請」字所體現的也顯然不是上下級關係。保安會增減稅賦及稅種事宜，即前文提到的保安會減稅、裁稅一事，已表明保安會最高權力機關的性質。

保安會將民政都「委託」給了「各省區民政長官處理之」，那軍政更是不可能由其掌握，只能是「委託」「保安總司令及保安司令處理之」。軍民兩政

〔註41〕 中國社會科學院語言研究所詞典編輯室編：《現代漢語詞典》（修訂本），商務印書館，1997年，第1312頁。

〔註42〕 《常蔭槐給奉天省長公署咨》（1928.8.3），《奉系軍閥檔案史料彙編》⑦，第337頁。

〔註43〕 《東北臨時保安委員會爲東特區行政長官張煥相辭職，以張景惠繼任致東北各官署電》（1928.11.14），《奉系軍閥檔案史料彙編》⑦，江蘇古籍出版社，1990年，第671頁。

〔註44〕 《東三省保安總司令部爲特設軍令廳給黑龍江省長公署咨》（1928.21.1），《奉系軍閥檔案史料彙編》⑦，第696頁。

〔註45〕 《東三省保安總司令部財務稽核處爲魯穆庭任處長，張振鷺任副處長事致政務廳函》（1928.12.18），《奉系軍閥檔案史料彙編》⑦，第721頁。

〔註46〕 《奉天市政公所爲本月十二日翟文選就任奉天省政府主席、陳文學等分任各廳長給所屬訓令》（1929.1.17），《奉系軍閥檔案史料彙編》⑧，江蘇古籍出版社，1990年，第104頁。

〔註47〕 關於「飭」、「咨」的解釋，可參見顧維鈞：《顧維鈞回憶錄》第一分冊，中國社科院近代史所譯，中華書局，1983年，第393頁。

均「委託」代管，那保安會的最高行政機關也就名不副實了。而保安會最高權力機關之權力，在於為奉系各實力派及要人提供了一個對話平臺，共同「合議」，決定「東北地方之重要事件」。如東北易幟與對日問題，8月9日在日本特使林權助的恐嚇性警告下，張學良召集保安會，最終決定易幟延期3個月。〔註48〕

　　上述兩點，均是筆者從法理角度分析的，實際上張學良時期奉系地方政權的核心是東三省保安總司令部，一切命令均由此發出。表現在兩個方面：一方面，東三省保安總司令部不僅是東北最高軍事機關，擁有最高軍事權，同時還直接掌握部分行政權。如委任行政官員：東三省保安總司令部委任王鏡寰為東三省交涉總署署長，委任常陰槐、翟文選、誠允為東三省交通委員會副委員長。〔註49〕東三省交涉總署掌東北對外交涉，東三省交通委員會掌東北交通鐵路、電信和郵政各事宜。〔註50〕這些機關的行政權力均屬東北全區性質的，而非一省一地性質，其長官由東三省保安總司令部「委任」，顯然說明這些機關均受該總司令部管轄。另外，東三省保安總司令部秘書廳下設政務處、財務稽核處和蒙旗處，其所涉及的事務顯然也超出了軍事範圍，而屬於行政範圍。

　　另一方面，各省政府及縣政府實際上受命於東三省保安總司令部。如為了「救濟金融」，是否需「設立奉天清理官產公署」一事，東三省保安總司令部指示奉天省長公署「毋庸設立」；關於「蘇聯在北滿一帶收買糧食」一事，東三省保安總司令部指示奉天省長公署應「禁止糧食出境」，並擬就「交換條件」兩條以備蘇聯交涉，於是奉天省長公署據此給各縣下發「禁止糧食向蘇出境」的訓令。〔註51〕行政機構的設置和進出口貿易的管理等顯然是省長公署的上級政府，即中央政府所應有的權力，然而在東北，東三省保安總司令

〔註48〕 中華民國史事紀要編委會：《中華民國史事紀要（初稿）》1928年7月至12月，第279頁。

〔註49〕 《東三省交涉總署為王鏡寰接任署長給各縣知事訓令》（1928.8.29），《常陰槐、翟文選、成允為就任東三省交通委員會副委員長給奉天省長咨》（1928.8.20），《奉系軍閥檔案史料彙編》⑦，第497、486頁。

〔註50〕 東北文化社年鑑編印處編：《東北年鑑》，東北印刷局，1931年，第323～324，372～373頁。

〔註51〕 《東三省保安總司令部為毋庸設立奉天清理官產公署事給省長公署咨》（1928.10.4），《奉天省長公署轉發東三省保安總司令部關于禁止糧食向蘇出境給各縣訓令》（1928.10.3），《奉系軍閥檔案史料彙編》⑦，江蘇古籍出版社，1990年，第614～615頁。

部就是奉天省長公署的上級「政府」。所以最高行政權的「下移」其實就是移到了東三省保安總司令張學良的手中。

由此可知，無論是權力的「平移」，還是「下移」，終點都是張學良，顯然張主政後意欲集權。最高權力的「平移」，原因就在於張學良在東三省省議會聯合會無兼職，而且該聯合會本就是張氏政權的御用立法機關，所以權力必移也能移，對於這點較好理解。而對於最高行政權的「下移」，似較難理解，因為保安會委員長和保安總司令都是張學良，但只要認清奉系內部張學良與楊宇霆之間的權力鬥爭，就不難理解了。

「東三省政界之空氣，前雖因張楊兩派間之暗鬥，致一時陷於異常險惡之境，但至最近又因楊派之活動未告成功，而克漸趨安定。」「楊派最初雖假南北妥協之美名，力圖在保安會內扶植其勢力，而卒從保安會內之大部分人員，均深受張作霖之恩惠，或與之關係極深，遂致竟歸失敗。繼楊雖擬在東三省軍隊內，扶植其潛勢力，亦因受張作相之吉林派，與張學良之遼陽派〔註52〕之壓迫，而僅先達到其目的之一部。於是楊遂採最後只一策，而利用常蔭槐，以統一東三省交通為名，擬將交通機關，收入掌握之中；並對財政機關，亦以整理財政為名，擬收歸自方管理，乃此種計劃亦歸失敗。且至最近，其謀劃又復被顯露，致東三省官界及人民間，多不直楊所為，力事抨擊，楊鑒於形勢不利，已向其左右微露下野之意。現張在表面上，雖仍予以挽留，然楊之計劃若果具體的暴露於世，則楊不得不引咎下野，亦未可知。」〔註53〕在東北，楊宇霆無軍界根基，而於政界卻根基較深，張學良則是於軍界根基尤深。由此我們可知行政權下移的原因，也能明瞭楊宇霆不肯在東北任職以及後來「楊常」被殺的起因了。〔註54〕

正是由於楊宇霆一派爭權之舉，導致了奉系原本設計的「三權分立」的保安制度發生異化，而成為「四權分立」，其中行政權分化為軍政、民政兩權。所謂保安制度，不僅僅是指奉系通過《保安公約》，成立保安會，並由此建構起來的政治制度，其實主要是由保安總司令在奉系政權中的核心地位所決

〔註52〕此處原文夾註為「張作霖之故鄉」，此注誤，張作霖生於奉天海城，其「故鄉」應為海城，而非遼陽。

〔註53〕《楊宇霆陷於環境，已微露引咎下野之意》（1928.9.6），季嘯風、沈友益主編：《中華民國史史料外編》第32冊，廣西師範大學出版社，1996年，第62頁。

〔註54〕關於張學良與楊宇霆矛盾，可詳見高紀毅：《楊常事件的前因後果》，大風編：《張學良的東北歲月》，光明日報出版社，1991年，第158～163頁。

定。東三省保安總司令同時兼任東北臨時保安委員會委員長，因而奉系政權實際上形成了以東三省保安總司令為核心的獨特的保安制度。

二、國奉雙方易幟談判——以東北政治分會為中心

奉系在東北打造地方政權的同時，還與南京國民政府進行了一場曠日持久的易幟談判。這場談判的主要內容涉及東北外交、東北政治分會、東北國民黨黨部及熱河問題等。〔註55〕其中東北政治分會問題貫穿談判始終，這個問題實際上是東北四省政權由哪方控制的問題，因為政治分會有權「指導並監督最高級地方政府」〔註56〕。同時東北政治分會問題的提出實際上還是東北地方政權如何向國民黨地方政權過渡的問題，國民黨希圖以此給奉系布設的一個政治「陷阱」，目的是要把奉系也納入蔣的「削藩」策中。但奉系並沒有落入國民黨的彀中，因為日本「幫」了張學良大忙，在談判過程中每每蔣催逼東北易幟緊急時，張學良均祭出日本阻撓易幟這柄利劍，迫使國民黨不得不對奉讓步，以致於最後國民黨計劃破產。

國奉雙方關於東北政治分會的談判，可以國民黨二屆五中全會為界，分為前後兩個階段：前一階段，國奉雙方以東北政治分會為核心，就東北地方政權過渡中的諸多問題進行了激烈的討價還價，並在原則上逐漸趨於一致，但由於日本的阻撓而被迫延期，而同時國民黨「削藩」的意圖也隨著二屆五中全會的召開而暴露；後一階段，奉系則以日本為藉口，並表示必須在東北設立類似政治分會的替代者，使奉系既能控制東北政權，又能免於落入其「削藩」策中。最終，奉系獲得了這場博弈的勝利，在東北成立了改換名稱的「政治分會」，即東北政務委員會。

1、第一階段談判：政權過渡方式的紛爭

（1）東北政治分會問題的提出

國奉雙方正式談判始於1928年7月初，即張學良派出王樹翰等正式代表赴北平〔註57〕後。但早在6月12日，國民政府發表《對內宣言》，宣佈「結

〔註55〕國、奉談判的主要內容，可參見曾業英：《論一九二八年的東北易幟》，《歷史研究》，2003年第2期，第90頁。

〔註56〕中華民國史事紀要編委會：《中華民國史事紀要（初稿）》1928年1月至6月，臺北：中華民國史料研究中心，1982年，第313頁。

〔註57〕1928年6月21日，國民黨中央政治會議決議改直隸省為河北省，改北京為北平。28日，國民政府正式公佈。

束軍事，開始訓政」〔註58〕時，就開始試圖與奉系就統一問題進行和談，並首先提出了東北政治分會問題。由於在 6 月份，國府主要精力放在接收京津，並且國府此時對奉方針剛漸趨統一，所以只是提出了易幟的框架性原則，雙方進行了非正式的談判，如于珍、邢士廉奔走於京奉之間進行接洽。而奉系此時主要忙於皇姑屯事件善後及東北政權的建立，並沒有對國府做出正面回應。

　　6 月 12 日，國民政府向奉系提出和平條件：「(一) 東三省須服從國民政府命令；(二) 奉軍需全體出關；(三) 奉吉黑各省，應改懸青天白日旗，並依法組織黨部及政治分會等。」〔註59〕第一條和第三條要求東北易幟，由國民政府控制東北政權，但都是原則性條件，奉系還有迴旋的餘地。而讓奉軍全體出關則是讓奉系放棄熱河及與奉天毗鄰的河北東北部等關內地盤，這是奉系無論如何都不會同意的。因為對軍閥來說，軍隊、地盤和地盤上的政權是三位一體的，軍隊離開了地盤，軍閥就失去了經濟命脈，地盤上的政權也就無從掌握，也就等於軍閥失去了生存的基礎，所以奉系絕不會同意國府這一釜底抽薪的要求。

　　對於國民政府提出的條件，奉系則決定：「第一步，先行撤兵關外，設法融合 (奉系) 新舊兩系，以期一致對外」，即先穩固東北局勢、建立新政權。所以，6 月 19 日，張學良就任奉天督辦時，只宣佈「停止軍事，休養生息」〔註60〕，而絕口不提易幟之事。第二步，待東北政權初步建起後，向國民政府提出議和條件，其內容：「大體對 (一) 設立政治分會，(二) 服從國府命令，(三) 改懸青天白日旗三項均可容納」。即對於國家統一，奉系是贊成的。但奉系也有要求：「唯要求政治分會中之委員，奉派至少須占半數。奉吉黑三省，亦仍由原有軍隊駐防」〔註61〕。即對於東北政權，奉系不要求完全控制，但要求由其主導；而對於軍隊和東北地盤問題，奉系則明確表示拒絕放棄。

　　國奉雙方雖然沒有在 6 月份進行正式談判，但雙方提出的條件和要求為 7

〔註58〕萬仁元、方慶秋主編：《中華民國史史料長編》第 26 冊，南京大學出版社，1993 年，第 206 頁。

〔註59〕《國府對奉不用武力？》(1928.6.12)，季嘯風、沈友益主編：《中華民國史史料外編》第 31 冊，第 159 頁。

〔註60〕《東方雜誌》，第 25 卷，第 16 號，第 133 頁。

〔註61〕《奉天實況之最近報告》(1928.6.15)，季嘯風、沈友益主編：《中華民國史史料外編》第 31 冊，第 165 頁。

月份的正式談判描繪了一張藍圖。國民政府要求從軍隊、政權和地盤等方面，全面解決東北問題；而奉系則明確表示奉軍及東北地盤爲非談品，只有政治分會問題可談。顯然，雙方的差距較遠，談判不可能在短期內完成，所以可以預見 7 月雙方談判的艱難和僵持。

（2）國奉雙方關於東北政治分會問題的角力

7 月 2 日，張學良電告北平何成濬，將派王樹翰、邢士廉、米春霖、徐祖貽四人爲正式談判代表，即日赴平。8 日，王樹翰等四代表抵達天津，10 日抵達北平，國民政府方面派蔣作賓、何成濬、王乃昌、吳忠信、張群、孔繁蔚等爲接洽專員，雙方正式開始了談判。

7 月 9 日，奉天代表尚在天津時，王樹翰向記者談到張學良與國府謀和之磋商條件共七項：「（一）東三省通電服從國民政府，並改換旗幟；（二）東三省改組委員制，成立政治分會；（三）張學良爲政治分會主席；（四）楊宇霆爲奉天省政府主席；（五）張作相爲吉林省政府主席；（六）萬福麟爲黑龍江省政府主席；（七）所以兵權，暫由原人統率。」〔註62〕顯然，前兩項爲國府對奉要求，後幾項則是奉系對國府要求，其中以政治分會爲核心的東北政權問題是雙方談判的焦點。

奉方代表王樹翰等到平後，在與國府方面正式談判時傳達了張學良的意見，即「對國民政府表示服從，允設東三省政治分會，唯委員人選，要求由奉系完全組織，他派暫勿加入」〔註63〕。7 月 14 日，國民政府代表劉光、張同禮抵達奉天，與張學良會商東北易幟問題，劉提出：「一、東三省歸國民政府節制；二、奉行三民主義；三、改懸青天白日旗。」同日，劉電北平蔣介石，報告抵達奉天後同張學良會晤情形：「張學良對易幟、裁兵及服從主義，均可辦到。但須待解決四事：（一）外交方面，請立示機宜；（二）黨務方面，先派員赴南京見習，再行舉辦黨部；（三）政治分會問題，望明覆一電，言明由其組織請委，不加干涉；（四）對熱河軍事行動問題，懇暫停止，待三省全局議定，再從長討論。」〔註64〕

〔註62〕韓信夫、姜克夫主編：《中華民國大事記》第二冊（1923～1929），中國文史出版社，1997 年，第 845 頁。

〔註63〕《對奉意見尚未一致》（1928.7.14），季嘯風、沈友益主編：《中華民國史史料外編》第 31 冊，第 237 頁。

〔註64〕韓信夫、姜克夫主編：《中華民國大事記》第二冊（1923～1929），中國文史出版社，1997 年，第 848 頁。

顯然，正式談判開始後，關於政治分會問題，奉系提高了談判要求，由「奉派至少須占半數」提高到了「由奉系完全組織，他派暫勿加入」，而且還不滿足於國府的口頭承諾，明確要求國民政府正式「明覆一電，言明由其組織請委，不加干涉」。

奉系所以於此時提高了要求，一方面是因為日本對奉系的「警告」。6月15日，國民政府在推翻北京安國軍政府後發表《對外宣言》，宣佈「中國統一告成，國民政府對外關係應另闢新紀元，並應遵正當手續，以平等及相互尊重主權宗旨，與各國重訂平等新約。」〔註65〕此後，國民政府開始積極與各國協商修約事宜。這使日本更加憂慮東北易幟後，其在東北的既得利益受損。於是，6月25日，日本首相田中於是日至次日兩次電令駐奉總領事林久治郎，警告張學良不得和南京國民政府妥協。〔註66〕另一方面，是因為日本對國民政府最終確定和平統一方針產生了極大的影響，即日本對國民政府的對奉政策有很大牽制力。〔註67〕所以深諳此中奧妙的奉系有恃無恐地提高了談判要求，同時也是做出一副不輕易與國府妥協的姿態給日本人看。7月10日，到平的奉天代表邢士廉對記者談，「此行係遵照張學良東電（即前文所提7月1日張學良通電——筆者注）商洽統一辦法」，「東北地位在外交上有特殊情形，故先派代表來商辦法，從長考慮，以期妥恰和平統一事業安然成功。」〔註68〕剛剛還提出各種要求，這時奉系代表卻說因東北外交「有特殊情形」，故「來商辦法」，顯然日本因素成了奉系談判的政治籌碼。要「從長考慮」，就是告訴日本人奉系不會輕易妥協，同時也是暗示國民政府不答應奉系政治條件，短時間內統一是不可能的。7月14日，劉光剛向蔣介石轉告奉方要求，張學良就於同日電國府代表祁暄，表示「弟對介公決心合作，至目下立即改幟一事，惜非不願，對內已有辦法，唯對外確有為難，……仍望介公迅速設法，

〔註65〕中華民國史事紀要編委會：《中華民國史事紀要（初稿）》1928年1月至6月，第1106頁。

〔註66〕韓信夫、姜克夫主編：《中華民國大事記》第二冊（1923～1929），中國文史出版社，1997年，第838頁。

〔註67〕關於「對奉辦法」，蔣介石曾言：「東三省為我重要國防疆地，乃日本勢力侵入已久，吾處置方法非慎重周詳不可，否則東亞戰禍之導火線一如開發，將不可收拾矣。總理所謂和平統一，吾必以至誠力促奉方將領覺悟欣然而來歸也。」周美華編注：《蔣中正總統檔案：事略稿本》第3冊：民國17年4月至7月，臺北：國史館，第645～646頁。

〔註68〕韓信夫、姜克夫主編：《中華民國大事記》第二冊（1923～1929），中國文史出版社，1997年，第845頁。

使弟有可藉口轉圜之地，或他方設法疏通，無不樂從也。」〔註 69〕奉系雖受日本「警告」不假，但其打日本牌擡高談判價碼的策略已經顯露無遺了。

國民政府底定京津後，蔣介石爲了收北伐和統一均完成於一年的雙重政治「功效」，「以便藉此贏得國際社會的承認和支持，也爲他爭奪國民黨內部統治權取得更加有利的地位」〔註 70〕，於 7 月初親抵北平，主持對奉談判。國民政府雖確定了和平解決東北問題的方針，但面對奉系提出的種種要求，國府內部仍免不了出現不同聲音。如關於東北政治分會問題，「蔣介石、李宗仁、閻錫山頗有容納傾向」，而「馮玉祥主張東三省既隸屬中央，分會委員應由國府自由選派，不能承認任何條件」〔註 71〕。馮玉祥的反對聲音代表了國民黨內部主張武力解決東北問題的力量〔註 72〕，這對主導對奉談判的蔣介石不可能不產生壓力。面對奉系要求，蔣如果全盤接受，必然遭到黨內反對派反對，如不接受，奉系又不會輕易易幟。兩難困境中的蔣介石，爲了打破僵局，促使奉系儘快易幟，決定對奉雙管齊下，採用「胡蘿蔔加大棒」策略。一面，「積極肅清關內」，加強武力威懾；另一面，「仍採用政治目標」〔註 73〕，加強對張學良的政治說服。

6 月以來，關內奉軍雖已陸續向關外撤退，但灤河一帶仍爲直魯殘部盤踞，熱河地區仍被奉軍湯玉麟部和高維嶽部佔據。爲了配合談判，壓迫奉系早日易幟，7 月 15 日，蔣下令肅清關內張宗昌、褚玉璞部直魯殘軍，任命白崇禧爲前敵總指揮兼灤河方面右路軍指揮；方振武爲左路總指揮，負責熱河軍事；陳調元爲總預備隊總指揮，策應左右兩軍作戰。並限令左右兩路主力於 29 日前在指定地點集中，總預備隊在寶坻、楊村、三河、順義集中。〔註 74〕爲了保住熱河，阻止國民革命軍進佔熱河，張學良命湯玉麟於 7 月 19 日進行易幟。

〔註 69〕韓信夫、姜克夫主編：《中華民國大事記》第二冊（1923～1929），中國文史出版社，1997 年，第 848 頁。

〔註 70〕曾業英：《論一九二八年的東北易幟》，《歷史研究》，2003 年第 2 期，第 90 頁。

〔註 71〕《對奉意見尚未一致》（1928.7.14），季嘯風、沈友益主編：《中華民國史史料外編》第 31 冊，第 237 頁。

〔註 72〕國民黨內反對和平解決東北問題的主要力量是馮玉祥系和國民黨東北各省黨部，可參見曾業英：《論一九二八年的東北易幟》，《歷史研究》，2003 年第 2 期，第 84 頁。

〔註 73〕《國府對奉決策擬分兩期進行》（1928.7.15），季嘯風、沈友益主編：《中華民國史史料外編》第 31 冊，第 233 頁。

〔註 74〕韓信夫、姜克夫主編：《中華民國大事記》第二冊（1923～1929），中國文史出版社，1997 年，第 848 頁。

　　與此同時，蔣介石、李宗仁等國府要人還「曉之以理、動之以情」地大談國家統一和民族大義，「勸導」張學良放棄條件，改旗易幟，實現其所謂的事實統一。

　　7月13日，蔣在北平召開記者會。關於東三省問題，蔣說：「國府不恃武力統一國家，乃以主義統一國家。」「國家要政，首須注意國計民生。和平統一，即是著眼此點，此乃中央固定方略。余等係秉承原方略辦理。況國民政府係以主義範圍天下。所謂主義即係救國救民之良藥。」「東三省之服從中央，係服從主義，與個人無關。」「張既已發表通電（即張7月1日通電──筆者注），當能以主義為依歸。」蔣還提到國府對奉有兩前提：「第一，不積極促其掛國旗。因主義為救國救民之物，東三省既已瞭解主義，易幟不成問題。」「第二，不勉強勸其來歸。東三省如對主義統一國家，十分之明瞭，認為有統一之必要，自必服從中央，所謂精神的團結也。倘稍出於勉強，恐有落空之虞。天下事須名實相符，積極與勉強，結果僅有一種形式上表現，與精神團結之旨相違背，且形式上雖統一，而事實不統一，則果何取義？預料東三省不乏賢明之士，自能徹底瞭解主義，誠悅服從中央，亦毋須積極並勉強也。」〔註75〕

　　蔣的談話，概括起來一共有兩層意思：一，為國計民生，以三民主義和平統一中國。旨在向世人表明國府以民族大義為重的政治姿態，以便在對奉談判中爭取主動和有利地位。也就是說，在當時國人普遍要求和平統一情況下，蔣把國、奉談判上昇到國家能否統一的政治高度來看待，是為國為民，不是為一己一派，逼迫奉系「接招」，儘快表態易幟。民意難違，張學良又是向來標榜「以民意為依歸」〔註76〕，所以7月14日，張電國府代表祁暄，表示「弟對介公決心合作，至目下立即改幟一事，惜非不願，對內已有辦法，唯對外確有為難」〔註77〕。雖然拿日本人做擋箭牌，但奉系還是明確了「決心合作」，即「改幟」。二，對奉不勉強、不強求，期望奉系信仰三民主義，認識到統一必要性。也就是以退為進，向世人表明國府對奉「本無條件」〔註78〕，

〔註75〕中華民國史事紀要編委會：《中華民國史事紀要（初稿）》1928年7月至12月，第115～116頁。

〔註76〕中華民國史事紀要編委會：《中華民國史事紀要（初稿）》1928年7月至12月，第3頁。

〔註77〕韓信夫、姜克夫主編：《中華民國大事記》第二冊（1923～1929），中國文史出版社，1997年，第848頁。

〔註78〕《圓滿與準備》（1928.7.16），季嘯風、沈友益主編：《中華民國史史料外編》第31冊第240頁。

不求形式統一，乃眞心求精神統一、事實統一。這種表態，一方面可以掩蓋雙方談判中利益鬥爭的色彩，爲國民黨爭得清譽；另一方面還會給可能拖延易幟的奉系帶來巨大的政治和輿論壓力，迫使奉系儘早易幟。因爲國府都已「無條件」，只求國家眞正統一告成，上和天意，下順民心，奉系如不易幟，豈不千夫所指！蔣的上述談話，實際上就是給奉系丟過來一頂非統一功臣即破壞統一罪人的大帽子。奉系哪裏承受得起破壞統一的罪名，所以 7 月 16 日，奉天代表王樹翰等會見李宗仁，告以「東三省改懸青天白日旗事，一星期內可實現」〔註 79〕。

蔣的政治攻勢剛初見成效，李宗仁又於 7 月 17 日電張學良，勸其服從三民主義，擁護國府：「唯所貴乎統一者，要在精神之一致，不在形式之偶合。現代國家，一切內政動關外交，前此聯甲倒乙、聯乙倒丙之縱橫捭闔手段，已不適用。」「服從三民主義，即是自謀生存，與服從個人勢力不同。勢力之結合屬於形式，主義之結合屬於精神，屬形式者可暫不可常，屬精神乃歷久而不敝。」「東三省既處特殊地位，日迫於東，俄瞰於西，兩國以主義絕對相反之邦，竟秘密結約，協以謀我。惟深信非三民主義不能救國。」〔註 80〕李在電文中也大談主義救國、精神統一，雖有勸張儘早易幟的目的，但也點出了東北非易幟不可的原因，即日俄「謀我」。客觀的講，李的分析是有道理的，張學良最終易幟也是這個原因。李的電文除了「勸張」這層意思外，還有「警告張」的話外音。李在電中只說到日俄「謀我」，就此打住，沒有在往下說結果。李所說的「我」，當然是指包括東三省在內的中國，而東三省尤其首當其衝。在日俄「謀我」的情況下，奉系只有眞正「服從三民主義」，國家眞正統一，才能保全國土，保全東三省。否則，僅形式統一，必爲外人利用，東三省若丟失，張學良必將背負丟失國土罪名。而奉系若不易幟而丟東三省，則張更得背負分裂國家、喪失國土的雙重罪名。所以，李宗仁說「服從三民主義，即是自謀生存」，不然丟失東三省，奉系何以「生存」，張學良又何以「自謀」。

對比蔣李二人的話語，蔣主要從國府角度談，而李主要奉系角度談，但其實都是兩個意思，一是曉之以理、動之以情地勸告，二是擺明利害關係地警告。其中蔣勸張主要著眼於其政治利益的得失，因爲蔣是國民革命軍總司

〔註 79〕 韓信夫、姜克夫主編：《中華民國大事記》第二冊（1923～1929），中國文史出版社，1997 年，第 849 頁。

〔註 80〕 中華民國史事紀要編委會：《中華民國史事紀要（初稿）》1928 年 7 月至 12 月，第 130 頁。

令，北伐完成、統一告竣的主要政治受益人就是蔣。國民黨二屆五中全會後開始訓政，成立五院，蔣取代譚延闓成爲國民政府主席。雖然此時國府權力集中在行政院，經派系鬥爭蔣出任有名少實的國府主席，但還是反映了蔣政治地位的提升。蔣李二人分別拉攏張學良，雖均有引爲己助的意圖，但不可否認李的話語明顯地更爲東北所處境況擔憂，雖然可能有說話者身份、勸說方式、話語傳遞方式以及直接受衆不同等原因。東北易幟後，張學良雖沒有背負分裂國家的罪名，但最終還是沒有逃脫喪失國土的罪名，1931 年張學良因不抵抗使東三省淪陷，備受國人責罵。此時回過頭來在細品李宗仁的此通電文，也許我們就會發現時人的先見之明了。

　　在蔣的武力威懾和政治高壓下，奉系勉強同意熱河先於 7 月 19 日易幟，東三省再於 20 日易幟〔註81〕。但 19 日，湯玉麟宣佈熱河改旗易幟後，東三省併沒有如約在 20 日易幟。因爲 19 日，日本駐奉領事林久治郎再次警告張學良不能易幟。〔註82〕蔣眼看多日來的辛苦即將付之東流，豈會甘心。雖然日本阻撓確實是奉系易幟的主要障礙，也是國府始終不敢進兵關外的原因，但蔣仍決心再盡最後一點人力，全力「勸說」張學良，希望能使他的「統一大業」獲得轉機。從 7 月 21 日到 23 日，蔣及其代表高頻率地連續電張或會見張學良代表王樹翰等人，將東北易幟與否上昇到「東三省之存亡，即全中國之存亡」的高度，要求張學良「以民意主張爲依舊」，「不可爲倭奴恐嚇所屈服」，「當機立斷」「毅然斷行」易幟，「以救東北救中國」。〔註83〕然而無論蔣介石此時如何勸告，奉系最終還是放棄了 7 月易幟的計劃。7 月 24 日，張學良電蔣介石陳述不能立即易幟之苦衷：「東省易幟，不能立時實行……或有疑日方警告係弟故弄手段，弟可誓諸天日……如再懷疑，並可派員來監督一切。……數日前探知田中意旨，如我方不聽勸告，即用武力，確非空言恫嚇。」〔註84〕

　　奉系放棄 7 月易幟的消息傳出後，國人對此結果甚爲不滿。7 月 31 日，

〔註81〕在 7 月，奉系先後答應 20 日、22 日、24 日易幟。參見曾業英：《論一九二八年的東北易幟》，《歷史研究》，2003 年第 2 期，第 91 頁。

〔註82〕韓信夫、姜克夫主編：《中華民國大事記》第二冊（1923～1929），中國文史出版社，1997 年，第 850 頁。

〔註83〕韓信夫、姜克夫主編：《中華民國大事記》第二冊（1923～1929），中國文史出版社，1997 年，第 851～853 頁。

〔註84〕韓信夫、姜克夫主編：《中華民國大事記》第二冊（1923～1929），中國文史出版社，1997 年，第 854 頁。

某報一篇名為《東省問題之新審查》的評論就反映了此種不滿聲音：「首都明日五次全會開幕，北平重要人物幾乎一空。新聞界遂極感寂寞狀況。但細心研究北方局勢，實重要於南方。近在咫尺之東三省問題，雖屢稱絕無問題，不成問題。而事至今日，接洽者之真正成功之證據，尚未能予民眾以共見。故此問題不失為尚待研究之問題也。」〔註85〕同時，國內外輿論還傳出奉系對日借鉅款5000萬元以「充實兵備」等語，並「盛傳於世」〔註86〕。對此，張向記者聲明決無其事，並於7月25日，電閣表明心跡：「本期統一早日觀成，籍符厚望，詎料東省情形特異，不能不稽事遲徊。而尤所疾心者，則外間蜚語，頗謂良挾弄手段，以愚諸公。……實則良年未三十，來日方長，為政治人格前途計，豈有自傷其信用。」〔註87〕然輿論的壓力也沒能促使奉系斷然易幟。不僅如此，奉系還將易幟看得似乎無足輕重，認為「東三省於事實上、精神上早已服從中央，」「所差者不過懸旗之一形式問題耳」〔註88〕，不必急於一時。然而就是蔣所急求的這一「形式」，奉系也沒有滿足。

（3）國民黨「削藩」計劃暴露

蔣介石7月3日親至北平坐鎮，10日正式會見奉方代表，主持國府對奉談判，政治當先，軍事為輔，雙管齊下，而結果卻是於25日失望而歸。觀察蔣半個月主持國府對奉談判的種種行為和言詞，蔣急切希望東北易幟的心情是顯而易見的。如7月10日，蔣介石在接見奉方代表時，提出東三省須先行易幟，實行三民主義，餘事再請示國民政府。〔註89〕7月14日，蔣宴奉天代表邢士廉等，表示：仍以三民主義統一東北，以自家人辦自家事，只要東三省易幟，服從三民主義，南京方面絕無其它主張。〔註90〕7月20日後，奉系

〔註85〕 季嘯風、沈友益主編：《中華民國史史料外編》第32冊，廣西師範大學出版社，1996年，第9頁。

〔註86〕 《奉派對日借款係實行統一東省幣制》（1928.8.10），季嘯風、沈友益主編：《中華民國史史料外編》第32冊，廣西師範大學出版社，1996年，第35頁。

〔註87〕 《張致閣電原文》（1928.7.25），季嘯風、沈友益主編：《中華民國史史料外編》第32冊，第9頁。

〔註88〕 中華民國史事紀要編委會：《中華民國史事紀要（初稿）》：1928年7月至12月，第319頁。

〔註89〕 韓信夫、姜克夫主編：《中華民國大事記》第二冊（1923～1929），中國文史出版社，1997年，第845頁。

〔註90〕 韓信夫、姜克夫主編：《中華民國大事記》第二冊（1923～1929），中國文史出版社，1997年，第848頁；張憲文等：《中華民國史》第二卷，南京大學出版社，2005年，第32頁。

決定推遲易幟時，蔣仍不甘心，頻頻電張「望即日宣告易幟」、「請兄毅然斷行」易幟等。

那蔣為什麼急於讓奉系在 8 月前易幟呢？其實，這裡面有國民黨的一個整合東北削弱奉系的圖謀，即給奉系布置了一個政治分會「陷阱」，打算在即將的「削藩」中，順便把奉系也削弱。

8 月 8 日，「國民黨二屆五中全會在南京召開，蔣介石在會上力圖通過『削藩策』來削弱地方實力派，加強『統一』。他要通過裁兵案，來剝奪地方實力派的兵權；通過取消各地方政治分會，調虎離山，使地方實力派失去在各自割據地盤上的憑藉。」〔註 91〕蔣還力圖通過裁釐，行統特稅，統一財權，剝奪地方實力派的財權。

但在二屆五中全會之前，國民黨公開討論和協商解決的問題，卻主要集中在財政和裁兵方面。財政問題的討論，集中在 6 月末到 7 月初，相繼召開了全國經濟會議和全國財政會議。6 月 28 日，全國經濟會議舉行第三次大會，通過提請政府裁兵、統一財政、改革稅收、保護關稅、整理交通及公債等案。〔註 92〕6 月 30 日，全國經濟會議發出請從速統一全國財政之通電，要求統一財政，實行裁兵。〔註 93〕7 月 10 日，全國財政會議閉幕。會議通過三個月內實行裁釐、統一全國財政、明年 1 月起實行關稅自主等議案。〔註 94〕

裁兵問題的討論，集中在蔣介石 7 月初北上北平期間。蔣北上，主要負有七項使命：「（一）奉命祭總理遺靈；（二）對奉方針；（三）天津附近直魯軍改編方法，及其給養防地；（四）北伐完成後裁兵方案；（五）四個集團軍今後的防地；（六）國都問題；（七）北京政治分會和直隸省府的組織及主席人選。」〔註 95〕為了協商各項問題，蔣邀馮玉祥、閻錫山、李宗仁、白崇禧等各巨頭共同赴平。對奉方針，蔣最後說服各巨頭，尤其是向來主張武力解決東三省問題的馮玉祥，同意「關外事業由蔣總司令主持辦理」，「惟中央命

〔註91〕張憲文等：《中華民國史》第二卷，南京大學出版社，2005 年，第 34 頁。

〔註92〕韓信夫、姜克夫主編：《中華民國大事記》第二冊（1923～1929），中國文史出版社，1997 年，第 839 頁。

〔註93〕韓信夫、姜克夫主編：《中華民國大事記》第二冊（1923～1929），中國文史出版社，1997 年，第 840 頁。

〔註94〕韓信夫、姜克夫主編：《中華民國大事記》第二冊（1923～1929），中國文史出版社，1997 年，第 845 頁。

〔註95〕《蔣來京負有七項使命》（1928.6.25），季嘯風、沈友益主編：《中華民國史史料外編》第 31 冊，第 409 頁。

令是從」〔註96〕。裁兵問題因涉及各派系的切身利益而複雜的多。7月3日，蔣在碧雲寺對記者談話，說中國目下第一重要問題，對內為裁兵與財政統一，對外為解決中國之束縛，改訂一切不平等條約。〔註97〕7月5日，蔣電馮玉祥、閻錫山、李宗仁，主張裁兵救國：「今日非裁兵無以救國，非厲行軍政財政之統一無以裁兵」〔註98〕，要求與中央切實合作裁兵。7月11日，蔣、馮、閻、李四巨頭在北平湯山舉行「善後會議」，會議進行了四天，對於裁兵問題，最後決定成立編遣會議解決。〔註99〕

而在政治分會問題上，蔣此時並不主張裁撤，而是主張建立。早在6月25日，國民黨中央政治會議臨時會議就已議決，任命李石曾等13人為北平臨時政治分會委員，李為主席，未到任前由閻錫山代理〔註100〕。北平政治分會於7月6日蔣在平期間正式成立。同時，與奉談判時，蔣提出要在東北建立政治分會。

關於政治分會，早在1928年2月3日，國民黨二屆四中全會就作出決議〔註101〕：「中央政治會議及各地方分會，可仍存在」，但要「候第三次全國代表大會決定」。也就是說，雖經中政會「通盤籌劃，於廣州、武漢、開封、太原四處設立分會」，但其最終命運如何尚未可知。而且還規定：「各分會專理政治，不兼管黨務」，各地政治分會雖還「存在」，但權力被縮小了。顯然，主導國民黨中央的蔣介石已有意撤銷政治分會。到8月，五中全會通過蔣提出的政治分會存廢案〔註102〕，決定「將各地政治分會限於本年底一律撤銷」，並對政治分會暫行條例進行修改，再次削減政治分會權力：在「條例第四條：『政治分會之決議案，交該特定地域內之最高級地方政府執行之』之下增加：

〔註96〕《關外問題一切由蔣主持辦理》（1928.7.16），季嘯風、沈友益主編：《中華民國史史料外編》第31冊，廣西師範大學出版社，1996年，第239頁。

〔註97〕韓信夫、姜克夫主編：《中華民國大事記》第二冊（1923～1929），中國文史出版社，1997年，第841頁。

〔註98〕韓信夫、姜克夫主編：《中華民國大事記》第二冊（1923～1929），中國文史出版社，1997年，第842頁。

〔註99〕張憲文等：《中華民國史》第二卷，南京大學出版社，2005年，第54頁。

〔註100〕韓信夫、姜克夫主編：《中華民國大事記》第二冊（1923～1929），中國文史出版社，1997年，第838頁。

〔註101〕中華民國史事紀要編委會：《中華民國史事紀要（初稿）》1928年1月至6月，第169～170頁。

〔註102〕中華民國史事紀要編委會：《中華民國史事紀要（初稿）》1928年7月至12月，第292頁。

但不得以分會名義，對外發佈命令，並不得以分會名義，任免該特定地域內之人員」。不管黨務，又不得以分會名義發佈命令、任免官員，那政治分會豈不名存實亡，其權力與地位實際上已淪落爲其指導區域〔註103〕的最高行政機關了。

　　從四中到五中全會，蔣裁撤分會以集權的意圖是明顯而連續的。而在6、7月間，蔣卻積極組織北平政治分會，意圖顯然是想給奉系樹立一個榜樣，掩蓋其裁撤意圖。而蔣積極要求奉系成立政治分會，先行易幟，其目的，一方面是要收北伐完成與統一告竣的雙重政治效果；另一方面則是要把奉系圈到「套了」裏面來，以便在「削藩」時，把奉系也一起削弱。另外在五中全會分組審查提案時，還發生了這樣一件小插曲，可以使我們更加看清蔣企圖「削藩」集權的目的。8月9日，二屆五中全會分組審查會在審查政治分會存廢案時發生爭執，中央監察委員張靜江、李石曾因此離寧赴滬。〔註104〕8月12日，蔣親赴滬勸張李二人回寧參加五中全會，張、李表示拒絕，蔣於次日返寧。〔註105〕李石曾、張靜江均是國民黨內元老級人物，在蔣反共清黨時也都是積極支持蔣的黨內主要力量。與蔣如此的關係，都爲政治分會存廢問題爭執得負氣出走，說明在五中全會之前關於政治分會問題，蔣並沒有提出於黨內討論，至少也是討論不充分。而就是在還存在巨大分歧的情況下，五中全會通過了政治分會存廢案，決議裁撤政治分會，表明蔣裁撤決心之大，集權欲望之強。

　　五中全會雖然做出了裁撤政治分會的決定，但1928年底並未真正裁撤，而是延期了。12月10日，北平政治分會主席張繼〔註106〕電請中央暫不裁撤政治分會：「繼（即張繼——筆者注）承分會主席，當愧無可建樹，上報中央，

〔註103〕關於政治指導之區域，廣州、廣西屬廣州分會，湖南湖北屬武漢分會，河南陝西甘肅屬開封分會，山西綏遠察哈爾屬太原分會。北平臨時政治分會的政治指導區域爲河北、熱河及平津兩市。參見《中華民國史事紀要（初稿）》1928年1月至6月，第169～170頁；《平政分會申明職權》（1928.11.27），李嘯風、沈友益主編：《中華民國史史料外編》第30冊，廣西師範大學出版社，1996年，第21頁。

〔註104〕《東方雜誌》，第25卷，第19號，第132頁。

〔註105〕韓信夫、姜克夫主編：《中華民國大事記》第二冊（1923～1929），中國文史出版社，1997年，第863頁。

〔註106〕8月22日，李石曾辭北平臨時政治分會主席職，張繼繼任。參見韓信夫、姜克夫主編：《中華民國大事記》第二冊（1923～1929），中國文史出版社，1997年，第868頁。

下慰民眾。惟親見地方疾苦，匪徒猖狂，共黨亦到處潛伏，蠢然思動，稍一不慎，大亂隨之。而各省市政府又束於權限，不相統屬，安定社會之策，分別施行，恆苦未周，是非有政治分會代中央指導而監督之，使散漫者整齊、個別者一致〔不可〕，〔否則〕將失政治上運用之靈活。惟五中全會決議，分會應於本年底裁撤，距今僅20餘日，而一切規劃中之地方治安與人民救濟問題，將陷於中斷，無可收效也。統察五中，所以決議年底裁撤之意，似爲同時決議18年（1929年——筆者注）1月1日，開三次全國代表大會，自有補救之方。今則代表大會既延期，而分會若依然裁撤，則一旦使中央與地方失此承上啓下之連鎖機關，在政治全盤上打算，恐滯礙難行之處不少，應請援代表大會延期之例，由常會決議暫不裁撤分會，留待第三次大會之決定。繼以職責所在，感覺較爲親切，不敢不提出中政會，敬請公決。」〔註107〕張電中，對於不可裁撤政治分會理由的解釋，大部分是對國民黨政治的粉飾，實際原因就是一點：「援代表大會延期之例」。三全大會延期之因，其實就是政治分會延期裁撤之由，也就是國民黨內派系間的權力鬥爭，而張繼顯然有意迴避此點。12月27日，國民黨第189次中常會通過政治分會案，決議：各政治分會依二屆五中全會決議，「應於本年度裁撤。現在第三次全國代表大會已延期舉行，國軍編遣事宜，方在進行，爲各省政務之指導及經過一切事件之結束計，應予以結束之時期。茲定決定各該分會展期至（1929年）3月15日以前裁撤，並申令各該分會須確守分會暫行條例之規定，不可逾越權限，以期行政系統，日就整飭。」〔註108〕在國民黨189次中常會中，對於延期的解釋就比較現實了：「國軍編遣事宜，方在進行」。此時，國民黨內各實力派的注意力正集中於軍隊編遣的博弈與較量上，三全大會都已延期，裁撤分會也就更不可能如期進行了。

　　五中全會後，蔣整合東北削弱奉系的計劃雖已暴露無疑，但他並不急於在政權上積極整合。迫於黨內權力鬥爭的現實，蔣以退爲進，默許閻錫山成立太原政治分會〔註109〕，並明令「閻以太原政治分會統轄察綏兩特別

〔註107〕中華民國史事紀要編委會：《中華民國史事紀要（初稿）》：1928年7月至12月，第1158頁。

〔註108〕中華民國史事紀要編委會：《中華民國史事紀要（初稿）》：1928年7月至12月，第1322頁。

〔註109〕8月21日，太原政治分會舉行第一次會議。參見萬仁元、方慶秋主編：《中華民國史史料長編》第26冊，第283頁。

區」〔註110〕，還同意延期裁撤政治分會，造成他在政治分會問題上似無強勢地位的假象，以期再次誘導奉系成立政治分會。當然，奉系並沒有如蔣所願，因為在五中全會後隨著形勢的變化，奉系不再僅僅要求成立並控制政治分會，而是要求成立並控制政治分會的替代者，也就是最終成立的東北政務委員會。

2、第二階段談判：政權過渡方式的敲定

蔣於 7 月 25 日返寧後，命方本仁為代表赴奉，繼續與張學良商洽易幟。8 月 4 日，張學良見方本仁，提出東省統一的三步驟：「第一步，停止熱河、關內軍事行動，所有軍隊由國府收編給餉；第二步，三省政治分會人選，由三省人員充任；第三步，黨務指導委員會須三省政府同意後始成立，然後易幟。」〔註111〕8 月東北臨時保安委員會早已成立，奉系所要求的「政治分會人選，由三省人員充任」，準確點說就是要求由「保安會人員充任」〔註112〕，即由保安會改組為政治分會，奉系完全控制，這與之前奉系的要求無異。而國府中對於奉系易幟誠意質疑者則認為，東北「組織政治分會，人選不能限於東三省籍人」〔註113〕，顯然，國、奉對於政治分會問題仍暫難妥協。

五中全會後，國奉雙方準備在南京召開雙方代表會議，繼續談判。為了在談判中維護己方利益，東三省將領於 8 月 14 日，即在國民黨二屆五中全會即將結束前發表聲明，稱「與南方妥協，須不墮權利」：「近查外間對於我三省內部，頗多謠傳，兼有或挑撥作用。豈知三省內部，自雨公（張作霖——筆者注）仙逝後，各方團結，異常堅固，一切行動舉措，均惟上峰命令是遵。至於妥協問題，關係三省前途甚巨，自為各將領所最注意者。前曾一致主張，由張學良全權負責，決定相機處理一切。只要張學良能俯從眾意，且能維護三省權利，各將領自無不樂從。倘不幸而發生意外波折，即各將領亦願赤臂效忠，即肝腦塗地，均所不惜。」〔註114〕三省將領發表此聲明，雖有釋疑作

〔註110〕《蔣擬呈請國府明定閻之權限》（1928.8.22），季嘯風、沈友益主編：《中華民國史史料外編》第 32 冊，廣西師範大學出版社，1996 年，第 134 頁。

〔註111〕韓信夫、姜克夫主編：《中華民國大事記》第二冊（1923～1929），中國文史出版社，1997 年，第 859 頁。

〔註112〕《張學良要求四事》（1928.8.8），季嘯風、沈友益主編：《中華民國史史料外編》第 32 冊，第 31～32 頁。

〔註113〕《有誠意的三個保證條件》（1928.7.30），季嘯風、沈友益主編：《中華民國史史料外編》第 32 冊，第 10 頁。

〔註114〕《三省將領發出聲明》（1928.8.14），季嘯風、沈友益主編：《中華民國史史料外編》第 32 冊，第 43 頁。

用，表示三省內部團結之意〔註115〕，但對於與國府談判，卻提出須「維護三省權利」的要求，這就增加了國、奉談判的難度。

8月初，日本帕特使林權助赴東北以弔祭張作霖為名阻止東北易幟，甚至揚言敢冒干涉內政之大不韙，奉系被迫延期三個月以應對。〔註116〕所以五中全會後蔣改變了談判策略，將關內與關外問題分開，企圖各個擊破。他不在急於讓東三省易幟，而是首先解決關內問題，如關內的直魯軍殘部、熱河歸屬和關內鐵路車輛歸還等問題，這些內容成為五中全會後三個月裏面國、奉易幟談判的主要內容。

對於直魯軍殘部，奉系提出和平解決的方針，但最終張宗昌拒絕下野、縮編。9月中旬，在和平解決直魯軍殘部無望的情況下，國、奉合擊直魯軍殘部。肅清直魯殘部，是蔣採用分別處理、各個擊破策略所取得的第一個成果，也是唯一的成果。同時這也使國、奉關係更為密切，鑒於此，蔣認為再次促使奉系易幟的時機已到，便提出於雙十節易幟。

為了促使奉系易幟，蔣還特地提名任命張學良為國民政府委員，並催促張儘快「更換旗幟，宣誓就職」〔註117〕。而張學良雖表示接受國府委員職銜，卻沒有立即響應易幟。10月10日，張致蔣一電，申明理由：「（一）東省易幟，早具決心在前，實因某方之壓迫，致生障礙。當時敝處與之面約以三個月為限，屆期即行易幟，詳情業請方耀庭兄（方本仁——筆者注）轉達，承電示謂已派張岳軍兄（張群——筆者注）赴日解決此事，不知彼方論調如何，未蒙示及。現計算約定之期，已不甚遠，敝處擬積極準備，事前秘不使知，籌備就緒，即行通電宣佈，以三省同日實行，以免彼方又生狡計。（二）政治分會，五次會議雖主取消，惟東省情形特別，此種過渡辦法，絕不能少，擬請中央將東北政治分會及奉、吉、黑、熱各省省政府主席分別任命，使易幟就任之事同時舉行，庶可一新耳目。（三）關於軍隊服裝，中央當有規定，事雖微細，惟觀瞻所繫，必須整齊劃一，擬求將前項服裝圖樣及公文程序手續已經

〔註115〕因為此時楊宇霆一派還暗中與桂繫聯繫南北妥協之事，有奉系內部存裂隙之疑，當時輿論多有關注，可參見《國奉妥協停頓原因》（1928.8.15），《楊宇霆在奉勢力愈增》（1928.8.31），季嘯風、沈友益主編：《中華民國史史料外編》第32冊，廣西師範大學出版社，1996年，第43、59頁。
〔註116〕參見中華民國史事紀要編委會：《中華民國史事紀要（初稿）》：1928年7月至12月，第268、279頁。
〔註117〕秦孝儀主編：《中華民國重要史料初編——對日抗戰時期》緒編（一），第231頁。

頒佈者，每種各備數份，派員交下，以資仿傚，而歸一律。」〔註118〕第一項，仍是以日本爲藉口和託詞，並言明三個月的期限；第二項，提出東三省易幟的關鍵要求，必須成立政治分會，奉系必須控制東北政權。第三項，則是暗示國府，若不滿足要求，則不可能「整齊劃一」，即不會按照國府的意願行事。

8月29日，胡漢民在香港發表談話，提到政治分會問題：「政治分會產生於軍事時代，所謂過渡辦法是也。現今已入訓政時代，自然無存續必要。」〔註119〕孫中山去世後，胡漢民成爲國民黨內闡釋三民主義等孫中山理論的最權威人物。在談話中，胡明確指出了政治分會存在的時代性和暫時性，也就是說政治分會的裁撤是必然的。

張電中所言「過渡辦法」，其實一語雙關，表面是指胡漢民所言從軍政時期到訓政時期的「過渡辦法」，即政治分會；實則是指奉系政權到國民黨政權的「過渡辦法」，即政治分會的替代者。因爲國民黨中央全會已經做出裁撤政治分會的決議，絕不會因爲奉系反對而隨意更改，那麼奉系在堅持要求成立東北政治分會實際已無任何意義，所以張在電中所說：「此種過渡辦法，絕不能少」，實際是暗示國府，政治分會雖可取消，但必須成立類政治分會的「過渡辦法」，即必須保證奉系對東北政權的控制。否則於「絕不能少」之前，張就應以「分會」或「該會」明示之，而不應是「過渡辦法」的含糊一語。

前面提到奉系要求由保安會改組爲政治分會，五中全會後政治分會裁撤已定，只是時間問題。所以保安會改組之意也就是暗示國府，不解決「過渡辦法」問題，奉系就不會裁撤現東北最高權力機關——東北臨時保安委員會，就要堅持獨立政權之地位。而這又必遭堅持統一之國府反對，所以保安會改組之意，也是促使國府早日解決「過渡辦法」問題。另外，「絕不能少」這種話語，也明顯不是下級對上級說話的口吻，而更像是兩個政權之間最後通牒式的話語。這與奉系所標榜的「服從中央」、「服從國府」〔註120〕的口號完全相反，顯然在統一和服從的幌子下，奉系進行著一個政權與另一個政權——南京國民政府——平等談判的事實。而結果顯而易見，爲求統一之名國府做出讓步，雖裁撤了各地政治分會，卻在東北成立了由保安會改組而來的、具

〔註118〕畢萬聞主編：《張學良文集》第1冊，新華出版社1992年，第130～131頁。

〔註119〕中華民國史事紀要編委會：《中華民國史事紀要（初稿）》1928年7月至12月，第356頁。

〔註120〕參見韓信夫、姜克夫主編：《中華民國大事記》第二冊（1923～1929），中國文史出版社，1997年，第867、869頁。

有政治分會職能的並由奉系完全控制的政務委員會。從中我們就可以看出奉系在東北建構政權的目的了。

　　直魯軍殘部解決後，關內其它問題成為談判的焦點。對於關內問題，蔣雖想把它們與關外東北易幟分別開來解決，但奉系卻把關內問題與關外問題捆綁起來，要一併解決，也就是關內問題成為關外易幟的條件和籌碼，以實現易幟後奉系政治利益的最大化。例如，關於熱河問題，國府要求「罷免湯玉麟，後任須以國府任命者為熱河總司令」，而奉系則認為「湯之更迭，因奉天內部關係，難急遽實行」〔註121〕，並要求熱河「歸奉天政治分會指導監督」〔註122〕。「就熱河與奉省之地勢言，熱河實為奉省之屏藩，故若劃歸國軍統治，則在軍事上，足使奉省頗感不安」〔註123〕，所以對地盤問題，奉系「堅持到底，決不讓步」〔註124〕。對此，被派到東北接洽車輛問題的桂系代表葉琪就有深刻認識：奉系「惟對東三省及熱河地盤仍圖掌握」〔註125〕。而對於熱河，早在7月國民黨中央執行委員會就做出議決：熱河為北平政治分會政治指導區域之一〔註126〕，即熱河劃歸國府為其既定方針。顯然，國奉雙方在熱河歸屬問題上嚴重對立，沒有一方的妥協讓步，熱河問題無法解決，而熱河問題懸而不決，關外易幟更無從談來。

　　關內車輛問題，國府於10月1日提出：「請在協議未臻妥協前，儘先放還一半，以供幹線運輸之需」。〔註127〕然而奉系並不積極先行放回車輛，而是提出四項條件：「一、此項留用之京漢、京奉、津浦、京綏、正太五路車輛僅可撥還一半，其餘一半補充三省國有省有各鐵路之運輸事宜；二、交還車輛須經雙方代表互換意見，圓滿後由雙方最高軍政當局簽字，始開能放還車輛；

〔註121〕《國奉雙方提出相對的要求》（1928.10.15），季嘯風、沈友益主編：《中華民國史史料外編》第32冊，廣西師範大學出版社，1996年，第370頁。

〔註122〕《東方雜誌》第25卷，第24號，第121頁。

〔註123〕《熱事不易解決，張學良處境兩難》（1928.10.17），季嘯風、沈友益主編：《中華民國史史料外編》第32冊，廣西師範大學出版社，1996年，第379頁。

〔註124〕《堅持保留熱河地盤》（1928.10.28），季嘯風、沈友益主編：《中華民國史史料外編》第32冊，第393頁。

〔註125〕韓信夫、姜克夫主編：《中華民國大事記》第二冊（1923～1929），中國文史出版社，1997年，第901頁。

〔註126〕參見《平政分會申明職權》（1928.11.27），季嘯風、沈友益主編：《中華民國史史料外編》第30冊，廣西師範大學出版社，1996年，第21頁。

〔註127〕韓信夫、姜克夫主編：《中華民國大事記》第二冊（1923～1929），中國文史出版社，1997年，第887頁。

三、此項撥還車輛須由外交團擔保盡充商事運載之用，不得移作軍用。奉方所留之車輛亦決不移作軍運，以符維持交通之至意；四、所有撥還及留用之扣留車輛於雙方意見互換後，由雙方派員擇其堪於使用者及不堪使用者，平均分撥之，以免向隅而資應用。」〔註128〕後來國府又做出讓步，提出「奉方扣留之車輛中，須即交還 1000 輛」，以便先行恢復交通和經濟，然而奉系則僅同意「第一次交還 500 輛」。〔註129〕

　　奉系所扣關內機車 400 輛，車皮 5000 餘輛，共占全國火車車輛的 4/5，這對全國交通乃至經濟都影響甚大。〔註130〕以平奉路為例，「平奉鐵路經戰事後，損壞甚巨，經濟枯窘，車輛奇缺，致商貨堆積，無法清運」，於是為了整理路務，平奉路局「加收臨時整理費」，而此舉惹來商民的強烈反對。〔註131〕所以關內車輛實際是奉系在國、奉談判中所掌握的最大籌碼。因此，奉系才會小題大做，要求「由外交團擔保」，還明確說明最多「僅可撥還一半」，不能全部放還。此外，奉系所要求的雙方代表「互換意見」，也有話外音，我們從張學良給到奉接洽車輛問題的鐵道部次長王徵的答覆中，就能找到答案。12 月份，王徵兩次出關與張學良磋商車輛歸還問題，第一次磋商「張以關內各軍扣車」軍用而非商用為藉口，未有結果；第二次磋商張表示：「放還車輛，本奉方應辦之事，但手續上須俟政治問題解決之後，目前尚難談及」，仍未有結果。〔註132〕可見，奉系所說「互換意見」，絕不是「互換」有關車輛交還的「意見」

〔註128〕《咄咄奉方退還車輛有條件》（1928.10.6），季嘯風、沈友益主編：《中華民國史史料外編》第 30 冊，廣西師範大學出版社，1996 年，第 76 頁。

〔註129〕《國奉雙方提出相對的要求》（1928.10.15），季嘯風、沈友益主編：《中華民國史史料外編》第 32 冊，廣西師範大學出版社，1996 年，第 370 頁。

〔註130〕參見韓信夫、姜克夫主編：《中華民國大事記》第二冊（1923～1929），第 904 頁。關於奉系所扣車輛及其所佔全國比例，《東方雜誌》（第 26 卷第 4 號，第 133 頁）載：「奉方所扣平奉、平漢、平綏、津浦四路車輛共達 5400 輛」；另《中華民國大事記》第二冊（第 883、900、913 頁）載，白崇禧稱：「奉軍之平漢平綏津浦隴海等線客貨車 2000 輛，車頭百餘個」，「奉軍扣車輛占全國 3/5」，孫科稱：「榆關以東，存車數千，機車亦有 600」；《中華民國大事記》第三冊第 127 頁載：孫科稱：「關內原存車 9000 輛，前年關外開去 4000 輛」。雖然數量及比例有出入，但足以說明奉系所扣關內車輛之多，這對關內交通和經濟的破壞是顯而易見的。

〔註131〕中國第二歷史檔案館編：《中華民國史檔案資料彙編》第五輯第一編：財政經濟（九），江蘇古籍出版社，1994 年，第 69～70 頁。

〔註132〕張友坤等：《張學良年譜》（修訂版），社會科學文獻出版社，2009 年，第 231 頁；《東方雜誌》第 26 卷第 3 號，第 139 頁。

這麼簡單，看來「奉方將利用車輛問題，使與國府妥協交涉趨於有利」〔註133〕的時評並非空穴來風。然而東北易幟後，「政治問題」已解決，但車輛問題並沒有因而迎刃而解。1929年1月13日，北平政治分會以「楊常」已死、障礙已除為由，命河北省政府電詢張學良關內撤兵、灤東五縣交還和放回車輛三問題如何解決，鐵道部長孫科也電張催還所扣車輛，然奉系答應放還者僅數十輛。〔註134〕而到了1929年4月份，東北易幟已4個月有餘，鐵道部次長王徵竟還用「擠牙膏」的方式向張學良索要車輛：請張學良預備完好機車4輛，列車2列，專為北寧、津浦兩路會同組織京遼直達通車之用；又向張暫借機車3輛，列車2列，以籌足總理奉安用車。〔註135〕可見奉系根本就不願歸還車輛。

易幟談判期間，奉系以車輛問題為籌碼，目的是要換取政治利益的最大化；而易幟後，奉系仍不歸還車輛，致使交通和經濟不能迅速恢復，其目的顯然是基於鐵路巨大的經濟和軍事價值的考慮，誠如王徵所言：此問題「實為政治與軍事問題」〔註136〕也。

關內問題懸而不決，關外問題亦是僵持不下。蔣雙十節易幟的要求，被張拒絕後，10月12日，蔣電張：「易幟之事，全屬我國內政，彼方（指日本——筆者注）本不能公然干涉。況目下黨國形勢，團結一致，彼尤無可藉口，為從來所未有。此正其實，如尊處果能出以決心，中正深信彼決不敢有所舉動。務希毅然主持，三省同日宣佈，愈速愈妙。」〔註137〕即便蔣心情急切、態度誠懇，然張卻始終顧慮日本干涉，並以之為藉口拖延易幟。10月13日，張電蔣，除致謝推舉為國府委員外，並謂：「承示亟速恢復交通與改懸國旗各事，莫不深表贊同。惜因外交環境關係，不得不分別緩急徐圖解決，免滋意外糾紛，總期實踐前約，昭示國人。」〔註138〕為了

〔註133〕《奉天方面將利用平奉車輛問題》（1928.10.9），李嘯風、沈友益主編：《中華民國史史料外編》第32冊，廣西師範大學出版社，1996年，第84頁。

〔註134〕《東方雜誌》第26卷第5號，第127頁；韓信夫、姜克夫主編：《中華民國大事記》第二冊（1923～1929），中國文史出版社，1997年，第943頁。

〔註135〕張友坤等：《張學良年譜》（修訂版），社會科學文獻出版社，2009年，第259～260頁。

〔註136〕中國第二歷史檔案館編：《中華民國史檔案資料彙編》第五輯第一編：財政經濟（九），第74頁。

〔註137〕韓信夫、姜克夫主編：《中華民國大事記》第二冊（1923～1929），中國文史出版社，1997年，第893頁。

〔註138〕韓信夫、姜克夫主編：《中華民國大事記》第二冊（1923～1929），中國文史出版社，1997年，第893頁。

消除奉系繼續以外交問題為藉口拖延易幟，10 月 16 日，蔣電張明確表明東北外交由中央統一辦理：「田中特派要員來京談商租權問題，弟已口頭允其由中央直接商決，不使兄為難，兄也以此覆彼，萬不可再與其局部交涉，以中其分拆之計也。」〔註139〕然而奉系仍拖延易幟，於是國府於 10 月 26 日質問奉方：「刻下三省外交，既歸國府負責辦理，是三省外交障礙已除，奉方依然藉口外交關係，而屢次遷延，不果易幟，難免不懷疑奉天無具誠意。」〔註140〕而奉方則「陳述奉天內部尚有問題，堅求諒解」，即以奉系內部矛盾與分歧為理由和藉口，堅持延遲易幟。從外交問題到內部問題，雖也是實際情況，但奉系所為不免給人藉故延遲的印象。奉系所以屢次延遲，其實是因為國府始終沒有答應奉系對「東三省及熱河地盤仍圖掌握」〔註141〕的要求，更沒有「明覆一電」的保證。

　　面對僵持局面，蔣為求得於 1928 年內完成統一，最終做出全面讓步。12 月 6 日，邢士廉、王樹翰攜蔣介石致張學良親筆密函離滬返奉。在密函中，蔣允「對外問題由中央負責辦理，東北內政仍由現職各員維持，概不更動，東省應即易幟，以貫徹統一精神。」〔註142〕12 月末，邢士廉、王樹翰再次來寧謁蔣接洽，決定：「一、東北設邊防司令正副長官，以張學良為正長官，張作相、萬福麟為副長官；二、設東北政務委員會，委員人選，須商得中央同意；三、東三省及熱河各省委員等項人選，由張學良推薦，中央明令任命；四、易幟之期，不必待至明年（1929 年）元旦，應提前數日行之。」〔註143〕最終，國府以「明覆一電」的方式，滿足了奉系對東北四省的要求。奉系也實現了其易幟後政治利益的最大化：熱河劃歸奉系成為東三省屏障，東北成立由奉系控制的政務委員會和邊防軍司令長官公署軍政兩機關，實際掌握了東北四省政權。

〔註139〕轉引自曾業英：《論一九二八年的東北易幟》，《歷史研究》2003 年第 2 期，第 102 頁。

〔註140〕《國府為易幟事再電張學良質問》（1928.10.26），季嘯風、沈友益主編：《中華民國史史料外編》第 32 冊，廣西師範大學出版社，1996 年，第 393 頁。

〔註141〕韓信夫、姜克夫主編：《中華民國大事記》第二冊（1923～1929），中國文史出版社，1997 年，第 901 頁。

〔註142〕韓信夫、姜克夫主編：《中華民國大事記》第二冊（1923～1929），中國文史出版社，1997 年，第 924 頁。

〔註143〕《實現易幟之經過》（1928.12.30），季嘯風、沈友益主編：《中華民國史史料外編》第 32 冊，第 474 頁。

三、東北政務委員會的成立──北洋舊制向國民黨新制的轉變

1、東北政務委員會名稱的由來

到東北易幟，蔣醞釀裁撤各地政治分會已將近一年，雖然最後再次延期至 1929 年 3 月 15 前，但由於已入訓政時期，裁撤分會已不可避免。關於東北政治分會問題，蔣最終滿足了奉系對「過渡辦法」的要求，改設東北政務委員會。實際上，作爲東北最高行政機關的東北政委會與兩次被削減權力的政治分會相比，其權力已經相差無幾。所以東北政委會的成立，對於奉系來說，只是政治分會變換一個名稱而已。

關於東北政務委員會這個名稱，實際上早在國民黨北伐期間便臨時性地創建過不少「政務委員會」，比如湖北省政務委員會、安徽省政務委員會、江蘇省政務委員會、浙江省政務委員會和貴州省政務委員會等。〔註 144〕在國民黨北伐期間，爲了便於在戰地開展工作並配合國民革命軍進軍，國民黨在國民革命軍到達之省份大都建立過政務委員會，作爲省政府〔註 145〕成立前的過渡組織。1926 年 9 月漢口和漢陽爲國民黨佔領後，建立了湖北臨時政治會議，在湖北省政府正式成立以前，決定全省軍事、政治和財政大權。同時成立了湖北政務委員會，負責執行與處理湖北臨時政治會議作出的有關政務方面的決議。〔註 146〕10 月公佈《修正湖北政務委員會條例》，規定了在省政府成立前作爲過渡性臨時省政權的組織形式：湖北省政府成立以前，所有湖北政務由湖北政務委員會處理。政務委員會設主任委員一人，委員十三人，均由國民革命軍總司令任命。政務委員會下設一處三科：秘書處、民政科、教育科、建設科，並對各處科職員和職權做了詳細規定。湖北省政府正式成立之日，湖北政務委員會即行撤銷。〔註 147〕之後，隨著國民革命軍的進軍，1927 年 3 月於安慶成立了安徽省政務委員會，南京國民政府成立後又相繼成立了江蘇省政務委員會、浙江省政務委員會和貴州省政務委員會。並在各該省軍事結

〔註 144〕劉壽林等編：《民國職官年表》，中華書局，1995 年，第 685、698、714、740、844 頁；洪喜美編：《國民政府委員會會議記錄彙編》（一），臺北：國史館，1999 年，第 2、7、31 頁。

〔註 145〕廣州國民政府曾於 1925 年 7 月和 1926 年 11 月兩次頒佈省政府組織法，內容均較簡略，南京國民政府成立後對省政府組織法的修改基本以此爲基礎，該兩次組織法參見袁繼成等主編：《中華民國政治制度史》，湖北人民出版社，1991 年，第 124、166 頁。

〔註 146〕袁繼成等主編：《中華民國政治制度史》，湖北人民出版社，1991 年，第 165 頁。

〔註 147〕袁繼成等主編：《中華民國政治制度史》，湖北人民出版社，1991 年，第 166 頁。

束後，均改組爲正式的省政府，比如 1927 年 7 月中央政治會議咨南京國民政府，「經議決浙江省軍事早經結束，原設立浙江省政務委員會，應即改組爲浙江省政府」。〔註 148〕

與此時各省政務委員會作用與性質相同的，還有國民黨二次北伐後在山東和河北成立的戰地政務委員會。1928 年 3 月國民政府公佈《戰地政務委員會組織條例》，4 月又對該條例進行了修正，共計九條，主要內容爲：

第一條　國民政府爲企圖野戰軍之作戰便利起見，特設戰地政務委員會，受國民革命軍總司令之指揮，處理戰地民政、財政、外交、司法、交通、工商、農礦、教育、建設各政務。

第二條　戰地政務委員會由國民政府特派主席委員一人，內政、外交、財政、司法、交通、工商、農礦等部及大學院、建設委員會各選派能代表該部院會負責之委員一人組織之。

第三條　戰地政務委員會設民政、財政、外交、司法、交通、工商、農礦、教育、建設等處，每處設主任一人，辦事員若干人，其人員均由各該部院會調用，但事務繁要時，主席得臨時加派必要人員加入辦理。

第四條　戰地政務委員會主席承國民革命軍總司令之指揮，掌管全會事務，並指揮各處主任處理處務，隨時與各主管部院會聯絡。

第五條　戰地政務委員會秘書長一人，秘書若干人，承主席之命，辦理機要事務。

第六條　戰地各政務統由本會主持辦理，若作戰逐次進展，所轄區域內之各部認爲已脫離軍事範圍時，即劃歸主管機關管理之。

第七條　戰地政務委員會之組織及職掌等，由委員會依據本條例擬定細則，呈請國民革命軍總司令核定施行。〔註 149〕

〔註 148〕洪喜美編：《國民政府委員會會議記錄彙編》（一），臺北：國史館，1999 年，第 244 頁。

〔註 149〕《國民政府公報》，1928 年 3 月第 39 期，「法規」，第 4～5 頁；1928 年 4 月第 52 期，「法規」，第 1～2 頁。

6月12日，國民黨順直特委會委員蕭瑜對「行將結束之順直特委會，與戰地政務委員會及急待產生之北京政治分會」，分三步驟作出如下解釋：「第一，即在敵人勢力下之區域，而軍事尚未達到之前，其工作機關即為順直特委會；第二，為既非如同前所述之情形，其軍事亦復達到相當地點，在此期間，負責工作者，即為戰地政委會；現在關於二項之工作，均成過去，亟應收束，於是第三步驟則應時而生，即所謂北京政治分會。總之，將來該項分會之應如何組織，必須根據順委與戰委兩會過去歷史為原則也。」〔註150〕6月13日，由山東轉赴北京，接管北京直隸一切政務的戰地政務委員會主席蔣作賓對記者談話：「戰地政務委員會設立之意義，係謀戰鬥時期之軍事政治分而為二。蓋軍事、民政本為二權，盡分之後，既可令軍閥餘威下之民間疾苦立時昭蘇，又可使前線武裝同志專心殺敵。」〔註151〕

可見，雖然戰地政務委員會與前述各省政務委員會性質與作用相同，均是「處理軍事克復後地區之一切行政事宜」，但戰地政務委員會組織條例對該會職權及與國民政府和總司令關係規定的更為詳細，可以「彌補以往戰爭克復地區無人承繼該地行政之缺點」。〔註152〕

無論是前述各省政務委員會還是戰地政務委員會，均是某一省省政府正式成立前的臨時性過渡政權組織，在軍事結束後省政府正式成立時，其使命便宣告結束。這雖然與東北政委會掌管東北四省行政不同，但都具有最高行政機關的性質，而北伐時期在兩湖成立的湘鄂臨時政務委員會則無論在形式還是在職權上均與東北政務委員會具有相似性。

湘鄂臨時政務委員會是1927年桂系控制國民黨中央特別委員會時期，對唐生智控制的兩湖進行西征後於兩湖建立的最高行政機關。國民黨中央特委會時期，曾決議取消中央政治會議和各地政治分會。但唐生智和汪精衛等人不承認中央特委會的合法性，成立武漢政治分會進行公開對抗，同時進兵安慶威逼南京。在這種情況下，桂系控制的南京國民政府決定進行西征，討伐唐生智。11月中旬，武漢為南京國民政府軍隊佔領，解散了武漢政治分會，

〔註150〕《戰委順委兩會今晨正式會商》（1928.6.13），季嘯風、沈友益主編：《中華民國史史料外編》第31冊，廣西師範大學出版社，1996年，第362頁。

〔註151〕《蔣作賓對記者談話》（1928.6.13），季嘯風、沈友益主編：《中華民國史史料外編》第31冊，第364頁。

〔註152〕中華民國史事紀要編委會：《中華民國史事紀要（初稿）》1928年1月至6月，第1185頁。

12月初改設湘鄂臨時政務委員會，主席程潛，委員張知本、趙世瑄、甘介侯、白志鯤，秘書長李隆建。〔註153〕

　　12月初國民政府頒佈《湘鄂臨時政務委員會組織條例》，規定：「湘鄂兩省在戰爭時期內設湘鄂臨時政務委員會，秉承國民政府及該管部，處理兩省民政、外交、財政、交通等事務」；「臨時政務委員會由國民政府任命作戰軍隊總指揮及民政、外交、財政、交通主任人員各一人為委員組織之，以總指揮為主席」；「臨時政務委員會得委任人員代理兩省民政、外交、財政、交通各行政機關官吏，但薦任以上官吏仍呈請國民政府任命」；「臨時政務委員會處理政務以時機緊迫、須急切處理者為限，但仍隨時呈報國民政府及該管部」；「湖北省政府或湖南省政府成立時，臨時政務委員會即行裁撤」。〔註154〕之後，湘鄂臨時政務委員會據此制定了組織大綱，對具體組織和職權做了詳細規定：「本會遵照中央政府頒發條例，處理湘鄂兩省在戰事狀態下之一切政務，俟省市政府及中央直屬機關自身組織後，分別解除職權」；本會設下列各處：秘書處、民政處、財政處、交通處、外交處、武漢臨時財政整理委員會受本會之監督指導，並規定各處職權；「本會行政方針及因必要而有重大之設施時，由委員會開會討論議決施行（每星期二五開會，但遇緊急事件時，得由主席臨時召集之）」。〔註155〕

　　由此可見，在國民黨北伐時期，政治分會與政務委員會曾同時存在，並行不悖地雙軌運作，也曾在政治分會裁撤後由政務委員會臨時性地接管其政治指導功能。而隨著國民黨北伐的勝利，政治分會走向消亡的愈發臨近，並在東北易幟這一關係到國民黨能否實現統一中國的問題上，政務委員會作為臨時性替代者的作用再次凸顯，因此也就有了由東北政治分會到東北政務委員會的名稱轉變。

2、北洋舊制向國民黨新制的轉變

　　1928年12月29日，東北易幟實現，國家統一告成，那麼依據《保安公約》第十二條「本公約於政局統一時候即廢止之」之規定，該公約便告失效，奉系以此為依據而建立的自治政權便也將宣告結束。而此前28日，國民政府

〔註153〕《湘鄂臨時政委會成立詳紀》，《大公報》，1927年12月13日，第3版。
〔註154〕《湘鄂臨時政務委員會組織條例》，中國第二歷史檔案館編：《國民黨政府政治制度檔案史料選編》下冊，安徽教育出版社，1994年，第284～285頁。
〔註155〕《國民政府湘鄂臨時政務委員會組織大綱》，《大公報》，1927年12月13日，第3版。

會議已擬准東北政委會委員名單，並批准奉、吉、黑、熱四省政府委員名單。〔註156〕31 日，國民政府特任張學良爲東北邊防軍司令長官，張作相、萬福麟爲副司令長官，並任命奉、吉、黑、熱四省政府主席及各廳廳長。〔註157〕這樣，國民黨政權組織體系便即將在東北建立起來。

1929 年 1 月 12 日，東北政務委員會、東北邊防軍司令長官公署及奉天省政府正式成立，新體系形成，也由此正式開始了新舊的交替。以奉天省政府爲例。奉天省政府於 12 日成立，省府主席翟文選、委員陳文學等「先行就職」〔註158〕，17 日，省府召開第一次委員會議，開始正式處理省務。同日，奉天省政府要求所有下屬各機關、縣知事，於本日始，「所有呈報省公署文件一律改稱省政府」〔註159〕。於是，從 17 日開始，奉天省長公署關防便告結束，奉天省政府關防正式啓用，省長公署向省政府的轉變完成。同樣，東北政委會於 12 日成立後，15 日召開「首次會議，議決警務處改名等三案，三省保安委〔員〕會即消滅」〔註160〕，保安會改組政委會完成。東北政委會及東北邊防軍司令長官公署的成立，標誌著北洋時期奉系政權轉變爲國民黨時期地方政權。

最高立法權是國家主權的主要象徵，一個國家只能有一個最高立法機關。所以，東北新政權建成後，奉系首先取消最高立法機關。東北政委會議決停止省議會，「所有文卷全交省政府保存」，「省議會基址改爲省黨部」〔註161〕。省議會裁撤，那麼由省議會會員組成的東三省省議會聯合會也就自然宣告結束。

〔註156〕張友坤等：《張學良年譜》（修訂版），社會科學文獻出版社，2009 年，第 234 頁。

〔註157〕韓信夫、姜克夫主編：《中華民國大事記》第二冊（1923～1929），中國文史出版社，1997 年，第 937 頁。

〔註158〕《奉天市政公所爲本月十二日翟文選就任奉天省政府主席，陳文學等分任各廳長給所屬訓令》（1929.1.17），《奉系軍閥檔案史料彙編》⑧，江蘇古籍出版社，1990 年，第 104 頁。

〔註159〕《奉天省政府爲所有呈報省公署文件一律改稱省政府致各機關、縣知事電》（1929.1.17），《奉系軍閥檔案史料彙編》⑧，江蘇古籍出版社，1990 年，第 101 頁。

〔註160〕《東北政務會前日開首次會議》（1929.1.17），季嘯風、沈友益主編：《中華民國史史料外編》第 32 冊，廣西師範大學出版社，1996 年，第 489 頁。

〔註161〕《東北政委會議決各機關改組事項及奉天省長公署的通令》（1929.1.19），《奉系軍閥檔案史料彙編》⑧，江蘇古籍出版社，1990 年，第 107 頁。

　　由保安會改組的東北政委會成爲眞正的東北最高行政機關。因爲東北政委會將東北邊防軍司令長官公署及其前身東三省保安總司令部兼管的部分行政權也併入其管轄範圍。東北政委會成立後，「於秘書廳下分設總務、機要、行政、財務、蒙旗等處」，並將東北邊防軍司令長官公署「之政務處、財務稽查處、蒙旗處議定分別併入本會行政處、財政處、蒙旗處，一切事宜由本會督飭進行」〔註162〕。同時，東北政委會還將掌握全東北某一方面行政管理權、并原隸屬於東三省保安總司令部的東三省交通委員會和東三省交涉總署等行政機關改隸政委會，使東北政委會成爲眞正意義上的最高行政機關。而由東三省保安總司令部改組的東北邊防軍司令長官公署則成爲單純的東北最高軍事機關〔註163〕，不在以軍干政。另外，東北還保留了最高法院東北分院，其司法行政歸東北政委會管轄。這樣，奉系政權的組織形式便由原來的保安司令制度轉變爲政務委員會制度，即由東三省保安總司令部演變爲東北政務委員會。東北政務委員會從此成爲奉系新政權的象徵和標誌。

圖 2-3-1：國民黨東北地方政權組織體系

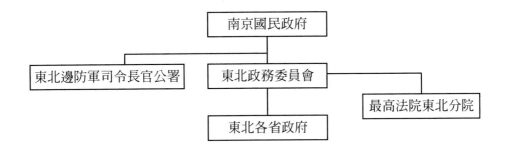

〔註162〕 《奉天省政府刊發東北邊防軍司令長官公署將政務等處併入東北政務委員會各處的訓令》（1929.2.18），《奉系軍閥檔案史料彙編》⑧，江蘇古籍出版社，1990年，第171頁。

〔註163〕 東北邊防軍司令長官公署設四廳十九處兩個委員會，即軍事廳及所屬參謀處、副官處、軍務處、軍需處、軍醫處、軍衡處、軍法處、航警處，軍令廳及所屬第一至六處，秘書廳及所屬機要處、電務處、政務處、秘書處，參議廳，事務處，購置委員會和軍事工程委員會。軍事廳廳長榮臻、軍令廳廳長王樹常、秘書廳廳長鄭謙後爲王樹翰、參議廳首席參議何豐林、事務處處長樂貴田、購置委員會委員長張振鷺、軍事工程委員會主任高維嶽。另外，吉林黑龍江兩省還有東北邊防軍駐吉副司令長官公署和駐江副司令長官公署。上述各公署編制及主官詳見東北文化社年鑒編印處編：《東北年鑒》，東北印刷局，1931年，第253～254頁。

　　由此，奉系新政權組織結構也就轉變爲：最高行政機關——東北政務委員會；最高軍事機關——東北邊防軍司令長官公署；最高司法機關——最高法院東北分院。（參見圖 2-3-1）奉系新政權與舊政權相比，顯著區別有兩點：一爲取消了立法機關；二爲在形式上眞正實現了《保安公約》所規定的「軍民政務，採分治主義」的軍民分治原則，行政權集於東北政委會，軍事權集於東北邊防軍司令長官公署。至此，奉系地方政權步入了體制轉型的軌道。

3、舊軍閥傳統的凝固與殘留：對東北政委會委員選任與排序的分析

　　東北政委會成立後有委員 13 名，雖然委員沒變，但卻有委員排序不同的兩份名單：一份是奉系對內發佈的名單，一份是奉系對外發佈的名單。對內名單爲：張學良、張作相、萬福麟、湯玉麟、方本仁、張景惠、翟文選、王樹翰、莫德惠、袁金鎧、劉尚清、劉哲、沈鴻烈。〔註 164〕對外名單爲：主席張學良，委員張作相、張景惠、萬福麟、湯玉麟、方本仁、翟文選、王樹翰、劉尚清、劉哲、莫德惠、袁金鎧、沈鴻烈。〔註 165〕

　　首先，我們來觀察名單的構成情況，以對內名單爲例。其中方本仁爲南京國民政府指定的東北政委會委員人選，其位置靠前主要也是基於國府代表的身份。其餘 12 人均爲奉方人物，張學良爲奉系首領；張作相、萬福麟、湯玉麟三人爲分管吉、黑、熱三省軍政大權的封疆大吏，邊防副司令兼省府主席〔註 166〕；張景惠、翟文選分別爲東省特區行政長官（省級，相當於省主席）和奉天省省府主席；王樹翰爲東北政委會秘書廳廳長；莫德惠至劉哲四人爲東北文治派代表人物，在東北甚至北京政府都曾歷任要職〔註 167〕；沈鴻烈爲

〔註 164〕《奉天市政公所轉發張學良張作相萬福麟等於本月 12 日就職東北政務委員會委員的訓令》（1929.1.16），《奉系軍閥檔案史料彙編》⑧，江蘇古籍出版社，1990 年，第 97 頁。

〔註 165〕《東北政務委員會爲將本會主席及各委員名單照知各國駐奉領事給奉天交涉員訓令》（1929.1.22），《奉系軍閥檔案史料彙編》⑧，江蘇古籍出版社，1990 年，第 114 頁。

〔註 166〕湯玉麟於 1929 年 2 月 24 日被委任爲東北邊防軍駐熱軍副司令，參見張友坤等：《張學良年譜》（修訂版），社會科學文獻出版社，2009 年，第 249 頁。

〔註 167〕如莫德惠曾任奉天省長、北京政府農商部次長；袁金鎧曾任奉天諮議局副議長、奉天軍政兩署秘書長，長期擔任張作霖謀士；劉尚清曾任奉天省長兼財政廳長，北京政府農工總長；劉哲曾任北京政府教育總長。參見秦孝儀主編：《中華民國名人傳》第 2 冊，臺北：近代中國出版社，1984 年，第 490～496 頁；胡玉海、張偉：《奉系人物》，遼海出版社，2001 年，第 278～295 頁；徐友春主編：《民國人物大辭典》（增訂版），河北人民出版社，2007 年，第 2470、2426 頁。

東北海軍副司令兼東北航務局董事長。

　　那麼，這份對內名單的構成情況就是：1 個總司令+3 個兼省府主席的副司令+1 個國府代表+2 個省區最高行政長官（1 個特區行政長官+1 個省府主席）+1 個政委會秘書廳長+4 個文治派人士+1 個海軍副司令。對外名單構成就是：1 個總司令+1 個兼省府主席的副司令+1 個特區行政長官+2 個兼省府主席的副司令+1 個國府代表+1 個省府主席+1 個政委會秘書廳長+4 個文治派+1 個海軍副司令。

　　其次，我們將兩個名單進行對比。與對內名單相比，對外名單發生兩處變化：前一處是張景惠的位置發生很大變化，由對內名單第六名，上昇到對外名單的第三名，即「1 個特區行政長官」超越「1 個國府代表」插到了「3 個兼省府主席的副司令」之間，而萬、湯、方三人順序則沒變；後一處是「二劉」與「莫袁」對調，即在「4 個文治派」之間的調換位置。

　　通過兩個名單構成情況的對比，很顯然，對外名單最突出的變化就是張景惠位置的前提。張景惠為奉系元老，在東北軍界、政界均有威望，此時擔任東省特區行政長官，主要負責管理中東路附近地區行政與外交事務。在東北外交方面，最重要者莫過於日本與蘇聯，與二者關係好壞關乎東北安危。而在奉系對外發佈的名單中，將張景惠位置前提，顯然是奉系有意凸顯對外交的重視，也折射出東北此時在外交方面的窘境。

　　張景惠位置雖前提，超越了萬、湯、方三人，卻止於張作相。此「二張」都是奉系元老，也均是張作霖結拜兄弟，在奉系軍政界都德高望重。但因張景惠曾與張作霖有隙，不再受其信任而地位下降〔註 168〕；而張作相則始終受到張作霖的信任而手握兵權。皇姑屯事件後，在奉系新領導人之爭中，張作相堅辭東三省保安總司令職，堅決擁護張學良，也深得張學良信任。所以在張學良政權時期，張作相被張學良稱為「輔帥」，委以重任，成為奉系第二號人物。

〔註 168〕1922 年第一次直奉戰爭中，因張景惠的西路軍行動遲緩，導致奉軍戰敗。戰後，張景惠寓居北京，後受曹錕拉攏，出任國道局督辦，張作霖因此深恨之。1925 年冬，張景惠因母病故，不敢奔喪，求張作相、吳俊升說情，張作霖乃准其回奉治喪。張景惠回到瀋陽後向張作霖謝罪，張作霖原諒了他，委其為奉天督軍署參議。1926 年後，張景惠雖先後被委任為北京政府陸軍總長、實業總長，但已遠離軍權。參見胡玉海、張偉：《奉系人物》，遼海出版社，2001年，第 330～332 頁。

　　進入名單的東北政委會委員，不是東北軍界要人，就是東北文治派代表人物，但有兩人資歷和威望與其它委員相比，稍顯不足，一個是萬福麟，另一個是沈鴻烈。萬福麟吉林農安人，1926 年，他才因平定郭松齡反奉之軍功而升任第八軍軍長，而皇姑屯事件後，卻繼吳俊升成爲黑省督辦。〔註 169〕由於萬資歷較淺，吳俊升之子吳泰來不服，還鬧出一場奪黑省督辦的鬧劇。但由於張學良的支持，萬順利接替吳俊升督辦職，而後又成爲東北保安副司令，吳泰來則由黑省調任三四方面軍騎兵集團軍軍長。〔註 170〕「楊常事件」後，萬福麟又接替常蔭槐黑省省長職，一身兼黑省軍、政兩職，成爲奉系僅次於張作相的第三號實力人物。沈鴻烈是湖北天門人，早年留學日本，回國後在北京政府海軍部任職。1920 年，調入東北江防艦隊，從此一直在東北任職。1927 年，沈被委任爲東北海軍副總司令，代理總司令職。皇姑屯事件後，張學良主政東北，仍委沈爲海軍副總司令，代總司令職，同時他還兼任東北航務局董事長，管理東北江河航政及航運事業，也是一位身兼軍、政兩職的實力人物。〔註 171〕

　　萬福麟 1880 年生人，張作相 1881 年生人，沈鴻烈 1882 年生人。雖然三人年齡相仿，但萬沈二人資歷威望顯然無法與張作相相提並論。他們的陞遷主要是由於張學良的提拔和信任，雖身兼要職，但他們二人在東北政委會內的排名卻相差甚遠。與四位文治派人士相比，萬福麟的資歷與威望顯然尚淺，但萬的排名卻遠遠靠前，這說明在東北政委會內實力對於排名起著重要作用。但同樣擁有實力的沈鴻烈卻沒有排在這四人前面，而是排名墊底，這又說明實力也並不完全決定排序。那什麼因素導致沈鴻烈排名墊底呢？其實原因很簡單，就是沈氏非東北生人也。

　　總的來看，東北政委會委員選人標準是現任實力派軍人加文治派人士；排名原則是實權人物在前，文士賢達在後，實權人物中，軍職在前，文職在後；而決定排序的因素除了實力和資歷威望外，是否東北生人成了主要因素。

　　東北政委會成立前，還存在過另一份該會委員名單：張學良、張作相、

〔註 169〕參見徐友春主編：《民國人物大辭典》（增訂版），河北人民出版社，2007 年，第 1953 頁。

〔註 170〕參見《督辦黑龍江軍務善後事宜公署爲萬福麟接替吳泰來代理督辦給奉天省長公署咨》（1928.6.30），《奉系軍閥檔案史料彙編》⑦，江蘇古籍出版社，1990 年，第 278 頁；張友坤等：《張學良年譜》（修訂版），社會科學文獻出版社，2009 年，第 204 頁。

〔註 171〕參見秦孝儀主編：《中華民國名人傳》第 2 冊，臺北：近代中國出版社，1984 年，第 59～61 頁。

萬福麟、湯玉麟、王樹常、翟文選、常蔭槐、張景惠、袁金鎧、劉哲、莫德惠、劉尚清、方本仁、王樹翰、沈鴻烈等 15 人。〔註172〕這是 1929 年 1 月 7 日，奉系呈經國民政府核准並任命的。與東北政委會成立後的名單相比，此名單多兩人，即常蔭槐和王樹常。很顯然，「楊常事件」常蔭槐被殺後，即被除名。東北政委會實行委員制，委員人數只有爲單數才便於表決，所以常被除名後，只有「增、減」兩個方法保證委員爲單數。而最終奉系選擇了減一人，那爲什麼選擇減王樹常呢？

我們先來分析一下名單構成。王樹常奉天遼中人，早年留學日本，歷任奉軍第 22 旅旅長、第 10 軍軍長，東北政委會成立前任東三省保安總司令部軍令廳廳長。常蔭槐奉天梨樹人，曾任京奉鐵路局局長、東北交通委員會副委員長，在吳俊升被炸死後接任黑龍江省省長。王樹翰奉天人，在東北政委會成立前他還不是該會秘書廳廳長，王清末舉人出身，曾任奉天財政廳長，吉林代省長，與王永江齊名，並稱「二王」，亦是東北文治派重要人員。〔註173〕結合前文對東北政委會委員構成的分析，該份委員名單構成情況是：5 個司令、1 個軍令廳長、3 個省長、5 個文治派人士加 1 個國府代表。所以從這份名單的構成來看，王樹常以軍長出身的軍令廳長身份躋身東北政委會，資歷稍顯不足，所以常被殺後東北政委會要減人也只能減他。

可常被殺後，奉系爲什麼不增添一人呢？這是因爲在張學良主政東北後，有資歷、有威望的奉系人物和東北社會賢達能出來、願意出來輔佐張學良的基本都出來了，剩下沒有出來的，或是因爲年老體衰、身體多病，如奉系元老，張作霖的對日交涉大員于沖漢，於張學良主政東北後被委任爲東三省保安總司令部參議，但不久即抱病隱退〔註174〕；或是因爲心存異志，不願輔佐張學良，如楊宇霆即是如此，他聲稱「不任東省職務」，「南京擬不去，出洋亦難遽成行」，〔註175〕一副不與張學良合作的姿態；或是因爲淪爲了政治

〔註172〕張友坤等：《張學良年譜》（修訂版），社會科學文獻出版社，2009 年，第 238 頁。

〔註173〕參見徐友春主編：《民國人物大辭典》（增訂版），河北人民出版社，2007 年，第 177、1658、178 頁；胡玉海、張偉：《奉系人物》，遼海出版社，2001 年，第 198 頁。

〔註174〕參見徐友春主編：《民國人物大辭典》（增訂版），河北人民出版社，2007 年，第 28 頁；《東北人物大辭典》編委會：《東北人物大辭典》，遼寧人民出版社，1991 年，第 663 頁。

〔註175〕《楊宇霆回奉後談話》（1928.10.14），季嘯風、沈友益主編：《中華民國史史料外編》第 32 冊，第 93 頁。

鬥爭的犧牲品，如于馳興，安徽壽縣人，長期在黑龍江任職，歷任黑省政務廳長、教育廳長，皇姑屯事件前他長期代理黑省省長，然而張學良主政東北後委常蔭槐爲黑省省長，從此于不被重用，〔註176〕與沈鴻烈相比，于馳興這個外省人，由於不受張學良信任而淪爲奉系內部張學良與楊宇霆兩派政治鬥爭的犧牲品。另外，從王樹常以軍令廳長都能躋身東北最高行政機關任委員的角度看，也說明奉系很難在選出「合適」的人選了。

通過上述對東北政委會委員選任和排序的分析，我們可以看出雖然東北易了幟，但奉系及其新政權中仍然凝固並殘留著北洋舊軍閥時期的傳統與因子。

4、軍閥政治再現：「楊常事件」與東北地方政權的張學良化

一個是「願意」輔佐張學良的常蔭槐，一個是不願意輔佐、甚至要與張學良爭權奪位的楊宇霆，爲什麼同時被殺？而時間就在1929年1月10日晚，在東北政委會即將成立之前，在奉系由北洋舊政權向國民黨新政權轉變之前。敏感的時間，發生了本不該發生的敏感事件。張學良是有意爲之，還是無心之舉？張學良1901年6月生人，1929年1月他還不到28周歲。雖然年輕，但由於張作霖有意培養，19歲時張學良就成爲奉軍少將旅長，所以經過多年的耳濡目染，他對軍閥、派系之間爾虞我詐、爭權奪利之能事必然了然於胸。因此，在奉系新政權即將誕生的前夜，在最需要平穩過渡的時刻，張學良製造了這麼一個震驚中國政壇的事件，顯然不是無心之舉。

前文已述，張楊之間本有奪權之爭。而且不僅在對內，他們在對外「應付時局」之主張也「互異」：「（一）關於國奉妥協方針，張主聯蔣，楊主聯桂；（二）關於直魯軍肅清問題，張主納直拒魯，楊主直魯軍一體解決；（三）關於東三省交通機關，張主分權，楊主集權。是以交通司令在形式上雖屬獨立，而實則仍受常蔭槐之節制。」〔註177〕由此可見，張楊之爭已勢同水火。楊之爭權，已攪得奉系政權發生異變，即行政權「下移」。如今新政權即將建立，而由保安會改組的東北政務委員會也即將成爲眞正的東北最高行政機關。如果此時楊常一派再陰謀奪權，或爲蔣等其它派系所利用，則奉系新政權也必

〔註176〕參見《關於常蔭槐接替于馳興任黑龍江省省長的文電》（1928.8.1～3），《奉系軍閥檔案史料彙編》⑦，江蘇古籍出版社，1990年，第337頁；徐友春主編：《民國人物大辭典》（增訂版），河北人民出版社，2007年，第33頁。

〔註177〕《楊宇霆在奉勢力愈增》（1928.8.31），季嘯風、沈友益主編：《中華民國史史料外編》第32冊，第59頁。

將失穩。所以為穩定政權計，楊常必死。〔註178〕

「楊常事件」發生後，張學良於 11 日上午召集東北政委會委員張作相、翟文選、張景惠、王樹翰、袁金鎧、湯玉麟、沈鴻烈，東北邊防軍司令長官公署秘書長鄭謙，東北憲兵司令陳興亞以及孫傳芳等人開會，討論該事件。並於是日，以東北政務委員會委員聯銜通電全國，發佈《東三省保安總司令部布告》及《致三省父老電》，公佈了《楊常伏法之判決書》。〔註179〕

通過奉系對「楊常事件」的善後處理，筆者發現了這樣一個現象：即奉系以兩個完全不同的名義發佈了對該事件的處理結果。一個是以東北政委會委員聯銜發出對外通電，列舉楊常阻撓統一、把持政務、結黨營私等數條罪狀。〔註180〕該通電最後署名為除國府代表方本仁以外的全部 12 名政委會委員。該 12 人同時也是東北臨時保安委員會之委員，但保安會有委員 17 人，顯然此 12 人聯銜代表的不是保安會，而是東北政委會，即以東北政務委員會名義發表了對外通電。

另一個是以東三省保安總司令部名義發佈對內布告。〔註181〕該布告結尾署東三省保安總司令張學良名，其內容與上述通電相同，但二者卻是以不同名義、針對不同受眾發佈的。通電對外發佈，面向全國，以東北政務委員會名義可以體現東北易幟後國家之統一；布告則對內發佈，面向東北，而以東三省保安總司令部名義則說明新舊政權轉變尚未完成，奉系舊政權尚發揮效力。

楊宇霆不是東北政委會委員，在國民政府亦無任職，奉系在東北新政權尚未成立前殺之，雖無需向國府請示，但楊畢竟是奉系要員而且兼任奉天兵工廠督辦，事前不通知國府即殺之，似有蔑視國府權威之嫌。而常蔭槐則是國民政府批准的東北政委會委員，奉系未經請示，便擅自主張將其處死，顯然無視國府權威。13 日，張學良電國民政府及蔣介石，請任命萬福麟為黑省府主席，臧式毅為兵工廠督辦，並謂對「楊常事件」所以斷然

〔註178〕關於「楊常事件」，可詳見陳崇橋：《試論「楊常事件」》，《近代史研究》1986
　　　　年第 2 期，第 248～267 頁。

〔註179〕張友坤等：《張學良年譜》（修訂版），社會科學文獻出版社，2009 年，第 240
　　　　頁。

〔註180〕參見《張學良、張作相、萬福麟等致各縣各法團通電》（1929.1.11），《奉系軍
　　　　閥檔案史料彙編》⑧，江蘇古籍出版社，1990 年，第 84～88 頁。

〔註181〕參見《東三省保安總司令部布告》（1929.1.11），《奉系軍閥檔案史料彙編》⑧，
　　　　江蘇古籍出版社，1990 年，第 89 頁。

處置者，實因彼等種種行動，不但令責任人無退讓餘地，抑且有危及國家之虞，「事前未及稟商主座者實萬不得已，千懇俯視鑒察」。〔註182〕這一「廢」一「立」，一個事前未請示便殺之，一個事後請示任命，對比鮮明，加之事後又以兩個不同名義發佈處理公告，如此一來，即便是奉系無意，然槍殺之舉也已表露出奉系新政權半獨立地位之事實。木已成舟，蔣既尷尬又無奈，14日，蔣自找臺階地覆電稱：「既認楊常有妨大局，臨機應變，當無不合。」〔註183〕

派系內鬥，排除異己，無視法律，擅自殺人等等，這些無不是北洋舊軍閥時期見怪不怪的事。「楊常事件」的發生，再次說明了奉系內在的舊軍閥傳統的凝固性，以及易幟和政權形式的轉變並不能改變奉系作為具有獨立利益訴求的政治實體的本質。

四、結語

1928年6月張作霖死後，奉系政權開始由北洋中央政權向國民黨地方政權轉變。在轉變過程中，奉系建立了一個以張學良為核心的、以「二張」叔侄聯合為基礎的東北保安政權。該自治政權標榜「主權在民」、「三權分立」、「軍民分治」等原則，而實際上行「以軍代政」、「以軍管政」的保安制度。

在張學良政權形成與發展的同時，國、奉之間還進行著緊張的談判。起初，國民黨為奉系設計了一個政治分會「陷阱」，急於讓奉系「跳進去」，為此蔣親赴北平「苦口婆心」地規勸張學良儘快易幟。但由於國府沒有滿足奉系的政治要求，以及日本的干涉，使蔣的設計落空。國民黨二屆五中全會後，蔣坐鎮南京主持對奉談判，雖然他試圖改變談判策略，企圖於關內、關外分別達到其戰略目標，但由於奉系堅持「捆綁」策略，使蔣的計劃再次落空。國奉雙方談判較量的最終結果，蔣全面讓步，以收北伐與國家統一的雙重政治效應；奉系則通過談判，實現了其政治利益的最大化，即東北四省政權仍舊掌握在奉系手中，而這也正是奉系在東北重新建構政權以便與國府進行對等談判的目的所在。

東北易幟後不久，以東北政務委員會為核心的奉系新政權體系正式建

〔註182〕韓信夫、姜克夫主編：《中華民國大事記》第二冊（1923～1929），中國文史出版社，1997年，第941頁。

〔註183〕韓信夫、姜克夫主編：《中華民國大事記》第二冊（1923～1929），中國文史出版社，1997年，第941頁。

立，隨之舊政權宣告結束，新舊轉變完成。然而在奉系新政權中，我們卻可以發現奉系仍殘留著諸多舊軍閥的傳統與因子，而這種傳承的根深蒂固的特性又勢必將使國民黨的黨治體制難於順利地在東北建立起來。而事實也證明了這一點，雖然奉系以國民政府的設計方案為藍本對東北地方政治制度進行了重塑，但國民黨在東北的黨部組織直到中原大戰後的 1931 年 4 月才逐步建立起來並公開展開工作，但實際建立的卻還是奉系政權的「官黨」，（詳見本書第五章和第六章相關論述）而且半年後東北便宣告淪陷。因此，易幟後國民黨黨治體制在東北的推行與建立是失敗的。由於作為獨立的利益主體存在對生存空間和政治空間的強烈訴求，因此奉系對外防範日蘇侵略的同時，對國民黨和國民政府向東北的滲透與控制行為也進行了堅決的抵制。

東北政委會的成立，使奉系得以延續，並由北洋軍系演變成為國民黨軍系。一方面，這使得奉系延續了對東北的統治，使國民政府力量難以進入東北，使東北自民初以來長期游離於中央政府有效管轄範圍之外的現狀沒有改變，以致為日本所利用，致使九一八事變發生，東北淪陷；另一方面，這「培養」了一個新的地方實力派，更增加了國民政府整合全國尤其北方的難度，並對民國政局產生了巨大影響，而這充分地體現在中原大戰前後〔註 184〕。

〔註 184〕中原大戰前，奉系對蔣派與反蔣派均具有決定意義，參見陳進金：《東北軍與中原大戰》，《近代史研究》，2000 年第 5 期；中原大戰後，奉系入主華北對民國政局產生巨大影響，詳見本書第四章有關論述。

第三章 蟄伏：奉系地方政權的架構與國、奉權力博弈

東北政務委員會是南京國民政府與奉系在東北易幟談判時相互妥協的產物，從 1929 年 1 月成立到 1932 年 1 月被北平政務委員會取代為止，共存在三年時間。其間東北政委會為東北「最高行政機關，以指導、監督各省最高級地方政府」[註1] 為職責，是當時東北地方政權的中樞和象徵。那麼，東北政委會採取什麼樣的組織結構與運作機制，與國民政府是什麼樣的關係，加入國民黨政權體系後與東北地方政府是怎樣的關係，又是怎樣維護奉系對東北政權的有效控制的，這便是本章主要討論的內容。

一、東北政務委員會的內部結構及運作機制考察

1、組織結構及職權

東北政委會整套組織體系非常龐大，內設辦事組織，下轄職能機關，參見圖 3-1-1。

（1）內部組織

按照《東北政委會暫行組織條例》第三條、第四條之規定：「本會設委員十三人，以東北各省區資深望重富有政治經驗者充之，本會設主席一人，由委員互選之」[註2]。所以東北政委會成立之初有委員 13 人：主席委員張學良，委員有張作相、萬福麟、湯玉麟、方本仁、張景惠、翟文選、王樹翰、莫德惠、袁金鎧、劉尚清、劉哲、沈鴻烈。[註3] 1930 年 1 月，翟文選因病辭

〔註 1〕 東北文化社年鑒編印處編：《東北年鑒》，東北印刷局，1931 年，第 178 頁。
〔註 2〕 東北文化社年鑒編印處編：《東北年鑒》，東北印刷局，1931 年，第 179 頁。
〔註 3〕 《奉天市政公所轉發張學良張作相萬福麟等於本月 12 日就職東北政務委員會委員的訓令》（1929.1.16），遼寧省檔案館編：《奉系軍閥檔案史料彙編》⑧，江蘇古籍出版社，1990 年，第 97 頁。

遼寧省政府主席，臧式毅繼任，後臧氏被增補爲東北政委會委員〔註4〕，故此年東北政委會有委員 14 人。中原大戰後，劉尚清升任南京國民政府內務部長，辭去東北政委會委員職〔註5〕，東北政委會委員又降至 13 人。一般東北政委會 3 至 4 天召開一次會議（名爲通常會），審核並議決由秘書廳所準備的各項議案，內容主要爲東北四省的各種政務。東北政委會成立之初雖有委員 13 人，但並不是每次會議都由全體委員出席，因爲有的委員並不常駐瀋陽，如張作相爲吉林省政府主席常駐吉林，萬福麟爲黑龍江省政府主席常駐龍江，湯玉麟爲熱河省政府主席常駐承德，張景惠爲東省特區行政長官常駐哈爾濱，沈鴻烈爲東北海軍江防艦隊司令兼東北航務局董事長也常駐哈爾濱，所以常駐瀋陽並能經常參加東北政委會會議的只有張學良、翟文選、王樹翰、莫德惠、袁金鎧、劉尚清、劉哲、臧式毅及南京的代表方本仁〔註6〕。

按照《東北政委會暫行組織條例》第七條之規定，東北政委會內設秘書廳，掌理各項政務〔註7〕，廳內置六處：初爲機要、總務、行政、財務和蒙旗五處，後添設航政處。各處設處長一人，總理處務。（秘書廳廳長及各處處長參見表 3-1-1）每處分置兩股，股設股長。各處所有任務，機要處職掌撰擬機要文電、保管翻譯、會議記錄、議案編制等事宜。總務處職掌撰擬文件、典守印信和收發會計等事項。行政處職掌民政、教育、司法、行政、農礦、工商及建設事宜。財務處職掌賦稅、公債、關稅、鹽務及錢幣事項。蒙旗處職掌關於東北蒙旗行政建設事宜。航政處職掌關於航政、漁業、船舶製造、水道測量及江海建設等事宜。〔註8〕

表 3-1-1：東北政務委員會秘書廳各處處長姓名表

機關	秘書廳	下屬機關	總務處	機要處	行政處	財政處	蒙旗處	航政處
廳長	王樹翰	處長	張濟新	吳家象	鄭頤	魯穆庭	袁慶恩	宋式善

〔註4〕《臧式毅兼充東北政委》（1930.12.22），季嘯風、沈友益主編：《中華民國史史料外編》第 30 冊，第 429 頁。

〔註5〕《東北政委會第一九九次通常會議事日程》（1931.2.7），JC1-91：《東北政務委員會會議案》，東北政務委員會檔，遼寧省檔案館藏。

〔註6〕東北易幟談判時，國民政府提出了「政治分會委員須加入國民政府指定人物」的條件，參見季嘯風、沈友益主編：《中華民國史史料外編》第 32 冊，廣西師範大學出版社，1996 年，第 43 頁。

〔註7〕東北文化社年鑑編印處編：《東北年鑑》，東北印刷局，1931 年，第 179 頁。

〔註8〕東北文化社年鑑編印處編：《東北年鑑》，東北印刷局，1931 年，第 178 頁。

| | | 副處長 | 金永恩 | 葉弼亮 | 王瑞之 | 張振鷺 | 許卓生 | |

資料來源：東北文化社年鑑編印處編：《東北年鑑》，東北印刷局，1931年，第180頁。

　　總的來說，秘書廳是東北各地與東北政委會聯絡的紐帶，主要負責把各地呈報的事項核實並形成議案向東北政委會請示裁決，以及把東北政委會的指令向各地方傳達。秘書廳在把各地所呈報事項形成議案向東北政委會上報時，還會簽具一定的意見附在議案內供東北政委會決策時參考。所簽具的意見少的只有寥寥幾語，多的可達數條。如「卸任山海關監督洪維國呈請援孟監督例提支七八九三個月獎金一案」，財務處簽具的意見爲「核有前例可援」〔註9〕；「遼寧省政府呈請司法用人須報由省政府核准一案」，行政處簽具的意見爲「查與現行法制不符」〔註10〕；「長路鹽運使洪維國呈爲本年銷鹽、稅收各項較前增加，擬請酌予提獎以資鼓勵案」，財務處簽具的意見就有4條200餘字之多：「一、查該署銷鹽及稅收各項九月份以前者本會無案，十月份以後尚未報齊，又據前報本會年度預算書聲明近年受軍事影響銷鹽量及六七成之譜，來文所稱稅收各數即屬實在，想係拋卻比額而言不得謂爲溢銷。二、東省鹽務雖有特賞，原係一時權宜，究非善例。該署援例請獎直以此地習慣造成彼地習慣，爲長蘆新開一例。三、查中央頒佈銷鹽考成章程，本無賞款規定，現在統一告成，一切政務既秉承中央意旨，即應按照中央新定銷鹽考成章程辦理。四、查國家設官按級給俸，尙屬不薄，督銷得力亦屬應盡職責，若復特予懋賞造成不均之勢易，令狡黠者視爲利藪□（原文不清──筆者注）爲官方之累。」〔註11〕

　　雖然上述各處均有明確的管轄範圍，但由於所要辦理的事務有時會超出某處管轄範圍之外，而出現要由兩處共同簽字上報請示的情況。如「財務處、行政處簽爲奉批查明東特高等法院十八年預算有庭長一員可以添設案」，審計預算屬於財務處的財政工作範圍，添加庭長屬於行政處的行政工作範圍，所以「東特高等法院呈請依十八年度核准預算添設民二庭增添庭長一員」案，由財務處和行政處聯合簽具意見上報東北政委會。〔註12〕

〔註9〕　《東北政委會第一七三次會議議決案通知書》（1930.10.29），JC1-90：《東北政委會會議議決案通知書》，東北政務委員會檔，遼寧省檔案館藏。

〔註10〕　《東北政委會第一四二次會議議決案通知書》（1930.6.28），JC1-90：《東北政委會會議議決案通知書》，東北政務委員會檔，遼寧省檔案館藏。

〔註11〕　《東北政委會第一九七通常會議事日程》（1931.1.31），JC1-91：《東北政務委員會會議案》，東北政務委員會檔，遼寧省檔案館藏。

〔註12〕　《東北政委會第二二一次通常會》（1931），JC1-1：《東北政委會會議議決案》，東北政務委員會檔，遼寧省檔案館藏。

（2）直轄機關

東北政委會作為張學良主政東北時期東北最高行政機關，其直轄機關包括行政機關：各省省政府（即遼、吉、黑、熱四省政府）、東省特區行政長官公署、興安屯墾公署、東北礦務局、東北航務局、東北水道局和東北防疫處；司法機關：各省高等法院及其檢察處、東省特區高等法院及其檢察所、最高法院東北分院及其檢察署；交通機關：東北交通委員會、東省鐵路督辦公署；稅務機關：東三省鹽運使公署、吉黑榷運局、瀋陽關監督公署、山海關監督公署、安東關監督公署、濱江關監督公署、遼吉黑熱四省煙酒事務所和遼吉黑熱四省印花稅處；外交機關：東三省交涉總署、外交部特派員辦事處；教育機關：同澤新民儲才館、同澤新民儲才館司法班、東北大學、東北交通大學、哈爾濱工業大學、東省特區法政大學和東北蒙旗師範學校；文化機關：東北文化社。〔註13〕張學良及東北政委會正是通過這些機關牢牢地掌控了東北地方政權。

東北政委會的這些直轄機關，可分為兩大類，一是各省級地方政府（包括東省特區行政長官公署）；二是掌握著各方面重要職權的職能機關。在這些職能機關中，有的組織很龐大，分科辦事，下轄各職能分部門，牢牢控制著各該機關職權。如東北交通委員會，為東北交通最高管理機關，職掌交通鐵路、電信和郵政各事宜。該會內設總務、路政、郵傳三處，下轄電政機關：東北電信管理處和東北電政管理局；路政機關：北寧鐵路管理局、四洮鐵路管理局、洮昂鐵路工程局、吉長鐵路管理局、吉敦鐵路工程局、吉海鐵路管理局、洮索鐵路工程局、齊克鐵路工程局、瀋海鐵路公司和呼海鐵路公司；教育機關：東北交通職業學校、東北第一及第二交通中學校、吉長附設中學校和第一至第十一扶輪小學校。〔註14〕東三省鹽運使公署，為司東北鹽產及遼寧全省鹽之運銷緝私之惟一機關；吉黑榷運局，為司吉黑兩省鹽之運銷緝私之惟一機關。東三省鹽運使署設鹽運使一人，內設總務課、場產課、運銷課、總核處，下轄機構有營蓋、復縣、莊河、莊鳳、盤山、北鎮、錦縣、興綏等八個鹽場公署，安圖、營口、錦縣、蓋復、瀋陽、安東、莊鳳、輯安、臨江九個緝私局。吉黑榷運局設局長一人，內分總務、征榷、運銷和緝私四科，下轄鹽倉21處、分銷處14處、緝私隊57處。〔註15〕

〔註13〕 東北文化社年鑒編印處編：《東北年鑒》，東北印刷局，1931年，第179頁。
〔註14〕 東北文化社年鑒編印處編：《東北年鑒》，東北印刷局，1931年，第372～373頁。
〔註15〕 東北文化社年鑒編印處編：《東北年鑒》，東北印刷局，1931年，第893～898頁。

這些職能機關的內部人事、組織和財務等所有事務，都直接上報請示東北政委會，不受各省地方政府的管轄，它們自成一體，各司其職。如「〔東北〕交〔通〕委〔員〕會呈爲該會主任委員仍請由本會（即東北政委會——筆者注）任命以符體制」；營口海關「練軍營士兵薪餉服裝等費低薄」要求增加，便由營口海關打報告給上級部門山海關監督公署，山海關監督公署又打報告給東北政委會提出「擬請酌增」的請求；「東三省鹽運使呈報擬定組織新章」請示東北政委會准予備案等。〔註16〕

各省級地方政府及其下屬各縣政府是東北政委會管轄下的各省縣級地方政權，各職能機關是東北政委會所掌握的各方面行政權力的縱向延伸，二者共同編織了張學良時期奉系政權的經緯網絡。

圖 3-1-1：東北政務委員會組織結構體系

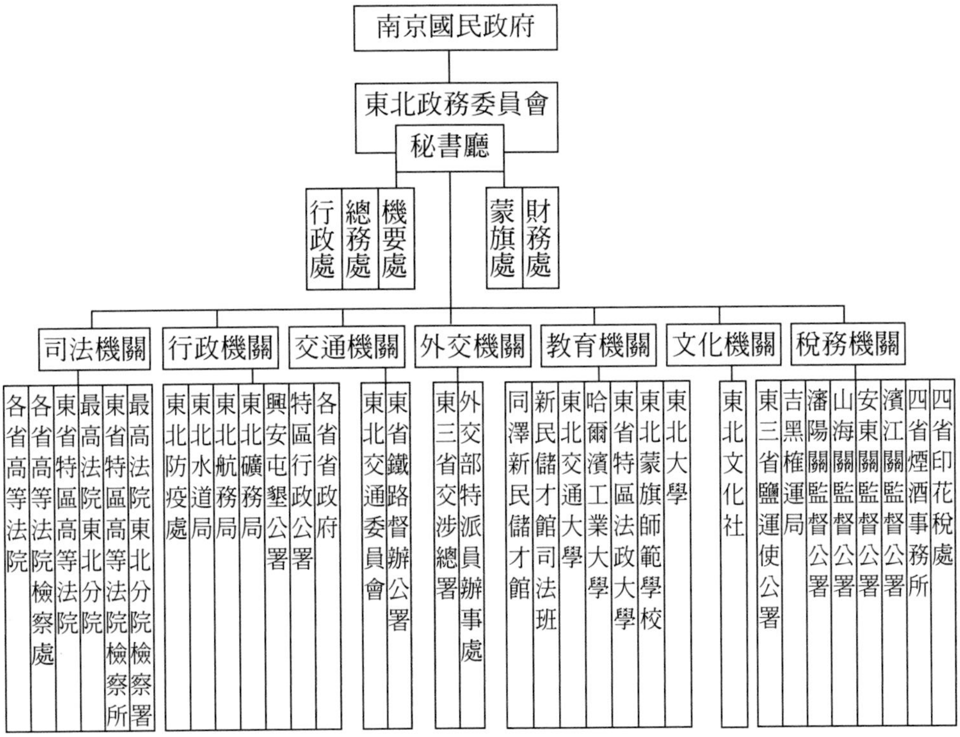

```
                        南京國民政府
                            │
                        東北政務委員會
                          秘書廳
          ┌──────────────┴──────────────┐
      行政處 總務處 機要處          蒙旗處 財務處
          │
┌──────┬──────┬──────┬──────┬──────┬──────┬──────┐
司法機關  行政機關  交通機關  外交機關  教育機關  文化機關  稅務機關
```

司法機關：各省高等法院／各省高等法院檢察處／東省特區高等法院／最高法院東北分院／東省特區高等法院檢察所／最高法院東北分院檢察署

行政機關：東北防疫處／東北水道局／東北航務局／東北礦務局／興安屯墾公署／特區行政公署／各省省政府

交通機關：東北交通委員會／東北鐵路督辦公署

外交機關：外交部特派員辦事處／東三省交涉總署

教育機關：同澤新民儲才館司法班／新民儲才館／東北交通大學／哈爾濱工業大學／東省特區法政大學／東省蒙旗師範學校／東北大學

文化機關：東北文化社

稅務機關：東三省鹽運使公署／吉黑権運局／瀋陽關監督公署／山海關監督公署／安東關監督公署／濱江關監督公署／四省煙酒事務所／四省印花稅處

〔註16〕《東北政委會第二十七次會議議事日程》（1929.4.17），JC1-89：《東北政委會議決案》；《東北政委會第一九八次通常會議事日程》（1931.2.4），JC1-91：《東北政務委員會會議案》；《東北政委會第一七八次，一五四次會議議決案通知書》（1930.11.19，8.13），JC1-90：《東北政委會會議議決案通知書》，東北政務委員會檔，遼寧省檔案館藏。

資料來源：《東北政委會組織統系表》，東北文化社年鑑編印處編：《東北年鑑》，東北
　　　　　印刷局，1931 年，第 179 頁。

注：原表係 1930 年 10 月調查所得，因東三省交涉總署此時已撤銷，故原表無此機構。
　　本表爲反映東北政委會組織結構及沿革之全貌，故列之。

2、運作機制及局限性

　　國民黨的黨政領導體制實行民主的集權制原則〔註17〕，東北政委會「隸於
中央」〔註18〕，作爲國民政府的派出機關，其組織領導體制也實行民主的集權
制，但有其特點。民主的集權制包括民主制和集權制兩個方面。民主制主要體
現在東北政委會組織體系「金字塔」的頂部（參見圖 3-1-2），即東北政委會會
議採取委員合議制與主席決策制的結合機制。兩者表面上看是矛盾的，但實際
上是有機統一的。所謂委員合議制，是指提請到東北政委會的議案均由包括主
席委員在內的各出席委員共同合議討論，提出意見。合議的結果在少數服從多
數的原則下，一般能通過議案或形成決議案。所謂主席決策制，是指在委員合
議的基礎上由主席對通過和沒通過的議案做最後之決策。在東北政委會的實際
運作過程中，作爲主席的張學良非常尊重其他委員意見。委員合議通過或形成
的決議案，張一般都是支持的，委員之間意見不統一、分歧大的議案，張一般
都會採取暫不通過、多次復議的方法，以便最終找到解決問題的途徑。這從東
北政委會會議決議案通知書所列已通過議案的數目，往往少於東北政委會會議
議事日程所列待審議案的數目，就可以得到證明。

圖 3-1-2：東北政務委員會組織結構體系的金字塔形狀

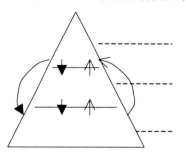

（　　表示上下級控制管理關係；　　表示意見向上反映傳遞關係）

　　委員合議制的實行，不是簡單的服從中央、統一體制的問題，而是標誌

〔註17〕 參見田湘波：《中國國民黨黨政體制剖析（1927～1937）》，湖南人民出版社，
　　　　2006 年，第 64 頁。
〔註18〕 東北文化社年鑑編印處編：《東北年鑑》，東北印刷局，1931 年，第 179 頁。

著奉系已經步入了體制轉型的軌道，在形式上結束了奉系長期的軍人專政局面，開始引入國民黨的政治體制。張作霖時期最高權力機關是東三省保安總司令部，一切命令出於此。而張學良時期，政務與軍務分開，東北政委會集政權，東北邊防軍司令長官公署則集軍權。雖然東北政委會最高長官張學良依然是軍人，且有多名軍人為委員，如張作相、沈鴻烈等，但在形式上軍、政已經分開，開始了新體制的嘗試。從奉系自身政治體制發展的角度來看，以委員合議為突出特徵的東北政務委員會的成立雖然具有一定的民主色彩和進步，但從近代中國政治制度發展的角度來看，張學良時期東北的政治體制並未有實質突破，仍屬軍人專制的範疇。而從張學良主政後的實際情況來看，實行內部民主，更有利於奉系的內部團結，也更有利於維護張學良的權威。

此外，民主制還體現在「金字塔」的中下層。各省也實行委員制，設省政府委員會負責處理本省行政事務。縣雖實行縣長制，但設置縣政會議，以縣長，縣政府秘書、科長，各局局長組成，以縣長為縣政會議主席，負責處理本縣行政事務。〔註19〕

集權制主要體現在東北政委會對各下級單位的管理和控制上（參見圖3-1-2），包括垂直管理體制和二級管理體制。垂直管理體制，是指為了使關係東北全局利益的重要權力部門能正常運轉，東北政委會對其所屬的各職能機關及其下屬機構進行垂直管理，使其不受地方政府的干涉，如東北政委會對東北交通委員會、東三省鹽運使公署等直屬機關的垂直領導。垂直管理體制雖然可避免地方交叉管理、互相推諉的缺陷，但也使東北政委會組織結構過於龐大、臃腫，權力過於集中。由於缺乏有效監督，一旦張學良對各機關的最高長官失去控制，就會形成尾大不掉之勢，威脅張的權威。例如，東北易幟談判時，國民政府要求先歸回一部分被奉軍拖出關外的火車車輛，本已得到張的同意，但時任東北交通委員會副委員長併兼任京奉路局局長的常蔭槐卻拒絕執行，張為籌集軍費向常要求從鐵路賬目下支取一部分，也遭到常的拒絕〔註20〕；後來常與楊宇霆又「強迫」張「成立東北鐵路督辦公署，並要發表常蔭槐為鐵路督辦」〔註21〕，把中東鐵路納入其管轄範圍。從中我們都

〔註19〕姜士林、魯仁、劉政主編：《世界政府辭書》，中國法制出版社，1991年，第112～113頁。

〔註20〕胡玉海、張偉主編：《奉系人物》，遼海出版社，2001年，第218～219頁。

〔註21〕〔美〕唐德剛訪錄，〔美〕王書君著述：《張學良世紀傳奇》上卷，山東友誼出版社，2002年，第344頁。

可以看出尾大不掉之勢已甚爲嚴重，最終張學良迫不得已槍殺了楊常二人。

二級管理體制，是指東北政委會不僅直接控制、管理各省政府等直轄機關，還通過人事安排、財政監管等方式直接或間接控制、管理各市縣政府等單位。東北政委會的二級管理雖然能夠有效、快捷的使東北政委會的決議得到貫徹和實施，但管理事務過多、過細也會增加東北政委會的負擔，降低辦事效率，致使地方失去積極性。例如，瀋陽市永久標準時間問題要請示東北政委會核奪，某一學校的參考書採購費也要東北政委會過問等等。〔註22〕

總的來說，東北政務委員會的運作存在管理事務過多，權力過於集中的問題。雖然弊端很多，但東北政委會採取這種集權的運作機制是有其必然性的。第一，張學良吸取了郭松齡反奉的教訓，這是直接原因。郭之所以能指揮三四方面軍反奉，主要是因爲張過於信任郭，大膽放權所致。所以此後張學良不敢再把權力假手他人，一切大權緊握掌中，從此走上了集權的另一個極端。也因此導致在西安事變後張學良被蔣囚禁，東北軍失去領導核心而呈現一盤散沙的狀態。第二，民國時期軍閥專政體制的傳承，這是根本原因。中國是一個重視傳統的國家，「中國沒有根深蒂固的代議政治傳統」，卻有著幾千年根深蒂固的皇權專制傳統。「帝制的推翻和民國的建立，只是推翻了存在多少個世紀的一成不變的政權體制，而又開始了一個軍閥時期，國家分裂成許多個軍事長官統治下的政治勢力範圍。」「即令是國民黨統治下的中國，也是如此」。〔註23〕張作霖由地方軍閥起家一度控制北京中央政權，更加詮釋了有軍權才有政權的軍閥思維的合理性，而軍人又講究以服從命令爲天職，完全是獨斷集權。這些都會對從體制內成長起來並已爲既得利益者的張學良產生巨大影響：一方面使他認識不到這種專制體制的不合理性；另一方面即使張學良能認識到這種體制存在弊端，他也無法找到更完善的制度來替換，他所能做的至多是從體制內進行改革、修補，而其專政的本質是無法改變的。

通過對東北政委會內部結構及其運作機制的分析，筆者認爲，雖然東北政委會的組織結構過於龐大，但其權力運作模式還是表現出了「較強穩定性和凝聚力」。正因爲這一特點，奉系才有效地避免了在張作霖去世後政權內部

〔註22〕《東北政委會第三十二次會議議事日程》（1929.5.4），《東北政委會第四十六次會議議事日程》（1929.6.26），JC1-89：《東北政委會議決案》，東北政務委員會檔，遼寧省檔案館藏。

〔註23〕顧維鈞：《顧維鈞回憶錄》第一分冊，中國社科院近代史所譯，中華書局，1983年，第365～367頁。

因權力紛爭而可能導致的分崩離析，保證了張學良時期政權的團結和鞏固，也使得奉軍退回關外後，張學良得以保住東北而沒有被蔣介石和日本分化瓦解。所以說，東北政委會的運作機制雖然並不是最為完善的一種，但對處於20世紀20年代軍閥混戰政治環境中的奉系來說，卻是較為適合的一種，並為奉系日後充分利用東北資源東山再起、再次入關奠定了堅實的組織和領導基礎。

　　東北政委會的成立，表明了奉系政權由張作霖時期的絕對專制體制轉變成為張學良時期的相對專制體制。從奉系政權自身生存發展的角度說，這次轉變對於奉系延續對東北地方政權的控制具有重大意義。東北易幟後，國家形式上統一，而形式統一的標誌就是奉系舊政權體系的廢除和國民黨新政權體系在東北的建立。從東北保安委員會到東北政務委員會，正是這一「舊」到一「新」的轉變。雖然是「新瓶裝舊酒」，但奉系舊政權通過名稱和組織形式的變化得到了國府的承認，完成了由舊政權向新政權的轉變，也就實現了奉系對東北的再控制。

　　從國民黨國民革命目標實現程度的角度說，東北政委會的成立以及奉系政權的延續——奉系在東北易幟後演變成為國民黨地方派系——使國民革命的目標並未全部的、徹底的實現。1926年開始的北伐消滅了吳佩孚和孫傳芳兩大軍閥，1928年開始的二次北伐打敗了奉系，使之退回東北。然而由於日本干涉以及國民政府力量不足以整合中國北方，所以國民黨對東北採取政治解決方式，以致奉系得以延存，北伐的結果也就僅實現了國家的形式統一，也使得國民政府勢力並未真正進入中國北方。而奉系的延存又加劇了中國北方地方勢力的膨脹，反過來又使國民政府更難以對北方中國加以整合，1930年爆發的中原大戰，蔣派與反蔣派聯盟的「黨統」與「國是」之爭，正是國民政府這一窘境的真實寫照。所以在20世紀20年代末，中國北方成為民國政治版圖的中心地帶，也成了這一時期國民黨各派系博弈的重心所在。

二、東北政務委員會與東北地方政府的關係

　　東北易幟後，東北政務委員會宣告成立，東北被納入南京國民政府的版圖內，國民黨在形式上統一了全國。實現統一後的國民黨按照孫中山的建國理論宣佈進入訓政階段，在中央實行五院制，在地方實行省縣二級制，並重

新設計了省縣地方制度。〔註24〕這些正式制度雖然在東北也得以貫徹，但由於東北政務委員會這種臨時制度的存在，使得在東北區域，中央與地方的關係呈現出特殊性。這種特殊性主要表現在奉系政權實際運作的歷史承繼性與國民黨制度設計上授予權力模糊之間的矛盾。

1、在制度設計上對二者關係的考察

在南京國民政府——東北政務委員會——各省省政府的關係中，有關機構的組織法便是這種制度關係的體現，主要有《中華民國國民政府組織法》、《東北政務委員會暫行條例》、《省政府組織法》。1928年10月，國民黨決定實行五院制，頒佈《中華民國國民政府組織法》，1930年11月對該組織法進行修正，並對於「國民政府」這一章的相關規定也進行了修正，但對於東北政委會仍就沒有任何涵蓋詞語。國府頒佈的《省政府組織法》也同樣沒有涉及東北政委會的條文，其第一條至第五條均是對國府與省政府關係的規定，明白表示省政府權力來自於國民黨及國民政府，而對省政府與東北政委會關係未作規定。《東北政務委員會暫行條例》並非由國府頒佈，而是由東北政委

〔註24〕東北地方政府除了省政府及其所屬縣政府外，在東北還有兩個特殊區域，一個是東省特別區，一個是興安屯墾區。東省特別區管轄區域以哈爾濱為中心，東至綏芬河，西至滿洲里，南到長春寬城子，也就是中東鐵路沿線兩側各三十公里的地方。北洋政府在1920年10月開始逐步收回路權時，基於司法上的考慮，將此區定為特別司法區，設東省特別區法院處理該區的司法案件。1924年中國收回中東鐵路行政權，為處理當地中俄雜居之局面，特成立東省特別區行政長官公署，主管區內行政、軍警、外交、司法等事項。特區行政公署名義上直屬行政院，但實際上歸東北政委會管轄。北伐成功後國民政府曾明令改原來各特別區為省或裁撤。所以東北易幟後，國民政府徵詢東北政務委員會對東省特區的改組意見，東北政委會認為「該區地位特殊，擬請暫予保留」，後經國民政府國務會議通過，保留了東省特區。（參見楊鴻年、歐陽鑫著：《中國政治史》（修訂版），武漢大學出版社，2005年修訂版，第490頁；亦可見孔慶泰著：《國民黨政府政治制度史》，安徽教育出版社，1998年，第349～350頁）興安屯墾區於1928年11月建立，郭作華任興安屯墾公署督辦，是張學良於易幟時改編炮兵後編餘部隊創建的軍屯區。興安屯墾公署於1929年11月在洮安正式成立，下轄遼寧省的洮安縣和黑龍江省的索倫縣，並包括兩縣附近之紮賚克圖旗、鎮國公旗、圖什孛圖旗、紮賚特旗等區域（參見東北文化社年鑑編印處編：《東北年鑑》，東北印刷局，1931年，第180頁），歸東北政委會直轄。興安屯墾區與遼、吉、黑、熱及東省特區都屬於省級行政區，但由於興安屯墾區為東北政務委員會私自設立，故未如其它五個省級行政區一樣被國民政府正式列入地方行政建制的序列中。興安屯墾公署在屯墾等行政事務上受東北政委會管轄，但在屯墾軍等軍事上則受東北邊防司令長官公署管轄。

會自行頒佈，規定了東北政委會的權力及與國府和省政府的關係。（參見表
3-2-1）

表 3-2-1：國民政府、東北政委會和省政府三者組織法規權限比較表

國民政府組織法	東北政務委員會暫行條例	省政府組織法
第一條，國民政府總攬中華民國之治權。	第一條，本會定名東北政務委員會，為指導並監督東北各省區最高級地方政府之機關。	第一條，省政府依國民政府建國大綱及中央法令綜理全省政務。
第二條，國民政府統率陸海空軍。	第二條，本會會址設於遼寧省城。	第二條，省政府於不牴觸中央法令範圍內對於省行政事項得發省令並得制定省單行條例及規程。但關於限制人民自由，增加人民負擔者，非經國民政府核准不得執行。
第三條，國民政府行使宣戰、媾和及締結條約之權。	第三條，本會設委員十三人，以東北各省區資深望重富有政治經驗者充之。	
第四條，國民政府行使大赦、特赦及減刑、復權。	第四條，本會設主席一人，由委員互選之。	第三條，省政府對於所屬各機關之命令或處分認為有違背法令逾越權限或其他不當情形時得停止或撤銷之。
第五條，國民政府以行政院、立法院、司法院、考試院、監察院五院組織之。	第五條，本會對於中央未經明白或詳細決定事項，於不牴觸範圍內得為因地制宜之處分。本會遇非常事變時，得依委員出席三分之二以上之決議，為緊急處分。	第四條，省政府設委員7人至9人，簡任，組織省政府委員會行使職權。省政府設主席1人，由國民政府就省政府委員中任命之。省政府主席及委員不得兼任他省行政職務。現任軍職者不得兼省政府主席或委員。
第六條，國民政府設主席委員一人，委員十二人至十六人。		
第七條，國民政府五院院長、副院長由國民政府委員任之。	第六條，本會決議案交各該管省區之最高級地方政府執行之。	第五條，左列各款事項應經省政府委員會之議決：一、關於本法第二條第三條規定事項。二、關於增加或變更人民負擔事項。三、關於地方行政區劃之確定及變更事項。四、關於全省預算決算事項。五、關於處分省公產或籌劃省公營業事項。六、關於執行國民政府委託事項。七、關於地方自治監督事項。八、關於省行政設施或變更事項。九、關於咨調省內國軍及督促所屬軍警國防綏靖地方
第九條，國民政府主席兼中華民國陸海空軍總司令。	第七條，本會設秘書廳，掌理各項事宜，其條例另定之。	
第十二條，院與院間不能解決之事項，由國民政府會議議決之。		

		事項。十、關於省政府所屬全省官吏任免事項。十一、其他省政府委員會認爲應議決事項。

資料來源：《中華民國國民政府組織法》，中國第二歷史檔案館編：《中華民國檔案史
料彙編》，第五輯第一編：政治（一），江蘇古籍出版社，1994年，第27
～28頁；《東北政務委員會暫行條例》，東北文化社年鑑編印處：《東北年
鑑》，東北印刷局，1931年，第179頁；《省政府組織法》，《國民政府公報》，
1930年2月6日第388號，「法規」，第1～2頁。

　　由上表比較可知，國府及省政府組織法規定詳細，而東北政委會暫行條
例則規定模糊，並且前兩者對東北政委會及與省政府關係均沒有隻字規定，
可見南京國民政府對政務委員會制度設計的缺失，當然這也與國府僅將東北
政委會作爲臨時機構而應付奉系以求東北易幟的初衷有關。直到1931年東
北政委會的管轄範圍擴大到華北，南京國民政府才不得不修改組織法，將管
轄東北華北八省幾近半個中國的非正式機構——東北政務委員會加以扶
正。〔註25〕

　　1931年6月4日，國府頒佈《國民政府政務委員會組織條例》，正式將政
務委員會作爲一種制度加以承認與規範，並於該月14日由國民黨三屆五中全
會修正通過的國府組織法中加以確認，即該修正後的組織法第十一條規定：
「國民政府於必要時得設置各直屬機關，直隸於國民政府。前項直隸於國民
政府各機關之組織以法律定之。」〔註26〕《國民政府政務委員會條例》共十
四條，主要內容如下：

　　第一條　　政務委員會直屬於國民政府，管理左列中央行政事務：
　　　　　　　一、內政、教育、交通、實業事務；二、國民政府委任
　　　　　　　事務。
　　第二條　　政務委員會設委員7人至11人，由國民政府特任之，並
　　　　　　　指定3人爲常務委員，於會議時，推1人爲主席。
　　第四條　　政務委員會設左列各處：一、秘書處；二、政務處。

〔註25〕有關國府數次企圖裁撤東北政委會及最後正式承認其合法性等問題可參見本
　　　　書結語部分相關論述。
〔註26〕參見中國第二歷史檔案館編：《國民黨政府政治制度檔案史料選編》上，安徽
　　　　教育出版社，1994年，第110頁；中國第二歷史檔案館編：《中華民國檔案史
　　　　料彙編》，第五輯第一編：政治（一），江蘇古籍出版社，1994年，第31頁。

第五條　　秘書處設左列各職員：一、秘書長一人，簡任；二、秘書四人至六人，其中二人簡任，餘薦任；三、辦事員十二人至十八人，委任。

第六條　　政務處設左列各職員：一、政務處長一人，簡任；二、參事二人至四人，其中二人簡任，餘薦任；三、辦事員十人至十四人，委任。

第七條　　秘書處掌左列事項：一、關於文書收發、撰擬、編制及保管事項；二、關於典守印信事項；三、關於會計、庶務事項；四、其他不屬於政務處事項；五、常務委員委辦事項。

第八條　　政務處掌左列事項：一、關於本會會議事項；二、撰擬命令事項，但屬於秘書主管者，不在此限；三、常務委員委辦事項。

第十條　　政務委員會議決，由常務委員署名行之。

第十一條　政務委員會所管行政事務，於必要時經國民政府議決，得設專署辦理之。

第十三條　政務委員會於必要時，得設置專門委員及視察員。

〔註27〕

該條例及修正後的國府組織法首次將政務委員會作為一種制度加以承認，也就是承認了東北政務會的合法地位。雖然該條例並沒有明確規定政務委員會與省政府的關係，但該條例第一條已經明確規定了政委會「直屬於國民政府，管理左列中央行政事務」，即明確規定政務委員會是國民政府的派出機關，政務委員會與省政府的關係也自然可以按照國民政府與省政府的關係來衡量，這樣國民政府組織法及省政府組織法有關中央與地方的相關規定也自然適用於政務委員會，東北政務委員會的權力及與省政府的關係也就確定了下來。

2、在實際運作層面對二者關係的考察

（1）奉系政權基礎：東北各省省政府主要官員與各縣縣長籍貫分析

從東北各省省政府主要官員及各縣縣長籍貫情況中，我們可以看出奉系

〔註27〕《國民政府政務委員會組織條例》，《廣東省政府公報》，1931 年第 157 期，「法規」，第 1～3 頁。

政權的官員構成是以東北籍官員為基礎，以奉天省籍官員為主幹，輔以吉黑兩省籍官員，補以非東北籍官員，形成由奉天派壟斷東北政權的局面。

首先，地方政府主要官員籍貫分析。

在東北各省政府及所轄各機關內，基本以東北籍官員為主，以非東北籍官員為輔，但也略有差異。比如遼寧省政府各機關主要官員中，東北籍與非東北籍比例約在8.3：1.7，將各機關普通職員均計算在內則比例約在7.9：2.1，略有下降；吉林省政府各機關主要官員中，東北籍與非東北籍比例約在6：4，將各機關普通職員均計算在內則比例約在 7：3，有一定上升；黑龍江省政府各機關主要官員中，東北籍與非東北籍比例約在6.5：3.5，而將各機關普通職員均計算在內則比例仍約為6.5：3.5，基本持平。（參見表3-2-2和表3-2-3）由此可見，在東三省各省政府中，東北籍官員在遼寧省所佔比重最大，約占八成，而吉黑兩省比例略低，但也超過半數，達到六成以上。

表3-2-2：東三省省政府各機關主要官員籍貫比例表

省份	時間	機關	東北籍		非東北籍				總計
			遼寧	吉林	江蘇	浙江	福建	合計	
遼寧省	1930年	省政府委員會	10（1）		1			1	11
		秘書處	1（1）						1
		民政廳	1		2（1）		2	4	5
		財政廳	4（1）			1		1	5
		教育廳	4（1）						4
		農礦廳	5（1）						5
		建設廳	4（1）	1					5
		警務處	1（1）						1
		總計	30（7）	1	3（1）	1	2	6	37
		比例	81%					16%	
	1931年	省政府委員會	10（1）		1			1	11
		秘書處	1（1）						1
		民政廳	1		2（1）	1	1	4	5
		財政廳	5（1）			1		1	6

	東北籍		非東北籍		總計
教育廳	4（1）				4
農礦廳	5（1）				5
建設廳	2（1）				2
警務處	1（1）				1
總計	29（7）		3（2）	2	1	6	35
比例	83%				17%	
平均比例	82%				16.5%	

省份	時間	機關	東北籍		非東北籍									總計
			遼寧	吉林	江蘇	山東	貴州	浙江	湖南	湖北	福建	北平	江西	合計	
吉林省	1930年	省政府委員會	7（1）	2								1	1	2	11
		秘書處	2		2(1)			1						3	5
		民政廳	1				1			1		2(1)		4	5
		財政廳	1				1	1				1(1)	1	4	5
		教育廳		4(1)					1					1	5
		農礦廳		3(1)				2						2	5
		建設廳	4（1）								1			1	5
		警務處	3（1）		1	1								2	5
		總計	18(3)	9(2)	3(1)	1	2	3	2	1	1	2(1)	4(1)	19	46
		比例	39%	20%									41%		

省份	時間	機關	東北籍			非東北籍								合計	總計
			遼寧	吉林	黑龍江	河北	江蘇	浙江	湖北	安徽	山東	四川	江西		
黑龍江省	1929年	省政府委員會	5	3（1）	4										12
		秘書處	1			1（1）	1	1	1					4	5
		民政廳		1（1）			1				3			4	5
		財政廳	4（1）	1								1		1	6
		教育廳		3（1）								1		1	4

年	機關														
	農礦廳	1（1）		2							1		3	4	
	建設廳	1	1	2（1）										4	
	公安管理處	4（1）							1				1	5	
	總計	16（3）	6（2）	9（2）	4（1）	1	1	1	1	3	2	1	14	43	
	比例	37%	14%	21%	9%								33%		
1931年	省政府委員會	4	3（1）	4										11	
	秘書處			2（1）		1	1	1					5	5		
	民政廳		1（1）		1					3			4	5	
	財政廳	5（1）			1								1	6	
	教育廳			3（1）	1								1	4	
	農礦廳		1（1）	1	2								2	4	
	建設廳			3（1）			1	1					2	5	
	警務處	3（1）			1				1				2	5	
	總計	13（3）	4（2）	11（2）	8（1）	2	2	1	1	3			17	45	
	比例	29%	9%	24%	18%								38%		
平均比例		33%	11%	22%	13%								35%		

說明：（1）省政府委員會包括主席及委員，各廳處主要職員為各廳處長及各科科長；

（2）表內數字後面的括號表示內有省政府主席或各廳處的廳處長數量。

資料來源：遼寧省政府秘書處編：《遼寧省職員錄》，1930年；遼寧省政府秘書處編：《遼寧省職員錄》，1931年；吉林省政府秘書處編：《吉林全省文官職員錄》，1930年；黑龍江省政府秘書處編：《黑龍江全省文官職員錄》，1929年；黑龍江政府秘書處編：《黑龍江全省文官職員錄》，1931年。

表 3-2-3：東三省省政府各機關職員籍貫比例表

省份	時間	機關	東北籍				非東北籍				缺籍	總計
			遼寧	吉林	黑龍江	熱河	河北	浙江	江蘇	合計		
遼寧省	1930年	省政府委員會	10						1	1		11
		秘書處	70	8	1	2	7	2	2	18		99
		民政廳	14				6	1	13	29		43

時間	機關	遼寧	吉林	熱河	河北	江蘇	浙江	江西	北平	合計	總計
	財政廳	71	2			3	6	1	14		87
	教育廳	26				2				4	30
	農礦廳	50	1			1	2		5	5	61
	建設廳	19	1			9	1		13	3	36
	警務處	58	2			10	2		17		77
	總計	318	14	1	2	38	14	17	101	8	444
	比例	71.6%	3.2%			37.6%	13.8%	16.8%	22.7%		
1931年	省政府委員會	10							1	1	11
	秘書處	76	3	1	1	5	4	5		17	98
	民政廳	14				6	2	11		31	45
	財政廳	67	1			4	6	1	16	9	93
	教育廳	37				1		1		5	42
	農礦廳	66				1			3	2	71
	建設廳	16				2			3	4	23
	警務處	41				6	2			11	52
	總計	327	4	1	1	24	15	19	87	15	435
	比例	75.2%				27.6%	17.2%	21.8%	20%		
平均比例		73.4%				32.6%	15.3%	19.3%	21.4%		

省份	時間	機關	東北籍			非東北籍						總計
			遼寧	吉林	熱河	河北	江蘇	浙江	江西	北平	合計	
吉林省	1930年	省政府委員會	7	2					1	1	2	11
		秘書處	32	41	1						16	90
		民政廳	21	5					9		29	55
		財政廳	18	27						7	27	72
		教育廳	2	30							2	34
		農礦廳	6	25							17	48
		建設廳	34	3							9	46
		警務處	18	5							15	38
		總計	138	138	1	30	19	15	10	8	117	394
		比例	35%	35%		25.6%	16%	12.8%	8.5%	6.8%	29.7%	

省份	時間	機關	東北籍			非東北籍		缺籍	總計
			遼寧	吉林	黑龍江	河北	合計		
黑龍江省	1929年	省政府委員會	5	3	4				12
		秘書處	20	5	26	17	39		90
		民政廳	21	6	9	8	17		53
		財政廳	24	4	32	23	42	1	103
		教育廳	1	2	16		7	1	27
		農礦廳	4		6	7	12		22
		建設廳	4	2	12	4	13		31
		公安管理處	19		1	5	8	2	30
		總計	98	22	106	64	138	4	368
		比例	26.6%	6%	28.8%	46.4%	37.5%		
	1931年	省政府委員會	4	3	4				11
		秘書處	21	8	33	18	39		101
		民政廳	24	9	14	11	22		69
		財政廳	35	7	35		46	5	128
		教育廳	4	2	36		7		49
		農礦廳	8		9	9	17	3	37
		建設廳	4	2	12		11		29
		警務處	18		1	8	11		30
		總計	118	31	144	46	153	8	454
		比例	25.9%	6.8%	31.7%	30%	33.7%		
	平均比例		26.2%	6.4%	30.3%	38.2%	35.6%		

說明：非東北籍中各省籍人數比例以非東北籍總人次為基數，其他比例均以總人次為基數。

資料來源：遼寧省政府秘書處編：《遼寧省職員錄》，1930年；遼寧省政府秘書處編：《遼寧省職員錄》，1931年；吉林省政府秘書處編：《吉林全省文官職員錄》，1930年；黑龍江省政府秘書處編：《黑龍江全省文官職員錄》，1929年；黑龍江政府秘書處編：《黑龍江全省文官職員錄》，1931年。

通過對上述兩表的仔細比較，我們還可以發現：

第一，在各省東北籍官員中，具體省籍比例差異巨大。在遼寧省，省政府主要官員幾乎是清一色的遼寧籍；而在吉黑則差異明顯，吉林省省政府主要官員中，以遼寧籍為主，以吉林籍為輔，其比例約在 2：1，沒有黑龍江籍官員；黑龍江省政府主要官員中，遼吉黑三省籍均有，而以遼寧籍官員居多，其比例約為 3：1：2。而如果將各省機關普通職員均計算在內，則對比情況又有所不同，在遼寧省基本變化不大，在吉林省則遼吉兩籍比例降低為 1：1，在黑龍江省則遼吉黑三省籍比例變為 2.5：0.7：3。可見，奉系政權對東北各省主要是採取以遼寧籍官員掌握各省政權的方式進行控制，而在吉黑兩省則輔以各本省官員，同時還有大批與吉黑籍基本同比例的遼寧籍職員填充吉黑兩省政府各機關的下層職位，保障政權的運作。

第二，對非東北籍官員的不同運用。奉系將大批非東北籍官員任命到各省，其中尤以吉黑兩省為多，而且具體省籍也有差異。在遼寧省非東北籍官員中以江浙一帶為主，吉黑兩省雖然比較混雜，非東北籍官員來自的省份較多，但仍以長江中下游省份為主，而長江中下游流域是蔣介石的主要地盤。而如果將各省機關普通職員均計算在內，則可見各省非東北籍職員來自的主要省份又發生了變化。即三省非東北籍職員均以河北省居多數，在遼黑兩省約占到各省非東北籍職員總數的四成，在吉林省約占二成五，其次占比例較大者才是江浙兩省職員。可見張學良任用長江流域尤其江浙省籍官員之用意顯然是希圖以此加強與蔣的有好關係。

第三，各本省籍官員的職務差距。在遼寧省政府委員中僅有 1 人為江蘇籍併兼任民政廳廳長，其餘均為遼寧籍官員，而在吉黑兩省，本省籍官員則主要集中在教育廳、農礦廳或建設廳。分別言之，在吉林省，在全部 11 名省政府委員中僅有 2 人為吉林籍，併兼教育廳和農礦廳廳長，而其他省政府委員中有 7 人為遼寧籍，並由遼寧籍官員掌握者省政府主席、建設廳廳長和警務處處長職位。在黑龍江省，以 1931 年為例，省政府委員中有 4 人為黑龍江籍，並有兩人兼任教育廳和建設廳廳長，而其他委員中 4 人為遼寧籍，並由其三人兼任財政廳、農礦廳廳長和警務處處長職務，3 人為吉林籍，並由其兩人掌握省政府主席和民政廳廳長職務。由此可見，奉系對遼寧省是絕對控制；對吉林省為以遼寧籍官員為主，以吉林籍官員為輔進行控制；對黑龍江省則是以遼寧籍官員為主，吉林籍官員為次，黑龍江籍官員為輔進行控制。而在

吉黑兩省還有兩個共同特點，一是均由遼寧籍官員掌握警務處，控制警察部隊，可見奉系對軍事力量的控制仍以遼寧籍為主；二是奉系對吉黑兩省的財政控制。雖然在吉林省財政廳廳長職位由非東北籍的榮厚掌握，但此人從民初就長期在奉天任道尹，後隨鮑貴卿、孫列臣長期在吉林任道尹和財政廳長〔註28〕，可見其為早已奉系化的官員，並且在各縣稅捐局局長中，仍以遼寧籍官員居多數，所以吉林省財政仍掌握在以遼寧籍為主的奉系手中。黑龍江省則財政廳長為遼寧籍，各縣稅捐局局長也以遼寧籍為主，黑省財政也同樣牢固地掌握在奉系手中。

第四，非東北籍官員的奉系化。此點在上文已有論述，再舉幾例說明。比如遼寧省民政廳廳長陳文學，任該職前長期擔任張學良機要處秘書，江蘇江寧人，附生，歷任營口縣知事，京師左右翼稅務總辦，口北蒙鹽局長；吉林省民政廳廳長章啓槐，江西玉山人，長期在東北任職，歷任奉天開原、遼陽縣長，吉林省依蘭道尹和延吉關監督等職。〔註29〕

其次，縣長籍貫分析。

在 1929 年遼寧省民政廳第一次行政會議上，張學良訓詞說：「各縣長有係東三省籍者，有非東三省籍者，有遼寧籍者，有非遼寧籍者，但與遼寧均有密切關係，原以官於此地，日與此地居民接觸，其關係之深，自極顯著。」〔註30〕此發言一語道破了奉系政權基礎所在。

從民初以來到張學良執政東北時期東北各縣縣長（知事）籍貫情況的變化（參見附表），我們可以看出自古以來封建統治者長期實行的官員迴避制度在東北逐漸瓦解。在北京政府時期，奉系軍閥尚未形成前，各縣知事任職尚能延續迴避制度，各縣知事籍貫中本省籍比例較小，即便是全部東北籍知事比例也較小，至多不超過三成，而占主體的是非東北籍知事。而自從奉系軍

〔註28〕 從民初就在奉天任職，在張作霖任奉天省長前後曾長期擔任遼瀋道尹，1920年1月調任吉林省實業廳廳長，1921年11月調任吉林省財政廳長，此後一直在吉林省任職。參見劉壽林等編，《民國職官年表》，中華書局，1995年，第198～201、210～213頁。

〔註29〕 《東三省保安總司令部為各軍事機關按春秋兩季造報履歷給秘書廳訓令》（1928.8.15），遼寧省檔案館編：《奉系軍閥檔案史料彙編》（7），江蘇古籍出版社，1990年，第366頁；劉壽林等編，《民國職官年表》，中華書局，1995年，第212～213頁。

〔註30〕 《張司令長官訓詞》，遼寧省民政廳行政會議秘書處編：《遼寧省民政廳第一次行政會議紀要》，1930年，第2頁。

閥形成並逐步控制了吉黑兩省後，東北籍知事比例增加，非東北籍知事比例銳減，其中在遼寧省，各縣知事本省籍比例倍增，而在吉黑兩省，則奉天籍比例開始猛增。到了易幟後，東三省非東北籍縣長比例已由原先的六成左右下降到了兩成左右，東北籍縣長比例則由原先的兩到三成猛增至七到八成，可見各縣縣長東北籍化尤其是奉天省籍化趨勢明顯。（參見表3-2-4）

表 3-2-4：東北各縣縣長籍貫數量比例表

		東北籍		比例	非東北籍				旗籍	缺籍	總計
		籍貫	數量		籍貫	數量					
遼寧省	1913 至 1916	奉天 31		15%	河北 36	福建 7	貴州 4	河南 3	4	33	205
		吉林 8			浙江 23	北京 6	天津 3	四川 3			
					安徽 15	湖南 4	山西 3	廣東 2			
					江蘇 12	山東 4	江西 3	熱河 1			
	共計	39			129						
	比例	19%			63%						
	1917 至 1928	奉天 168		55%	河北 20	北京 7	貴州 3	湖南 2	2	31	308
		吉林 15			浙江 12	河南 6	熱河 3	山西 1			
		黑龍江 5			江蘇 10	山東 5	江西 2	廣西 1			
					安徽 9	湖北 4	四川 2				
	共計	188			87						
	比例	61%			28%						
	1929 至 1931	遼寧 78		67%	江蘇 6	安徽 3	四川 1			6	116
		吉林 14		12%	浙江 5	廣東 1					
		黑龍江 2									
	共計	94			16						
	比例	81%			14%						

說明：（1）以奉系形成和東北易幟時間爲分界點，分成三階段，分別統計；
　　　（2）所有比例均以各段總人次爲基數。雖然前兩個時期缺籍人數較多，但所佔比例不大，對各比例影響最多不會超過十個百分點，由於各階段比例差距較大，故缺籍情況對本書結論沒有影響。

		東北籍		比例	非東北籍				旗籍	缺籍	總計
		籍貫　數量			籍貫　數量						
吉林省	1913至1919	奉天 19		16%	河北 13	浙江 5	廣東 3	山東 2	3	34	117
		吉林 3			湖南 12	湖北 5	江蘇 3	福建 1			
					安徽 7	京兆 4	雲南 2	貴州 1			
	共計	22			58						
	比例	19%			50%						
	1920至1928	奉天 54		49%	河北 7	浙江 2	熱河 1	四川 1		20	110
		吉林 10			山東 6	廣東 2	雲南 1	福建 1			
					江蘇 3	京兆 1	江西 1				
	共計	64			26						
	比例	58%			24%						
	1929至1931	遼寧 17		53%	河北 1	京兆 1	湖南 1			2	32
		吉林 6		19%	熱河 1	福建 1					
	共計	25			5						
	比例	78%			16%						

說明：（1）以奉系控制吉林省和東北易幟時間爲分界點，分成三階段，分別統計：
（2）由于吉林省各縣縣長籍貫資料缺籍較多，故僅選擇縣長籍貫資料較全者統計，所選擇各縣序號爲：1-5，7-9，14-15，23-24，27-28，30，32-33，35-36，40-41，參見附表：
（3）比例以各時期統計總人次爲基數。

		東北籍		比例	非東北籍				缺籍	總計
		籍貫　數量			籍貫　數量					
黑龍江省	1913至1917	奉天 8		20%	河北 6	安徽 3	廣東 2	山西 1	4	40
		黑龍江 3			四川 3	江蘇 2	熱河 1			
		吉林 1			浙江 3	山東 2	湖南 1			
	共計	12			24					
	比例	30%			60%					
	1918至1928	奉天 39		44%	河北 6	浙江 2	河南 1		22	88
		黑龍江 4			安徽 4	浙江 2	江西 1			
		吉林 2			熱河 3	廣東 1	福建 1			

共計	45		21					
比例	51%		24%					
1929 至 1931	遼寧 24	43%	河北 4	山東 2	四川 1		3	56
	黑龍江 10	18%	江蘇 3	熱河 2	河南 1			
	吉林 6							
共計	40		13					
比例	71%		23%					

說明：（1）以奉系控制黑龍江省和東北易幟時間為分界點，分成三階段，分別統計；
　　　（2）由於黑龍江省各縣縣長籍貫資料缺籍較多，故僅選擇縣長籍貫資料較全者
　　　　　統計，所選擇各縣序號為：1-5，7，11，13，21-22，25，27，30，34-36，
　　　　　41-53，參見附表；
　　　（3）比例以各時期統計總人次為基數。

通過上表各省情況的對比，我們可以看出：

第一，在奉系軍閥形成後，其對吉黑兩省的縣政權的控制方法，與其對該兩省省政權控制的方法雷同，即均是以優勢比例的奉天省籍官員掌握政權，以形成奉系控制吉黑兩省的基礎。

第二，非東北籍縣長籍貫趨向集中，數量趨向較少。在非東北籍縣長中，原呈現出縣長籍貫分散，來自省份較多的特點，但隨著奉系軍閥的形成及對吉黑兩省的逐步控制，這一情況在不斷發生變化。原以河北省籍縣長在非東北籍縣長中比例最大，但易幟後河北籍縣長人數銳減，這種趨勢在遼吉兩省尤為明顯。而易幟後的非東北籍縣長還呈現出向江浙等長江流域省份集中的趨勢，尤其在遼寧省表現突出，這與前文所述在省政府中非東北籍官員情況雷同。

（2）東北政務委員會對東北各省人事與財權的控制

東北易幟後，東北政委會成立，各省改制完畢，國民政府形式上統一了中國。所以在名義上，東北四省政府及東省特區政府作為省級最高行政機關接受南京國民政府的指導、監督。但在實際上，東北四省作為一個利益主體，各省政府自然不會聽從南京的命令，而是惟其共同的首領——張學良的命令是從。東北政委會對東北各省的控制是全面的，尤其體現在人事、財政等方面。

在東北各省人事任用方面，其程序是：省府委員及廳長人選由各省主席薦舉，經東北政委會認可，報請南京國民政府委任。在這個程序中，最後一步即由中央委任，南京方面是無條件的，只要東北政委會保薦人選南京必定

通過任命，所以在東北人事任用上，南京方面只起到圖章的作用〔註31〕。而起決定性作用的是第二步，即東北政委會的保舉，只有東北政委會認可，各省薦舉的人選才具有合法性，才能得到任命。如熱河省政府擬請以「李樹春兼熱河省府秘書長」〔註32〕、以「姜承業、張翼廷為熱河教、財兩廳長」〔註33〕，黑龍江省政府擬「以鄭林皋充任」「省府委員兼教育廳長」〔註34〕，都是經東北政委會核准後報南京委任的。而各省政府主席則由東北政委會直接向南京推薦任命。如翟文選、張作相和常蔭槐均為張學良推薦國府任命，「楊常事件」後，東北政委會電派萬福麟暫兼黑省主席，並電請國府任命，1929年2月9日，南京國民政府正式任命萬為黑龍江省政府主席〔註35〕。

東北政委會控制各省的另一個重要手段是控制各省財政。一方面，東北大宗稅收項目如鹽稅、海關稅、專賣稅等都要解送東北政委會，由其專管，而且增減賦稅的權力也由東北政委會獨攬，這樣東北政委會就控制了各省的財政來源。另一方面，一切地方財政預算和支出都必須由東北政委會審核、批准，這樣東北政委會就完全控制和掌握了各省的財政大權。如黑龍江省政府「呈為據財政廳呈為俄國煤木入境擬仿吉林省稅率徵收，請備案」〔註36〕；吉林省政府呈「俄人在東寧縣邊界設所售貨，擬責成稅局按海關稅則加徵值百抽七五進口稅」〔註37〕，請政委會核示等。

從東北內部各利益群體角度來看，東北政委會對東北各省的控制力度是不同的，對遼寧省的控制力度最大，而對吉、黑、熱三省控制力度則稍小，三省政府有一定的「自治」權。

〔註31〕 東北易幟前，蔣曾向張學良允諾「東北內政仍由現職各員維持，概不更動」。參見韓信夫、姜克夫主編：《中華民國大事記》第二冊（1923～1929），中國文史出版社，1997年，第924頁。

〔註32〕 《東北政委會第三十二次會議議事日程》（1929.5.4），JC1-89：《東北政委會議決案》，東北政務委員會檔，遼寧省檔案館藏。

〔註33〕 《東北政委會第二十一次會議議事日程》（1929.3.27），JC1-89：《東北政委會議決案》，東北政務委員會檔，遼寧省檔案館藏。

〔註34〕 《東北政委會第一七八次會議議決案通知書》（1930.11.19），JC1-2：《東北政委會會議議決案通知書》，東北政務委員會檔，遼寧省檔案館藏。

〔註35〕 胡玉海主編：《奉系軍閥大事記》，遼寧民族出版社，2005年，第506頁。

〔註36〕 《東北政委會第一八八次會議議決案通知書》（1930.12.14），JC1-2：《東北政委會會議議決案通知書》，東北政務委員會檔，遼寧省檔案館藏。

〔註37〕 《東北政委會第五十次會議議決案通知書》（1929.7），JC1-1：《東北政委會會議議決案》，東北政務委員會檔，遼寧省檔案館藏。

　　遼寧或奉天是奉系的發源地，一直都是張作霖和張學良直轄的「京畿」地區。而其它省則隸屬於奉系，由奉系要員統管。張作霖能夠控制吉黑熱三省，是因為這三省督軍都是他的拜把兄弟或兒女親家，有利益關聯，大家公推張作霖為首領。所以在張作霖時期，奉系內部政治利益格局表現的「具有較強穩定性和凝聚力」〔註 38〕。而張學良時期，原有的奉系最高首領與地方大員的人脈裙帶關係斷裂了，他與其它三省主席的關係，從私的角度說是侄叔、晚輩與長輩關係，從公的角度說是上級與下級、領導與被領導的關係。這在不認可體制關係，只認可人脈關係的軍閥當政時期，必然會出現分歧和矛盾。所以，張學良對吉、黑、熱三省的控制不會像對遼寧省的控制那麼牢固，他在遼寧可以隨便更換省主席，先後委任翟文選和臧式毅為省主席（甚至一省之主席的臧式毅竟然同時還是張學良司令部的參謀〔註39〕），但在吉、黑、熱三省則不行，吉、熱兩省主席到東北政委會解體也沒有更換過人，常蔭槐被殺後，萬福麟繼任黑省主席，任期也直至東北政委會解體。

　　吉、黑、熱三省的「自治權」主要體現在內部人事上。雖然最終的人事決定權為東北政委會所有，但三省主席分別控制著各省政府的人事薦舉權，這就會形成以三省主席為核心的利益集團。在不損害他們利益的前提下，張學良仍然處於共主地位，但小集團利益一但被損害則張學良的權威就會下降。例如，皇姑屯事件後，張學良即主政東北，本想「把湯玉麟換下來」，可最終也沒有換了，因為他此時已經調不動湯玉麟，叫湯來北京或回奉天，湯都敷衍了事不離熱河。〔註 40〕各省雖然形成一定的利益集團，但不意味著在每個方面都獨立行事，因為這些利益集團只是奉系大集團內部的小派系，他們與奉系政治集團的利益，在本質上是一致的。因此，在財稅、教育、實業等其它行政方面，各省基本是事事請示，在東北政委會指導下進行工作。

　　東北各縣雖然隸屬各省政府，但各「縣長任用暫行條例暨薦舉章程」〔註41〕要由東北政委會審核，各縣縣長也要由東北政委會認可通過，有時東北政委

〔註38〕　胡玉海：《奉系縱橫》，遼海出版社，2001 年，第 80～89，285～286 頁。

〔註39〕　1930 年 1 月 1 日，翟文選因病辭職，臧式毅接任省主席。2 月 21 日，臧又被委任為東北邊防軍司令長官公署參議官。參見胡玉海主編：《奉系軍閥大事記》，遼寧民族出版社，2005 年，第 540、545 頁。

〔註40〕　〔美〕唐德剛訪錄，〔美〕王書君著述：《張學良世紀傳奇》上卷，山東友誼出版社，2002 年，第 476 頁。

〔註41〕　《東北政委會第四十二次會議議事日程》（1929.6.12），JC1-89：《東北政委會議決案》，東北政務委員會檔，遼寧省檔案館藏。

會也「直接」任命縣長，即將候選縣長直接交省政府任命，如劉明九被任命
爲洮安縣縣長〔註42〕；齊繩周由張學良「交由省政府委爲西安縣長」；「指令
遼寧省政府」，「委任馮執經署理開通縣長」，「任命高德光署黑山縣縣長」；
〔註43〕同澤新民儲才館畢業生被分發遼黑兩省「以縣知事及各機關挑屬任
用」，並規定未派定職務前酌給津貼，由「遼江兩省財政廳分擔」〔註44〕。由
於因張學良任命而爲縣長的人都是其直接下屬，故此類縣長一般遇事均越級
上報東北政委會或東北邊防軍司令長官公署。如曾任東北邊防軍司令長官公
署及東北政務委員會秘書上辦事的齊繩周呈東北邊防軍司令長官公署：「惟現
當財政支拙之時」，所有職在兩機關之「薪餉未便繼續支領，擬請停薪以節虛
糜，仍懇留資，可否之處，請鑒核」；再如瞻榆縣縣長李蔭春將該縣「降透雨
及田苗興旺情形」和「職縣第二次行政會議議事錄」呈東北政委會。〔註45〕

〔註42〕 《紀念周報告》（1930.3.24），遼寧省檔案館編：《奉系軍閥檔案史料彙編》⑨，
江蘇古籍出版社，1990年，第654頁；胡玉海主編：《奉系軍閥大事記》，遼
寧民族出版社，2005年，第550頁。

〔註43〕 《東北政務委員會周刊》，1929年第11號，第2～3頁；《東北政務委員會周
刊》，1929年第13號，第4、15頁。

〔註44〕 同澤新民儲才館教育長擬定的畢業學員任用辦法爲：「1. 本館畢業各學員除請
假1名外共49名，計最優等16名，優等19名，次優等14名，擬請分別發
交遼江兩省政府以縣知事及各機關挑屬任用。2. 最優等前12名，優等後9
名，次優前7名共28名分遼寧省任用，餘21名統分江省任用，其任用資格
及撥分機關另列詳表於後。3. 分發遼江兩省以縣知事任用者遇缺優先撥補，
在未補缺以前每人每月給予現洋津貼60元，江省給80元。4. 分發遼江兩省
以各機關任用者在未派定職務以前，優等每人每月給予現洋津貼50元，江省
給70元，其次優40元，江省給60元。前二條所稱現洋津貼均按遼江兩省法
價發給。（理由）遼江兩省生活程度均極高昂，現定津貼數目僅足維持各人生
活，似不爲多，且各該員見習期間已蒙鈞座核給每人每月津貼50元，茲最優
等比較僅多10元，而次優比較尚減少10元，庶於體恤之中兼顧懲獎之意。
至江省哈洋比較現洋大約7折左右，故分江省者不能不約量增加，期與現洋
數目約略相等。5. 前項津貼共計每月約2000餘元，擬由遼江兩省財政廳分
擔，每月由兩省政府及各該被分機關照所分人數向各該省財政廳領取轉發，
一俟各該學員派委差缺即將該員本人應得津貼截日停止。6. 分發各機關間候
差人員應由各機關於三個月內派定相當職務。（理由）此條限定各機關於三個
月內將分發人員派定職務在使各機關不得藉故推延，亦免各該省庫長久擔負
此項津貼。7. 優等分發各機關均酌量參照各該學員學識經驗分別派定以免用
非所學。8. 各該學員一經分發任用，嗣後一切遷降懲獎本館不再過問。」《東
北政務委員會周刊》，1929年第26號，第9頁。

〔註45〕 《東北政務委員會周刊》，1929年第11號，第2頁；《東北政務委員會周刊》，
1929年第20號，第3頁；《東北政務委員會周刊》，1929年第26號，第17頁。

另外遇有必要事務時各縣也越級直接上報請示東北政委會，例如「鳳城縣長函報，日方在青城子開採方鉛礦，因甚越界已經查封此礦。」〔註46〕

　　與其父張作霖時期剛性的專制相比，張學良對東北各省的控制力度雖略有下降，但柔性的具有民主色彩的政務委員會制度的實行使他對東北的控制彈性增強，因此張學良仍牢固地統治著東北。

三、東北政務委員會政治空間的定位與動態平衡

1、定位：從東北政治分會到東北政務委員會

　　國民政府與奉系在東北易幟談判初期，曾達成於易幟後在東北成立政治分會的協議。但 1928 年 8 月，國民黨二屆五中全會做出了「將各地政治分會限於本年底一律撤銷」的決議〔註47〕，也即是說如果東北易幟於本年內實現，那麼成立的東北政治分會之命運將被「撤銷」；如果東北易幟於本年內無法實現，那麼東北政治分會就根本不能成立，而國、奉之間所達成的這一協議也就無法落實，將「胎死腹中」。對於這兩種結果，奉系當然都不會同意，於是奉系以「東省情形特別，此種過渡辦法，絕不能少」〔註48〕為由，堅決要求成立類似東北政治分會的機關。為了既執行國民黨決議，又滿足奉系要求，國府被迫採取變通手段，同意東北易幟後成立東北政務委員會以代替東北政治分會。

　　但實際上，東北政治分會與東北政務委員會是有本質區別的。政治分會〔註49〕隸屬中央政治會議〔註50〕，是國民黨的派出機關（雖然不監管黨務），同時還是國民黨各地方實力派的權力中樞和象徵，而東北政委會則隸屬於中央

〔註46〕　《東北政委會第一○五次會議議決案通知書》（1930.2.5），JC1-90：《東北政委會會議議決案通知書》，東北政務委員會檔，遼寧省檔案館藏。

〔註47〕　《國民黨二屆五中全會舉行第四、五次大會》（1928.8.14），中華民國史事紀要編委會：《中華民國史事紀要（初稿）》1928 年 7 月至 12 月，臺北：中華民國史料研究中心，1982 年，第 292 頁。

〔註48〕　《致蔣介石電》（1928.10.10），畢萬聞：《張學良文集》第 1 冊，新華出版社，1992 年，第 130〜131 頁。

〔註49〕　當時全國共有五個政治分會，分別為廣州政治分會、武漢政治分會、開封政治分會、太原政治分會和北平政治分會。

〔註50〕　中央政治會議也叫中央政治委員會、中央執行委員會政治會議、中政會等，是「全國實行訓政之最高指導機關」（參見羅家倫主編：《革命文獻》第 21 輯，臺北：中國國民黨中央黨史委員會，1978 年，總 4377〜4379 頁。），即凌駕於國民政府之上的國民黨軍、政最高決策機關。

政府，受其指導〔註51〕，是國民政府的派出機關。國民黨實行黨治政體，以黨治國。〔註52〕黨在整個政權體系中處於絕對的領導地位，同級的黨部在政權體系內地位、權力要高於同級的政府，並對其有指導、監督之權，如中央黨部（包括中央政治會議）指導、監督國民政府，各地政治分會指導、監督所轄區域內的最高級地方政府，地方各級黨部指導、監督地方各級政府（參見圖 3-3-1）。所以東北政治分會與東北政委會相比，權力要更大、地位要更高，兩者之間是指導與被指導、監督與被監督的關係（參見圖 3-3-2）。因此，從東北政治分會到東北政委會意味著「降級」，東北政委會的政治空間無形中縮小了。

依據東北易幟談判條件，方本仁將作為國民政府的「指定人物」〔註53〕成為東北政委會委員之一。他作為國府代表，以體現中央對東北的統一。同時，奉系也有要人在易幟後加入中央，如張學良在易幟前就被委任為國民政府委員，奉軍總部軍需處長周亞衡被委任為中央訓練副監〔註54〕等。但實際上，這種互派人員擔任一定職務的方法所起的作用是不對稱的，是更有利於國民政府的。東北政委會是東北最高行政機關，實行委員合議制。方本仁作為國府代表參與東北決策，自然會對東北政局情況瞭如指掌，而成為蔣介石監控東北的一枚楔子。而反觀奉系人物在中央的任職情況，則象徵意義更大。如張學良被委任為國府委員，但實際上只是掛名，在中原大戰前他根本沒有出席過國務會議，因為東北事務繁多都需要他來決策，根本無法分身。即便張有分身之法，在國務會議上又有發言權，也不會對國務會議的決議產生任何影響，因為「國民政府委員會議，以國民政府所在地委員總額過半數人員之出席為有效；若出席人員不足法定人數，即以常務委員會代之。」〔註55〕可見國府完全控制在國民黨手中，有無張學良的參與都是無關緊要的，而周亞衡為副職則更無實權。由此可見，奉系人員在中央任職象徵意義更大，東北對中央的影響力很小，而國府人員在東北政委會任職則是實職，是國府勢力向東北的滲透。

〔註51〕《東北政委會組織條例》（1929.1.24），季嘯風、沈友益主編：《中華民國史史料外編》第 32 冊，第 491 頁。

〔註52〕孔慶泰：《國民黨政府政治制度史》，安徽教育出版社，1998 年，第 176 頁。

〔註53〕《國民政府所提易幟五條件》（1928.8.15），季嘯風、沈友益主編：《中華民國史史料外編》第 32 冊，廣西師範大學出版社，1996 年，第 43 頁。

〔註54〕胡玉海主編：《奉系軍閥大事記》，遼寧民族出版社，2005 年，第 496 頁。

〔註55〕孔慶泰：《國民黨政府政治制度史》，安徽教育出版社，1998 年，第 51 頁。

圖 3-3-1：中央政治會議和各地政治分會在國民黨黨政權力體系中的地位與權力關係

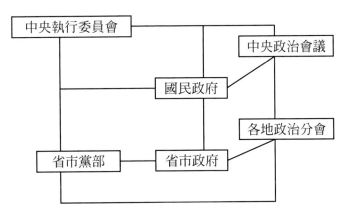

資料來源：田湘波：《中國國民黨黨政體制剖析（1927～1937）》，湖南人民出版社，
　　　　2006 年，第 179 頁。

圖 3-3-2：東北政治分會與東北政委會在國民黨黨政權力體系中的地位與權力關係

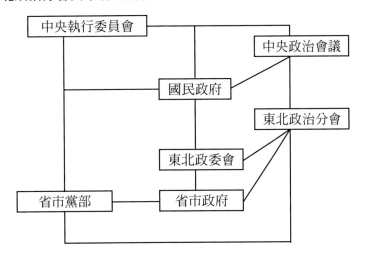

　　國府不僅向東北滲透，還尋找藉口企圖撤銷東北政委會，以使東北行政失去
中樞，控制東北各省。例如 1929 年，國民政府以「東北政務委員會原非中央訂
立之制度，乃係由保安委員會蟬化而成……此畸形殊礙統一」〔註56〕為由，決定
撤銷該會，將東北四省政府收歸中央直接管轄。但由於受到奉系抵制，以及國內
局勢發展變化的影響，使國府的企圖破產。以上這些情況說明易幟後的東北受國
府影響很大，東北政委會的政治空間具有明顯的地方性特徵，最終定位在了東北。

〔註56〕《政委會問題》，《盛京時報》，1929 年 2 月 5 日。

2、動態平衡：東北政務委員會與南京國民政府的權力博弈

「政治生命的原則就在於主權權威。立法權力是國家的心臟，而行政權力是國家的大腦，大腦促使所有的部分運轉起來。大腦可能會麻痺，但是這個人仍然會是活著的。一個人可能是白癡，但卻活著，然而一旦他的心臟停止了跳動這個人就死亡了。」〔註57〕即在單一制國家，中央與地方之間的權力博弈可以發生在行政權力上，但卻不可以發生在立法權力上。因爲中央立法權的喪失就意味著這個國家的「死亡」，即分裂。所以東北易幟後，東三省省議會聯合會即行結束，省議會也「停止，所有文卷全交省政府保存」，「省議會基址改爲省黨部」。〔註58〕

東北易幟後，爲表明服從國民政府，奉系還進行了一系列的改革：如在行政方面，實行省縣二級制、省府委員制、統一的財稅制等；在司法方面，採用民國法律和司法制度；在軍事方面，奉軍改編爲國民革命軍序列的東北邊防軍，成立東北邊防軍司令長官公署等。通過改革，國民政府在形式上統一了東北，將其納入了國民黨政權體系之中。但由於奉系掌握著東北軍、政實權，所以雙方必然產生矛盾和鬥爭。但這種鬥爭是在國家統一的前提下進行的，始終沒有越雷池一步。

首先，是行政權方面的博弈。

行政權是政權中最重要的權力之一，內容最爲豐富，同時也是奉系與國民政府權力博弈最爲激烈的方面。東北政委會擁有人事、財政、交通等行政實權，而國府只有對東北行政形式上的指導權。爲把東北行政納入中央管理體系，國府尋找各種理由干涉東北行政，奉系則採取有所爲，有所不爲的策略，對於關係東北重大利益的權力，如人事、財稅等權緊抓不放，對於沒有重大厲害關係的權力則適當聽從中央安排。

第一，人事權的滲透與反滲透。人事權是政權存在的根本保證。東北易幟前，張學良要求國府不能干涉東北人事，「政治分會人選，由三省人員充任」〔註59〕。蔣介石爲早日實現統一，以便撈取政治資本，只要求政治分會加入

〔註57〕〔法〕讓・雅克・盧梭著，徐強譯：《社會契約論》〔英漢對照〕，九州出版社，2007年，第219～221頁。

〔註58〕《東北政委會議決各機關改組事項及奉天省長公署的通令》（1929.1.19），遼寧省檔案館編：《奉系軍閥檔案史料彙編》(8)，江蘇古籍出版社，1990年，第107頁。

〔註59〕韓信夫、姜克夫主編：《中華民國大事記》，第二冊（1923～1929），中國文史出版社1997年，第859頁。

國府指定人選，並承諾「對外問題由中央負責辦理，東北內政仍由現職各員維持，概不更動」。〔註60〕

東北易幟後，蔣介石基本兌現了承諾，東北政委會控制著東北人事實權，人事方面的「一切重要之任命，事實上均出自地方當局，中央政府則不過加以追認而已」〔註61〕。雖然蔣基本兌現了承諾，但在東北人事問題上也不是完全聽之任之。如東北政委會加入了國府指定人選方本仁之後，國府又插手了東北鐵路管理機關，即東北交通委員會的人事安排。1929年7月，東北交通委員會進行改組，國府與奉系討價還價後決定該會設委員長一人，委員五人，其中國府方面鐵道部、交通部各保委員一人，其餘委員長及三委員由東北政委會保薦。〔註62〕雖然東北交通委員會進行了改組，但仍處在東北政委會的控制之下。因為無論東北政委會還是東北交通委員會都實行委員合議制，奉方人員占絕對多數，並且最高長官又都為奉方人員，所以處於少數地位的國府人員並不會對各委員會的決議造成實質性的影響。因此，「蔣介石集團在中央統治權面臨嚴重挑戰的歲月裏，對東北地方政權的滲透、控制也只能是逐步的，甚至是試探性的，張學良東北集團強有力的抵制，使南京不得不遷就妥協。」〔註63〕

除了鬥爭，在人事方面國、奉之間也有合作。如在人事銓敘權方面，官吏的任免程序、甄別考覈獎懲制度、俸給授勳制度等，東北政委會與國府都有合作。中央的指示，東北能辦到的都按中央要求辦理，有東北「特殊情形」暫時不能辦理的也都請示中央或「暫緩辦理，以示變通」，或尋其它變通之法。如各級公務員甄別，遼寧因「情形特殊」，電請國府「特許免予甄別」〔註64〕；東北公務員亦按照國府規定分為特任、簡任、薦任、委任四職級，如易幟後最高法院東北分院檢察官吳鎮嶽便「改為簡任」。〔註65〕

〔註60〕韓信夫、姜克夫主編：《中華民國大事記》，第二冊（1923～1929），中國文史出版社，1997年，第924頁。

〔註61〕國民政府外交部：《國際聯合會調查團報告書》，世界書局，1933年，第82頁。

〔註62〕《東北政委會第四十九次會議議事日程》後附頁（1929.7），JC1-89東北政委會議決案，遼寧省檔案館藏東北政委會檔。

〔註63〕郭正秋：《易幟後蔣張在東北地方政權上的合作與爭鬥》，《理論學刊》，2006年第5期，第17頁。

〔註64〕《東北政委會第一八八次會議議決案通知書》（1930.12.24），JC1-2：《東北政委會會議議決案通知書》，東北政務委員會檔，遼寧省檔案館藏。

〔註65〕《東北政委會第一○六次會議議決案通知書》（1930.2.8），JC1-90：《東北政委會會議議決案通知書》，東北政務委員會檔，遼寧省檔案館藏。

　　第二，財政權的控制與反控制。財政是政權正常有效運行的重要保證。一般來說，地方對中央財政的依賴性越大，中央對地方的控制力就越強，地方的向心力就越大；地方對中央的財政依賴性越小，中央對地方的控制力就越弱，地方的離心力就越大，獨立性就越強。〔註66〕

　　所以，爲了維持東北的半獨立地位，奉系必然緊抓財政權不放。一方面，東北政委會掌握著東北的全部稅收和鐵路收入。財政收入的主要來源是稅收，控制了稅收就基本控制了財政。東北易幟後，東北的各種稅收都由東北政委會控制，如東北鹽稅由東三省鹽運使負責解交該會，東北各海關關稅由各關監督公署負責解交該會，各種工商業等稅收也都有各省稅局負責。東北鐵路收入是東北政委會財政收入的另一個重要來源，也一直爲其掌握。據當時遼寧財政局局長證實，東北既不向中央財政部解款，中央也不接濟東北財政。〔註67〕另一方面，東北政委會控制著東北金融和主要銀行。金融是否穩定直接影響奉票等紙幣的購買力，也影響著奉系的財政。東北政委會對東北金融的控制是通過各省政府控制東北主要銀行實現的，如遼寧官辦東三省官銀號，吉林官辦永衡官銀號，黑龍江官辦官銀號以及在張作霖時期就已被奉系收購的邊業銀行等。此外，凡遇到東北金融動盪之時，東北政委會都會召開東北財政會議，成立金融整理委員會專門整頓和穩定東北金融秩序。

　　國民政府爲了控制東北，必然會干涉東北財政。1928年7月初，全國財政會議已作出劃分國稅與地稅的決議，要統一財政收支。東北易幟後，國民政府便將分稅制、分級財政制推廣到東北，要求奉系把屬於中央稅收的關稅、鹽稅等稅收上繳財政部。而張學良則表示反對，並請東北政委會的國府代表方本仁向國府說明東北財政困難，請將國稅收入仍准由東北截留。〔註68〕國府當然不會同意奉系的要求，於是國府以直接干涉東北稅種和越級催款的方式，企圖落實國地分稅制，保障國稅的徵收。如1929年2月9日，國民政府訓令各省政府：「煤油稅已撥歸海關徵收，自2月1日起照新稅率實行，原有煤油稅局一律撤銷，以後煤氣油運銷各地，各省政府毋得另立名目再徵任何

〔註66〕嚴強：《宏觀政治學》，南京大學出版社，1998年，第213頁。
〔註67〕〔日〕土田哲夫：《張學良與不抵抗政策》，漢笛：《張學良生涯論集》（海內外專家論文精選），光明日報出版社，1991年，第59頁。
〔註68〕郭正秋：《易幟後蔣張在東北財權上的合作與爭鬥》，《長白學刊》，2007年底3期，第138頁。

稅捐。」〔註 69〕於是，財政部電東北政委會請其轉飭吉林省政府停止徵收煤油賣錢捐，東北政委會則以「該省所徵煤油賣錢捐乃係徵收所得稅之一種」為由，拒絕停征，後來財政部又多次要求停征，東北政委會則以「令行吉林省政府核辦」推託搪塞。〔註 70〕國府還越級「向鐵路局，向海關直接催繳款項」，表面上國府此舉是為了盡量多獲得一些東北國稅，保障分稅制的實行，而實際上則是企圖直接控制和管轄東北各省機關。對此張學良當然反對，致電國府要求「以後勿再直接向東北地區各地方機關催解款項，應先向東北政務委員會協商辦理」。〔註 71〕最後國府分稅制還在東北實行了，但國稅依然為奉系截留。此外，國府還干涉東北金融，禁止東北「私發紙幣」〔註 72〕，而東北政委會則對此命令陽奉陰違。如 1929 年 6 月，東北當局公佈並施行整理奉票辦法，規定：（一）以奉票大洋 50 元作現洋一元，由官銀號充分準備現洋兌現；（二）凡屬省庫徵收機關……一律按照定價徵收奉票；（三）凡屬商民交易私人買賣一律按官價使用奉票。〔註 73〕在奉系政權的支持下，奉票依然在東北經濟和金融活動中處於核心地位。

當然，東北已統一，其財政也不可能完全與中央割裂，也有服從國府的一面。如在稅制方面，國府要求裁釐並行統稅，東北雖然動作遲緩，但也在逐步施行〔註 74〕；國府要求使用財政部新制印花稅，東北政委會「議決一律領用」，「照數分配」〔註 75〕。國府的滲透和干涉雖然在一定程度上對東北造成掣肘，但並沒有真正影響東北財政，不僅如此，相反國府還要在財政上「補

〔註 69〕韓信夫、姜克夫主編：《中華民國大事記》第二冊（1923～1929），中國文史出版社，1997 年，第 952 頁。

〔註 70〕《東北政委會第一一六次，一二〇次會議議決案通知書》（1930.3.19，4.9），JC1-90：《東北政委會會議議決案通知書》，東北政務委員會檔，遼寧省檔案館藏。

〔註 71〕張友坤等：《張學良年譜》（修訂版），社會科學文獻出版社，2009 年，第 251 頁。

〔註 72〕《國民政府關於取締各省縣地方錢莊商號私發紙幣票卷令》（1929.1.14），中國第二歷史檔案館編：《中華民國史檔案資料彙編》第五輯第一編：財政經濟（四），江蘇古籍出版社，1994 年，第 566～567 頁。

〔註 73〕韓信夫、姜克夫主編：《中華民國大事記》第二冊（1923～1929），中國文史出版社，1997 年，第 1018 頁。

〔註 74〕《財政會議 1 月 28 日議事日程》（1931.1），JC1-92：《東北區財政會議》，東北政務委員會檔，遼寧省檔案館藏。

〔註 75〕《東北政委會第一二一次會議議決案通知書》（1930.4.12），JC1-90：《東北政委會會議議決案通知書》，東北政務委員會檔，遼寧省檔案館藏。

貼」東北，「所以少帥一次次到上海和南京去領錢。」〔註76〕

第三，對鐵路權的爭奪。鐵路不僅能促進經濟的發展，還能帶來豐厚的收益，同時也是重要的軍事戰略資源。縱觀民國時期軍閥混戰，無不是沿著鐵路線展開廝殺和爭奪。東北易幟後，張學良將東北交通委員會納入東北政委會管轄體系，直接掌握了東北的交通鐵路大權。

而國民政府爲了謀求對東北鐵路的控制，以統一爲名，打著幹線鐵路國有的旗幟，首先對東北鐵路最高管理機關展開了爭奪。1929 年 7 月，東北交通委員會改組，國府經與奉系反覆談判，最終決定由國奉雙方共同派員組織，並將其劃歸中央鐵道部直轄，改組後該會職權不變，同時仍受東北政委會「監督」。12 月，國府公佈《東北交通委員會暫行組織條例》，規定：「國民政府爲行政利便起見，設立東北交通委員會」，下設總務處、路政處、電航處〔註77〕，「由鐵道部、交通部委託，監督遼寧、吉林、黑龍江省路、電、航行政事宜。委員會遵照中央各項法規，並秉承各主管命令，監督前項事宜，同時受東北最高行政機關監督」；「中央主管部及東北最高行政機關對於本會處分事務，本會對於區域內之各鐵路局長、電政局長、無線電、電話、航務各機關有所指揮均以令行之，本會對於主管部及東北最高行政機關之公文均用呈」；「關係重要之興革事項應由全體委員會議決定方案，請由主管部及東北最高行政

〔註76〕 據顧維鈞回憶，東北易幟前，蔣介石「爲了達到把滿洲納入南京政府統治的目的，曾付出了一筆代價……可能是一千五百萬元，分幾年付清，所以少帥一次次到上海和南京去領錢。」參見顧維鈞：《顧維鈞回憶錄》第一分冊（中國社科院近代史研究所譯，中華書局 1983 年）第 316 頁。後來中原大戰期間，蔣爲了拉攏張出兵助之，電宋子文要其撥付東北出兵費用 200 萬元，張隨後又要求南京國民政府即付 500 萬元作爲軍用，再借給公債 1000 萬元以爲穩固金融之用。蔣均允諾之。參見張憲文：《從〈大溪檔案〉史料析二三十年代蔣介石的軍事政治戰略》，《南京大學學報》2000 年第 1 期，第 126 頁。

〔註77〕 各處職掌如下：「第五條，總務處設下列各科，其職掌如左：第一科，關於典守關防撰輯章制保管案卷圖書庶務收發繕校刷印公文函電記錄本會人員進退及其他不屬各科各事項。第二科，關於本會經費預算決算款項之收支保管現金出納登記各事項。第三科，關於編制統計編訂各種表式編輯本會年報行政紀要及各種單報報告各事項。第六條，路政處設下列各科其職掌如左：第一科，關於本處文書人事庶務及各路賬款審核各事項。第二科，關於各路客貨運輸軍運及調度車輛各事項。第三科，關於考覈各路工務機務及材料各事項。第七條，電航處設下列各科其職掌如左：第一科，關於本處文書人事及審核各事項。第二科，關於電航各項營業及發展各事項。第三科，關於考覈電航各項工程事項。」

機關核准施行」。〔註78〕國民政府通過改組東北交通委員會的方法，在名義上把東北「路、電、航行政」納入到了國府管理體系內。

　　而後國府又爭奪東北鐵路的直接管理權，如平奉路。遼西走廊是連接東北與關內的唯一通道，平奉路則縱貫遼西走廊，南抵北平，北達奉天，是連接關內外的重要戰略幹線。1929 年 2 月 11 日，平奉路接鐵道部訓令，該路要與平綏路合組整理委員會，派鐵道部次長王徵為委員長，並要將平奉、平綏兩路改為委員制。〔註79〕2 月 15 日，王徵在天津接管平奉路局，廢除該路局長制，但為奉系保留一副局長，待奉天平奉路局取消後，在奉設一辦事處，置一副局長。〔註80〕雖然國府成功接收了平奉路局，但並不意味著整條平奉路都在國府的掌控之下。早在 1928 年 11 月初，國奉雙方關於平奉路問題，就達成了這樣的協議：援 1923 年前例，以山海關為界，行車收入，關內段歸平奉路局，即歸國府，關外歸奉。〔註81〕所以此次國府接收平奉路局，改革體制，只不過是將原有之國、奉協議具體落實而已，以山海關為界，「平奉事權分裂」的現實並沒有改變，國府只不過名義上統一了平奉路政。國府之所以難於真正接收關外段平奉路，其原因誠如王徵所說：此問題之「背景實為政治與軍事問題」也。〔註82〕其實這又何嘗不是國府難於真正統一東北乃至全國的原因呢，國民黨新軍閥不同的政治利益必將導致它們紛爭不斷，民國時期國家之整合還有很長的路需要走。

　　在東北鐵路權問題上，因為事關奉系核心利益，所以國奉雙方存在很大分歧，然而在東北鐵路的使用上，雙方則存在著合作。如在關內難民移民東北墾荒就食問題上，鐵道部多次致電東北政委會請其轉飭關外各路局予以「免費運送難民」，東北政委會都予以照辦，積極接納災民。〔註83〕

〔註78〕參見《國民政府公報》，1929 年 12 月 17 日，「法規」，第 1〜2 頁；遼寧省檔案館編：《奉系軍閥檔案史料彙編》⑨，江蘇古籍出版社，1990 年，第 367 頁。

〔註79〕韓信夫、姜克夫主編：《中華民國大事記》第二冊（1923〜1929），中國文史出版社，1997 年，第 952 頁。

〔註80〕韓信夫、姜克夫主編：《中華民國大事記》第二冊（1923〜1929），中國文史出版社，1997 年，第 953 頁。

〔註81〕張友坤等：《張學良年譜》（修訂版），社會科學文獻出版社，2009 年，第 228 頁。

〔註82〕《王徵為整理平奉平綏兩路情形致國民政府折呈》（1929.3），中國第二歷史檔案館編：《中華民國史檔案資料彙編》第五輯第一編：財政經濟（九），江蘇古籍出版社，1994 年，第 74 頁。

〔註83〕《東北政委會第一一五次會議議決案通知書》（1930.3.15），JC1-2：《東北政委會會議議決案通知書》；《東北政委會第四十九次會議議決案通知書》（1929.7），JC1-1：《東北政委會會議議決案》，東北政務委員會檔，遼寧省檔案館藏。

　　第四，在其它方面「分治合作」。在文化、教育、體育、衛生等其它方面，國奉雙方大體維持著「分治合作」的局面。「分治」是指在統一前提下，對不涉及重大利害關係的事務，東北政委會可自行其是，南京國民政府也不予干涉。如早在 1928 年 2 月 21 日，國民政府大學院就宣佈「將祀孔舊禮一律廢止」〔註 84〕，這遭到各地的普遍反對，東北易幟後奉系也反對廢止祀孔，東北各省仍祭祀孔子，甚至張學良還親自主持儀式。〔註 85〕「合作」是指國奉雙方在政務方面的協作。如 1929 年總理安葬典禮，國民黨電各省「凡送葬人欲表示敬意者，可採集各地樹秧彙送南京陵地栽種，以作紀念」，於是東北政委會命交涉總署及所轄各署做好本國及外國送葬人員樹種彙存工作。〔註 86〕再如查禁反國民黨報紙，在奉系配合下，1929 年國民黨全年查禁或查封的報紙數量中，「遼寧八」，「吉林一」。〔註 87〕「合作」是國奉雙邊關係重要方面，不僅體現在這些次要權力上，還體現在其它重要權力領域，對此前文已有論述。

　　「分治合作」是張學良「與國民政府妥協」，「完成中國統一」〔註 88〕後，處理國奉關係的理想方案，當然也是不可能實現的。東北易幟前，奉系代表了北洋政權，國奉雙方的談判是在平等的平臺上進行的。而易幟後，國奉雙方原有的平等談判平臺消失了，東北四省成為國民政府版圖的一部分，東北政委會成為國民政府直轄機關，「分治」的條件和基礎也就不存在了，而取代「分治」的則是博弈、鬥爭，並與「合作」一起成為國奉雙邊關係的主旋律。

　　其次，在司法權方面的爭議。

　　在司法權方面，東北政委會與國民政府也存在博弈。司法終審權一般都由中央最高法院掌握，這也是國家主權的重要象徵。但奉系鑒於在易幟前「因與中央隔閡，……人民欲解決終審，咸感不便，因此案件愈形積壓。……況法院編製法第四條，亦有此項必要之規定」，遂於 1928 年 11 月設立了東北最

〔註 84〕 龔育之主編：《中國二十世紀通鑑》第二冊第六卷（1926～1930），線裝書局 2002 年，第 1763 頁。

〔註 85〕 《東北政委會第一一〇次會議議決案通知書》（1930.2.22），JC1-90：《東北政委會會議議決案通知書》，東北政務委員會檔，遼寧省檔案館藏。

〔註 86〕 k91：《省政府令為總理安葬典禮宜送樹種由》（1929.3.4），東三省交涉總署檔，遼寧省檔案館藏。

〔註 87〕 《國民黨中央宣傳部民國十八年查禁書刊情況報告》（1929），中國第二歷史檔案館編：《中華民國史檔案資料彙編》第五輯第一編：文化（一），江蘇古籍出版社，1994 年，第 216 頁。

〔註 88〕 周毅、張友坤主編：《張學良文集》上卷，香港同澤出版社 1996 年，第 102 頁。

高法院。易幟後，改為最高法院東北分院，隸屬於中央，並規定「其管轄審級，與最高法院同，惟不負解釋法令責任」，即該院具有司法終審權。〔註89〕

奉系私自規定最高法院東北分院擁有終審權，顯然有「越俎代庖，分割中央司法權」之嫌〔註90〕。於是東北易幟後不久，國府就明確要求奉系取消東北分院：「國家已經統一」，「中央已經設置最高法院……東北設置最高法院東北分院之舉，有礙統一，應立即取消」。〔註91〕之後為了統一司法權，國府又於 1929 年 2 月 27 日以「司法系統不宜分歧」為由，「令所有曾設立最高法院分院或類似該項機關之省份，自奉令日起不得再行受理案件」，待已受理之案辦結後，分院「應即裁撤」。〔註92〕然而國府「令」雖行，「禁」卻未止。無奈之下國府採取變通手段，於 1929 年 7 月 30 日，公佈《最高法院設置分庭暫行條例》，規定「分庭設在各該區域的高等法院及分院內，負責受理各該區域內不服高等法院或分院裁判而上訴或抗告的案件」。〔註93〕即由最高法院在各省設立分庭，以謀把地方終審權納入中央司法管理體系。然而這一辦法也告失敗，國府黔驢技窮，最終迫於現狀不得不承認了各分院的合法地位，1930 年 2 月 25 日，國民政府令：「各省前經設立之最高法院分院，在法院組織法制定施行以前，准其暫緩裁撤」〔註94〕。

在國民政府被迫承認了各地分院的現狀後，最高法院東北分院隨即於 4 月發佈布告，再次宣告其在東北地區的最高司法權：「查本院管轄區域係為遼、吉、黑、熱及東省特別區，凡該省區內高等法院判決地方管轄以上之案件聲明上訴者，自應統由本院受理。乃近查訴訟當事人中間有向南京最高法院聲明上訴者，實屬錯誤。本院往返函調，動稽時日，殊與訴訟人不利。當經本院電呈司法院飭知最高法院，嗣後東北各省區當事人有向最高法院聲明上訴者請將上訴狀隨時發交本院核辦，以期迅速等情。茲奉司法院電開上月電悉，所請一節應予照准。布告訴訟人一體知悉，嗣後於上訴本院之案應向

〔註89〕東北文化社年鑒編印處編：《東北年鑒》，東北印刷局，1931 年，第 662～663 頁。

〔註90〕《中央限制高法分院一日後不准受理民刑新案令結束案件然後呈報撤銷》，《盛京時報》，1929 年 3 月 3 日。

〔註91〕《中央打消最高法院認為有礙統一》，《盛京時報》，1929 年 1 月 25 日。

〔註92〕韓信夫、姜克夫主編：《中華民國大事記》第二冊（1923～1929），中國文史出版社，1997 年，第 958 頁。

〔註93〕姜士林等主編：《世界政府辭書》，中國法制出版社出版，1991 年，第 100 頁。

〔註94〕韓信夫、姜克夫主編：《中華民國大事記》第三冊（1930～1936），中國文史出版社，1997 年，第 21 頁。

原審或本院具狀聲明，愼毋誤遞南京致使進行遲滯，是爲至要。」〔註95〕由此看來，國民政府統一司法的工作尙需時日。

東北政委會與國民政府在司法權方面存在博弈的同時，也存在合作。如「遼寧省政府呈爲，奉行政院令，將各級法院經費支出計算書據呈送司法行政院審核，應否照辦」，東北政委會「議決俟彙案核報」。〔註96〕

再次，在軍權方面的爭奪。

軍事國防是國家主權的一個重要標誌。所以張學良主政東北後，對奉軍進行了改編，東北易幟後便加入到國民革命軍的序列中。但由於軍隊是軍閥賴以起家立命的根本保障，所以張學良根本不會交出軍權。奉軍雖然進行了改編，但仍冠以「東北」字樣，而成立東北邊防軍，同時成立了東北邊防軍司令長官公署作爲這支軍隊的最高領導機關，而張學良則是這支軍隊的司令長官。

奉軍退回關外時，尙有 40 餘萬人馬，經過張學良的改編，40 萬人減至30 萬人，並實行「群旅制」，取消軍團、軍、師的番號。東北軍分爲國防軍和省防軍兩種，國防軍冠以「東北陸軍」字樣，「以養成勁旅，保護國境爲本旨」，共有步兵24 旅另 1 團、騎兵 6 旅另 1 團、炮兵 10 團，其中駐遼寧者有 12 旅，駐吉林者有 8 旅另 1 團，駐黑龍江者有 2 旅，駐河北東北部者有 2 旅，均由張學良直接指揮。此外，東北軍尙有諸如裝甲兵、通信兵和輜重兵等特殊兵種，也均駐遼寧。省防軍則冠以「某省陸軍」字樣，「以剿辦土匪，維持地方治安爲專務」，遼寧有步兵 3 團、騎兵 4 團，黑龍江有步兵 3 旅、騎兵 1 旅另3 團，均由各鎭守使指揮。〔註97〕除了陸軍外，東北還有海軍和空軍。東北海軍編有 3 個艦隊，張學良爲總司令，沈鴻烈爲副總司令。東北海軍全盛時期，擁有大小艦艇 27 艘，約 22000 噸。東北空軍編有 5 個航空大隊，11 個中隊，近 200 架飛機，張學良親任空軍司令。此外，東北軍在瀋陽還有當時全國規模最大的綜合性兵工廠，能生產各種槍炮彈藥。〔註98〕張學良晚年曾回憶說：

〔註95〕《最高法院東北分院布告》（1930.4.22），《東北政務委員會周刊》，1930 年第58 號，第 22 頁。
〔註96〕《東北政委會第一一一次會議議決案通知書》（1930.2.26），JC1-2：《東北政委會會議議決案通知書》，東北政務委員會檔，遼寧省檔案館藏。
〔註97〕東北軍各部番號、駐地及官長姓名均參見東北文化社年鑒編印處編：《東北年鑒》，第 260～262 頁。
〔註98〕胡玉海：《奉系縱橫》，遼海出版社，2001 年，第 124，127～128，130，138頁。

「東北易幟之初，我們奉天軍擁有 30 萬兵力，有海軍，還有飛機。蔣介石的軍隊不過 20 萬，沒有海軍和飛機。所以從數字上看，我們占很大優勢。」〔註99〕這些就是張學良所掌握的並賴以維持東北地方政權的軍事實力。

東北政委會掌管東北行政權，東北邊防軍司令長官公署掌管東北軍權，二者所管權力的性質和範圍不同，所以二者是平行的關係。東北政委會直接隸屬國民政府，東北邊防軍司令長官公署隸屬於國民政府軍事委員會，歸國民革命軍總司令節制〔註100〕。另外，從東北政委會與東北軍司令長官公署來往公文的字裏行間也能看出這種平行關係。東北政委會與各下屬機關單位之間公文來往採用具有明顯上下級色彩的字詞，如下級向東北政委會來文，都是採用「呈為」「呈報」「請示」「請核」這樣的字詞，東北政委會向下級行文，則都是採用「指令」「令行」「准予」「飭」這樣的字詞。由於東北政委會直屬國民政府，所以它與國民政府各部之間是平行關係，相互來往的公文用詞採用平等色彩的「咨為」「咨覆」〔註101〕等字詞。而東北政委會與東北邊防軍司令長官公署之間公文來往也是採用平等色彩的「咨為」「咨覆」字詞〔註102〕，這就說明二者之間不存在上下級隸屬的關係，而是平行、平級的關係。即東北政委會是主管東北政務的最高機關，司令長官公署則是主管東北軍事的最高機關。

3、權力博弈的特點分析

南京國民政府與東北政委會之間的權力博弈，是在國家統一前提下進行的，本質上說是統治階級內部中央與地方之間權力和利益的爭鬥。綜上所述，

〔註99〕周毅等著：《張學良文集》（下卷），香港：香港同澤出版社，1996 年，第 592～593 頁。

〔註100〕1928 年 2 月 2 日，中國國民黨二屆四中全會就已決議：軍事委員會為國民政府軍事最高機關，掌管全國海、陸、空軍，凡陸海空各軍均歸國民革命軍總司令節制指揮，見龔育之主編：《中國二十世紀通鑑》第二冊，第六卷（1926～1930），線裝書局，2002 年，第 1760 頁。

〔註101〕參見《東北政委會一〇五次，一二五次會議議決案通知書》（1930.2.5，4.26），JC1-2：《東北政委會會議議決案通知書》；《東北政委會第一一〇次會議議決案通知書》（1930.2.22），JC1-90：《東北政委會會議議決案通知書》，東北政務委員會檔，遼寧省檔案館藏。

〔註102〕參見《東北政委會第一〇六次，一四七次會議議決案通知書》（1930.2.8，7.19），JC1-90：《東北政委會會議議決案通知書》，東北政務委員會檔，遼寧省檔案館藏。關於「飭」、「咨」的解釋也可參見顧維鈞：《顧維鈞回憶錄》第一分冊，中國社科院近代史研究所譯，中華書局，1983 年，第 393 頁。

我們可以看出國、奉關係存在以下兩大特點：

第一，行政權是雙方博弈的焦點，鬥爭最為激烈。南京試圖向東北滲透，企圖干涉和控制東北，東北政委會則試圖阻止南京滲透並伺機擴大權力，如在人事安排、財政稅收、鐵路管理等方面。

第二，博弈成為國奉雙邊關係的主旋律之一。通過前文論述，我們可以看出合作與博弈已成為東北易幟後國奉雙邊關係的主旋律，博弈是在統一，即大合作的前提下進行的，博弈之下有合作，合作之下也有博弈。

東北易幟後成立的東北政務委員會是張作霖死後奉系政權得以延存的重要標誌，也是張學良時期奉系政權的標誌和象徵。1929年1月至1930年9月，是東北政委會政治空間定位和動態平衡時期。定位是指東北政委會所代表的奉系政權，最終定格在東北四省地區，對中央影響減弱，甚至東北政委會還要防範南京對東北進行的滲透和干涉。動態平衡是指國府與奉系在東北地方政權國民黨化還是奉系化問題上進行了一場角逐和博弈，而結果東北政委會的政治空間並沒有發生實質性的變化。

同時，1929年1月至1930年9月，也是延存後的張學良政權的「寒冬期」，因為這一時期奉系始終生存在與國民政府激烈的博弈和鬥爭之中。東北政委會政治空間所以定位東北，是因為奉軍在北伐及二次北伐戰爭中失敗，被迫退回關外，並與南京達成妥協。而東北政委會政治空間所以在這一時期始終處於動態平衡的量變狀態，而沒有發生質變，一方面是因為奉系元氣尚在，表現為東北經濟和軍事實力尚存，另外東北政委會權力運作模式也適合奉系政權，使奉系能夠有效地運用東北資源抵制南京的滲透；另一方面是因為這一時期國府關注重心並不在東北〔註103〕，國府對東北的滲透與控制只是其「削藩」戰略的「副產品」。

四、結語

東北易幟後，奉系成立了東北政務委員會，將原先奉系政權掌握的各個重要組織機關均納入東北政務委員會的權力結構中去，形成了國民黨時期奉系地方政權的新組織形式。在東北政委會直屬機關及省縣兩級政府的縱橫權力結構中，東北政委會處於最高的核心地位，支配著其所能控制的東北一切人力與財力資源。東北政委會作為奉系地方政權的組織形式，其對各省縣政

〔註103〕1929～1930年，國民政府主要精力放在裁兵與「削藩」，編遣會議的「文鬥」失敗後，國民黨新軍閥開始「武鬥」，熱點地區始終在關內而不在關外。

權的控制仍沿用舊軍閥時期的地緣和人脈關係，地緣關係以同省同鄉爲主，前文已有論述，而人脈關係則以長官部下、親朋好友爲主。比如前文已述的遼寧省民政廳廳長陳文學，曾任張學良的機要秘書；任東北政委會蒙旗處處長的袁慶恩是張作霖五姨太的同父異母哥哥，與張學良自然有著親屬關係，易幟後袁任該職併兼黑龍江省政府委員，也與此關係巨大；任東北政委會機要處處長的吳家象曾任東北陸軍三四方面軍團部參議、東三省保安總司令部秘書等職，財政處處長魯穆庭曾任東北陸軍三四方面軍團部軍需處長、東三省保安總司令部軍需處長等職，財政處副處長張振鷺曾任奉軍一三聯軍軍需處主任〔註104〕。無論番號是一三聯軍還是三四方面軍，其最高長官都是張學良，可見人脈關係在奉系用人方面的重要性。

在奉系勢力重新退回東北後一年多時間裏，雖然奉系了易了幟，但仍然試圖完全掌控東北政權，並與試圖介入東北以統一行政的國民政府進行了軟硬兼具的對抗，在關乎奉系核心利益方面，決不妥協，而在一般性行政方面則給予合作，有效地維持著與國民政府不合不分的「分治合作」局面。

〔註104〕《東三省保安總司令部爲各軍事機關按春秋兩季造報履歷給秘書廳訓令》（1928.8.15），遼寧省檔案館編：《奉系軍閥檔案史料彙編》（7），江蘇古籍出版社，1990年，第366頁；張憲文等主編：《中華民國大辭典》，江蘇古籍出版社，2002年，第1054頁。

第四章　擴張：再次入主華北與民國政治版圖變動

　　東北雖然進行了改旗易幟，納入到了國民黨政權的版圖內，但奉系地方政權的基礎並未發生任何變化，同時奉系在與國民黨調整關係過程中也有效地防止了國民政府勢力的滲入。在與國民政府權力博弈的一年多時間裏，東北政委會已然穩住了陣腳，並在處理完中東路事件交涉後，開始不斷關注早已動蕩不安的關內局勢。而中原大戰的爆發，蔣派與反蔣派對張學良的拉攏，使得奉系重獲良機再次入主平津。而中原大戰後，奉系在關內獲得了哪些權利，與國民政府和晉馮兩派系關係發生了怎樣的變化，以及對民國政局產生的怎樣的影響，將是本章主要討論的內容。

一、中原大戰與奉系的抉擇

　　1928 年國民黨北伐宣告成功後，因裁兵和統一政權等問題曾引起馮、閻、桂等派系的不滿，以致接連發生國民黨新軍閥的混戰，1930 年反蔣陣營在北方形成聯盟，並決心在中原與蔣決戰，遂發生中原大戰。在中原大戰初期，蔣方與反蔣的閻馮一方均認識到屯兵數十萬於關外的奉系的重要性，並均積極採用各種手段加以拉攏。但由於張學良早就心向南京，故對兩方拉攏表面上雖採取中立，而實際上則是靜待時機成熟。

　　蔣介石拉攏張學良，主要有三個通道：第一，蔣介石經常親自致電張學良；第二，何成濬一直與張學良保持密切聯繫；第三，委派方本仁、吳鐵城、李石曾和張群等人，前往瀋陽對張進行勸說和談判。這三個通道互通有無，形成一張完整的聯絡網，隨時探知奉系的態度，並配合奉系的各種需求，才

順利完成了勸說東北軍進關助蔣的「東北使命」。〔註1〕

　　蔣方動員張學良的具體方法，主要有以下幾種：第一，訴求於國家統一大義。1930年3月末，蔣致吳鐵城等電，指出：馮閻作亂，「統一既被破壞，國家立召分裂，外侮更必加烈。……想漢兄亦必共同一致，以救黨國也！但中深信，中央有漢兄之在東北，則馮、閻之在北方決不敢放肆異甚。故漢兄不贊成馮、閻有所組織，乃無異爲黨國保障統一也。」5月28日，時任討逆軍第三軍團左翼司令的徐源泉，爲原奉軍第六軍軍長，亦以奉系舊屬的身份致電張學良，稱：「華北安危，繫公一身，值此大軍四逼，逆部崩潰之際，公如及時振臂一呼，決可不戰而驅馮、閻。」6月7日，何成濬致電張學良亦稱：「竊思欲救目前紊如亂絲之中國，當以撲滅馮、閻，剗除共黨，削平桂逆爲先決問題。……若馮、閻合作愈堅，桂系得以猖獗，中國之亂愈不能止。非但與中央不利，且恐禍亂重擾危及東北。」〔註2〕蔣方此舉與在東北易幟時運動奉系有異曲同工之妙。第二，給予張學良及奉系要人以政治地位。1930年3月26日，蔣介石致電吳鐵城說：「內政部長及軍事參議院長與外交次長，請漢兄即推人電保，以便提出。」6月12日，蔣再電吳鐵城，表示以北方政治委託張學良，並催促其三日內出兵，以救危局。6月21日，國民政府任命張學良爲陸海空軍副司令。此後，隨著戰局的變化，蔣更提出東北軍入關後，平津地區的軍政和財政完全由奉系掌握，黃河以北的軍事亦全部歸張學良節制。〔註3〕第三，給予奉系和東北軍財政支助。蔣介石曾向東北兵工廠訂購不少武器彈藥：山野炮及炮彈還有手槍等。雖然東北的售價高於日本，但吳鐵城、宋子文等人均主張向東北購買。6月份蔣方匯出東北出兵經費200萬元，同時宋子文還同意以新增關稅擔保發行公債，來解決奉票金融問題，蔣亦致電李石曾轉告張學良，奉票必可擔保。後來對於張學良提出南京即付500萬元軍費，再借給1000萬元公債以穩定金融的要求，蔣介石也是完全允諾並電宋子文趕速辦理。〔註4〕

　　馮閻方雖然也派遣賈景德、薛篤弼等代表赴瀋陽向張學良運動，並且還

〔註1〕陳進金：《地方實力派與中原大戰》，臺北：國史館，2002年，第136頁。吳鐵城在回憶錄中將出使東北勸說東北軍入關促成統一稱爲「東北使命」，參見吳鐵城：《吳鐵城回憶錄》，臺北：三民書局，1968年，第7頁。
〔註2〕陳進金：《地方實力派與中原大戰》，臺北：國史館，2002年，第145～146頁。
〔註3〕陳進金：《地方實力派與中原大戰》，臺北：國史館，2002年，第147～148頁。
〔註4〕陳進金：《地方實力派與中原大戰》，臺北：國史館，2002年，第149～152頁。

通過崔廷獻等秘密結納張作相，同時也使用了類似蔣方的籠絡手段，諸如訴求反獨裁的政治理想、給予張學良國府委員等政治地位甚至開出讓與察綏平津地盤的條件，但始終也沒有得到張學良的支持。

雖然表面上張學良於 1930 年 3 月起便宣稱保持中立，但實際上他是傾向於南京的：第一，出售武器與蔣方。方本仁曾致電何成濬稱：「吾兄與弟決知漢卿者，無論如何決不至背介公與馮合作。況漢卿近日再三濟中央械彈，並向中央薦人參加政治，其表示可見一斑。」〔註5〕第二，薦舉王家楨任國民政府外交部次長、胡若愚出任青島市市長。王家楨是 1930 年 4 月出任外交部次長，但 6 月初即以祭奠張作霖逝世兩週年為由返遼，曾一度引起蔣方疑慮。但 8 月 28 日，蔣方接到王家楨電告銷假返京時（王此次回南京負有幫助東北海軍接收威海衛的任務，詳見本章第二節），則預示著奉系即將入關助蔣。第三，張學良曾考慮就任南京國民政府所委任的副司令職。第四，奉系協助中央軍在青島登陸。蔣曾於 7 月電商張學良派中央軍一個師從青島登陸，協助韓復榘夾擊晉閻，對此張學良命沈鴻烈加以協助。〔註6〕而當蔣得知中央軍李韞珩師順利在青島登陸時，曾在日記中興奮的寫到：「兵力雖只一師，而青島為奉天海軍所在地，我陸軍得以上陸，在逆方觀之，必疑奉天方面已加入我戰線矣！且青島可以上陸，則天津亦可以上陸，閻錫山之後方動搖矣。奉軍雖未加入作戰，而於我之政略戰略，皆佔先一著矣。」〔註7〕

儘管張學良早已傾向於南京，但奉系內老派人物張作相、張景惠、湯玉麟等人均表示反對，而使得張學良只能逐漸整合內部意見，待時機成熟再行決定。1930 年 8 月 15 日，中央軍重新佔領濟南，戰局已然明朗。而此時出兵助蔣既能達到國家統一的目的，又能最大限度的滿足奉系利益，所以張學良決定出兵。在 9 月 10 日於瀋陽召開的東北軍高級會議上，張學良說：「東北地處邊陲，日本窺伺已久，如欲抵制外侮，必須國內統一。我自 1926 年即主張停止國內戰爭，早日促成統一。在先大元帥（指張作霖）在世時，我曾迭次進諫，未蒙採納。1926 年先大元帥曾派韓麟春赴山西見閻，請他與我們合作，我們也絕不干涉山西事務。閻錫山表示同意，韓麟春滿意而歸。而為時

〔註5〕陳進金：《地方實力派與中原大戰》，臺北：國史館，2002 年，第 177 頁。
〔註6〕參見《關於蔣介石請准增援部隊在青島登陸的電文》（1930.7.30～31），遼寧省檔案館編：《奉系軍閥檔案史料彙編》⑩，江蘇古籍出版社，1990 年，第 336 頁。
〔註7〕陳進金：《地方實力派與中原大戰》，臺北：國史館，2002 年，第 183 頁。

不久，閻錫山即將大元帥所派往山西的使者于珍扣留，並由娘子關出兵，與我方作戰。韓麟春就由於閻的失信，氣憤病死。閻馮二氏的為人，一向反覆無常，從前北洋系統的覆滅，二人應負其責。目前閻、馮合作，事如有成，二人亦須決裂。且以國民革命軍系統而言，閻、馮本應為國民黨的一部分。至於擴大會議，西山派本詆汪、陳為『赤化』，改組派亦罵鄒、謝為叛徒，暫時的結合，將來仍須水火。蔣介石亦係一陰謀的野心家，在他的陰謀裏，本想以軍事解決西北，以政治解決西南，以外交解決東北。他對我們，亦無特殊的關係。從馬廷福的事變，更可看出他的不顧友誼和不擇手段。不過目前國事日非，如非國內統一，更不足以對外。我們為整個大局計，必須從速實現全國統一，早停內戰。最近閻、馮的軍隊業已退至黃河北岸，蔣軍業已攻下濟南，我方似應實踐出兵關內的諾言。」〔註8〕

東北軍入關助蔣，不僅迅速地結束了中原大戰，還再造了統一的局面，使得奉系獲得巨大利益。

二、東北政務委員會政治空間的膨脹

東北政務委員會是張學良時期東北最高行政機關，在中原大戰爆發前一年多的時間裏，東北政委會的政治空間一直定位於東北四省，雖然此間該會與國民政府存在權力博弈與鬥爭，但其政治空間始終處於動態平衡狀態。而中原大戰則完全改變了奉國之間的力量對比，局勢的變化使奉系的勢力大增，也使東北政委會的政治空間發生膨脹。

1. 横向擴張——控制華北

1930年9月18日，張學良發表和平通電，「請各方即日罷兵，以紓民困」〔註9〕，19日東北軍開入關內，開始武裝調停中原大戰。隨著晉馮兩大集團軍事失敗，東北政委會逐步控制了華北政權。東北政委會對華北四省的控制力度是不同的。冀察兩省劃歸東北，東北政委會可「照關外辦法隨時施令立於省府以上監督地位」。而晉綏兩省則由於晉系勢力仍較為深固，且夾雜著西北軍，「暫時則由副司令（即張學良——筆者注）命令一切，將來二省軍事結束後亦由東北政委會臨時監督行政」。〔註10〕東北政委會對華北政權的控制，主

〔註8〕于學忠：《東北軍第四次入關的經過》，《文史資料選輯》（合訂本），第4卷第16輯，中國文史出版社，2000年，第88～89頁。

〔註9〕東北文化社年鑑編印處編：《東北年鑑》，東北印刷局，1931年，第50頁。

〔註10〕《時局未定安善後尚繁重政委會猶決緩撤》，《盛京時報》，1931年1月9日。

要體現在以人事、財政和鐵路等為爭奪焦點的行政權方面。

第一，操縱華北人事。東北政委會對華北人事的控制是隨著東北軍入關開始的。東北軍入關後晉軍撤退，其「行政人員隨同離職」造成「地方已現紊亂」〔註11〕，於是張學良迅速從東北抽調人員入關，「以為秩序」，並訓話要求他們「力除積習，勤慎從公」〔註12〕。先後被派往華北的有臧啓芳、衣文深、張九卿、張學銘、何玉芳、鮑毓麟等多人，並均被委任要職，如臧啓芳被委任為天津市長，何玉芳被任命為河北省政府委員兼工商廳長，鮑毓麟被任命代理北平市政府公安局局長等。另外，自東北軍入關後，河北省新委縣長 84 人，多數為遼吉黑籍人，該省人保有縣長地位者不足 30 人。〔註13〕除抽調東北人員外，為了穩固冀察政局，東北政委會還任用了一批華北本地人士，主要有王韜、德穆楚克棟魯普、姚鋐、張見庵、嚴智怡等人。他們也均被委任要職，如原北平市財政局長王韜被任命為北平市長兼財政局長，原察哈爾蒙旗首領德穆楚克棟魯普被委任為察哈爾省政府委員，原河北財政廳下科長姚鋐被任命為河北財政廳長，河北教育界的名流張見庵被任命為河北省教育廳長，同為河北名流且為創辦南開大學的嚴修之子的嚴智怡則被任命為河北省府委員。〔註14〕

以東北人員和華北本地人員為基礎，張學良擬定了各省市政府委員名單上報國府。但在各省市人選問題上，國奉兩方之間存在分歧，如關於察省政府主席劉翼飛及各委員人選，張就曾多次電催南京「明令任命」。1930 年 11 月初，國民政府任命了冀省新省委：「除委員兼主席王樹常業經明令〔任命〕外，任命王玉科、姚宏、張見庵、林成秀、常炳彝、何玉芬、嚴智怡、陳寶泉為河北省政府委員。王玉科為民政廳長，姚宏為財政廳長，張見庵為教育廳長，林成秀為建設廳長，何玉芬為工商廳長，常炳彝為農

〔註11〕《于學忠為唐山晉軍已退請派行政人員前往維持秩序並設法通用邊行鈔票與張學良往覆電》（1930.9.20～22），遼寧省檔案館編：《奉系軍閥檔案史料彙編》（10），江蘇古籍出版社，1990 年，第 538 頁。

〔註12〕東北文化社年鑑編印處編：《東北年鑑》，東北印刷局，1931 年，第 52 頁。

〔註13〕韓信夫、姜克夫主編：《中華民國大事記》第三冊（1930～1936），中國文史出版社，1997 年，第 190 頁。

〔註14〕《德穆楚克棟魯普為申謝受任察哈爾省政府委員致張學良電》（1930.12.18），遼寧省檔案館編：《奉系軍閥檔案史料彙編》（11），江蘇古籍出版社，1990 年，第 253 頁；莉有岩：《張將軍 1930 年就任陸海空軍副司令的概述》，中國人民政治協商會議遼寧省委員會文史資料委員會編：《遼寧文史資料》第 17 輯，遼寧人民出版社，1986 年，第 78～90 頁。

礦廳長。」〔註15〕然而卻沒有立即任命察省新省委，於是張學良電請中央任命已內定劉翼飛爲主席的察省委〔註16〕。12月末，張再次致電國府請任命察省委員：查我軍「甫進平綏路線，察省政府及各機關人員均已紛紛離職他去」，「不得不先派員代理」，「委派劉翼飛、許庸、文光、高惜冰、趙興德、德穆楚克棟魯普、杭錦壽」等七員代理察省政府委員，並「指定劉翼飛爲主席，許庸爲民政廳長，文光爲財政廳長，高惜冰爲教育廳長，趙興德爲建設廳長，各該員任事以來，軍民安緒，秩序井然，似當稱職，請明令任命。」〔註17〕最終張學良還是如願控制了平津及冀察的人事大權，尤其省市政府主席、市長都按其提名任命了。

晉綏兩省人事亦由張學良薦舉中央任命，如晉省府主席一職張薦舉由商震擔任，並在其他重要位置上安排了奉方的人選。1930年11月15日，張學良列席國民黨三屆四中全會第四次會議。當討論商震問題時，張力保之，發言謂：商在晉，向無主張，此次擴大會議雖有其名，但非本意，望中央寬容。其結果該案保留，暫不討論商的黨籍問題。〔註18〕12月2日，張在京與蔣商談西北善後時，推薦商震任晉省府主席。張學良所以力保並薦舉商震，主要是因爲商與奉系「早有關係」。1926年，源於奉方將領韓麟春與商震之師生關係，使商與張學良開始建立起關係。1928年，張又與商交換「蘭譜」，結爲「把兄弟」。另外，商震在晉繫屬客籍，勢力很單，他要在晉執政，必須依賴奉系做後臺。〔註19〕可見，晉省府主席商震雖明爲晉方人員，實則爲奉方所掌控，進而晉省行政亦必受到奉系牽制。1931年1月17日，蔣張兩人聯名任命了晉省府委員，商震爲主席兼民政廳長，張濟新代理財政廳長，常秉彝代理農工廳長，馮司直代理教育廳長，仇曾詒代理建設廳長，胡頤齡代理公安處長，

〔註15〕《民政月刊》1930年第13期，第1頁；《國民政府任命河北新省委》(1930.11.4)，季嘯風、沈友益主編：《中華民國史史料外編》第38冊，廣西師範大學出版社，1996年，第706頁。

〔註16〕《察省委將發表，內定劉翼飛主席》(1930.11.8)，季嘯風、沈友益主編：《中華民國史史料外編》第38冊，廣西師範大學出版社，1996年，第715頁。

〔註17〕《張爲請明令任命劉翼飛爲察省政府主席等致國府電》(1930.12.27)，遼寧省檔案館編：《奉系軍閥檔案史料彙編》(11)，江蘇古籍出版社，1990年，第281頁。

〔註18〕張友坤等：《張學良年譜》(修訂版)，社會科學文獻出版社，2009年，第357頁。

〔註19〕于學忠：《東北軍第四次入關的經過》，大風：《張學良的東北歲月》，光明日報出版社1991年版，第209頁。

其餘委員為張維清、郭寶清，李尚仁。〔註 20〕而在這些委員中，東北方面的人員有：財政廳長張濟新，原為東北政委會總務處長；農工廳長常秉彝，常蔭槐的侄子，前不久剛被任命為河北省農礦廳長；公安處長胡頤齡，原為東北邊防軍司令公署軍令廳處長，並曾與戢翼翹共同負責晉馮軍的點編。面對重要部門盡被奉方侵佔，晉方自然不滿，雙方博弈的結果是奉方讓出了財政廳長，晉方仇曾詒改任財政廳長。也許後來正是因為奉晉雙方對晉省財政廳長的爭奪使晉方不滿，才導致後來仇曾詒沒有出席在瀋陽召開的北方各省財政會議。雖然晉方奪回了財政廳長這一最重要職位，但晉省府其它一些重要機關還是被奉方掌握了。

第二，華北財政控制與鬥爭。要控制華北財政，必須控制華北的金融和稅收。為此，東北政委會採取了兩項措施。第一項措施是「移舊設新」。「移舊」是指移植東北舊有金融機構到華北，包括邊業銀行和東三省官銀號。東北軍剛入關時，于學忠即電張學良稱，「職軍各部隊所攜帶邊業銀行鈔票，平津恐不通用」，張立即「轉飭該行迅速妥當設法以便流通」。〔註 21〕1930年 9 月 25 日，東三省官銀號在平設兌換所，東北政委會強令奉票等東北紙幣在平津一律通用；10 月 8 日，官銀號又發行票面加蓋天津字樣的紙幣，在天津充實兌現，〔註 22〕排擠其它幣種；12 月，官銀號在張家口又設立了分號，經東北政委會批准把「河北察哈爾兩省所有國稅方面收入……盡數發交」該號〔註 23〕。「設新」是指在華北設置新的稅收機構和人員，包括長蘆鹽運使和河北財政特派員公署。鹽稅是國稅中重要的一種，也是財政收入的重要來源。河北、天津一帶長蘆鹽場盛產海鹽，東北政委會委派洪維國擔任長蘆鹽運使，負責銷鹽及收稅〔註 24〕。為了更便於徵收和使用河北省國稅，張學良特地改組了河北財政特派員公署，由荊有巖任河北財政特派員，總管河北收

〔註 20〕　《省府新委員》（1931.1.24），季嘯風、沈友益主編：《中華民國史史料外編》第 38 冊，第 770 頁。

〔註 21〕　《于學忠為唐山晉軍已退請派行政人員前往維持秩序並設法通用邊行鈔票與張學良往覆電》（1930.9.20～22），遼寧省檔案館編：《奉系軍閥檔案史料彙編》（10），江蘇古籍出版社，1990 年，第 538 頁。

〔註 22〕　東北文化社年鑒編印處編：《東北年鑒》，東北印刷局，1931 年，第 52～53頁。

〔註 23〕　《東北政委會第一八二次會議議決案通知書》（1930.12.3），JC1-2：《東北政委會會議議決案通知書》，東北政務委員會檔案，遼寧省檔案館藏。

〔註 24〕　《東北政委會第一九七次通常會議事日程》（1931.1.31），JC1-91：《東北政務委員會會議案》，東北政務委員會檔案，遼寧省檔案館藏。

入部分，每月 250 萬元左右的國稅收入，均由特派員匯總代表南京財政部撥付副司令行營軍需處〔註25〕，由張學良直接支配。

第二項措施是召開北方各省財政會議。會議於 1931 年 1 月 26 日在瀋陽召開，出席者除了東北四省人員外還有華北各省市代表。這次會議的主要內容和目的是「徹底明瞭各省市現在之財政狀況，以定切實整理各省市將來財政之計劃，……以謀各省市財政之共同改善」〔註26〕，實際上就是把「前此每多各自為政」的各省市財政統一到東北政委會的管理之下。這次財政會議，不僅使張學良「徹底明瞭各省市現在之財政狀況」，還研究討論了各省國稅徵收的問題，而通過這些問題我們就可以一窺東北政委會對華北財政的控制情況。如通過河北財政特派員提出的「請飭國稅徵收機關廢止商包制度案」〔註27〕，可知河北省國稅徵收機關在東北政委會的管理之下。遼寧省財政廳長提出的「統稅應由何機關徵收案」，稱遼寧只辦了「捲煙稅」，其它統稅尚未開辦，「現值裁釐伊始，辦此項統稅不容少緩」，惟征稅機關尚未確定。〔註28〕統稅為國稅，屬南京國民政府徵收的稅種，地方必須上繳中央。可在這次財政會議上，類似此種國稅議案頗多，東北如此關注國稅問題，只有一種解釋，即東北及華北的國稅由東北方面截留使用，不上繳南京。

此次財政會議，確定了北方各省常年經費標準：「查各省行政機關支出預算向各自為政，冒濫者有之，虧出者有之，自非明定標準無以資節省，而昭平允。此次召開北方各省財政會議，關於各省政府及所屬各廳處常年預算，業據與會人員共同決議，確立一定標準。其辦法係將省分為三等，而各機關每年經費之數則各依其省之等級定之。如省政府，一等省 30 萬，二等省 25 萬，三等省 20 萬。民政廳，一等省 7 萬，二等省 6 萬，三等省 5 萬。財政廳，一等省 15 萬，二等省 12 萬，三等省 9 萬。教育廳，一等省 6 萬，二等省 5 萬，三等省 4 萬。農礦廳、建設廳，警務處均與教育廳相同。」

〔註25〕 參見荊有岩：《張學良執政時期東北華北的財經》，漢笛編：《張學良生涯論集》（海內外專家論文精選），光明日報出版社，1991 年，第 93 頁。

〔註26〕《主席致開會詞》（1931.1），東北政務委員會檔案：JC1-92：《東北區財政會議》，東北政務委員會檔，遼寧省檔案館藏。

〔註27〕《財政會議議事日程》（1931.1.28），JC1-92：《東北區財政會議》，東北政務委員會檔，遼寧省檔案館藏。

〔註28〕《財政會議議事日程》（1931.1.28），JC1-92：《東北區財政會議》，東北政務委員會檔，遼寧省檔案館藏。

〔註 29〕河北為一等省，吉林、黑龍江兩省為二等省，熱河、察哈爾兩省為三等省。此預算標準和等級規定，從 1931 年 5 月 1 日起開始執行〔註 30〕。

表面上看，東北政委會對各省常年經費的硬性規定，有如張學良所言是為了防止「冒濫」和「虧出」，以示「平允」。但實際上仔細推敲，就會發現做出這種等級規定，其實質是要限制、防止晉綏兩省政府支出「冒濫」。其原因，一方面，東北軍入關前，東北四省財政完全掌握在東北政委會手中，四省財政預算必須逐年上報政務會審核批准，所以對東北四省併沒有做出過此類規定；另一方面，東北政委會對華北四省的控制力度不同，冀察及平津劃歸奉系，由東北政委會管理行政，其地位與東北四省相同，其財政預算也必須上報東北政委會審批。而晉綏兩省行政則屬於東北政委會節制，只接受該會的行政指導，不受完全控制。張學良當然不會滿足如此程度的節制，必然會對晉綏行政權進行干涉和滲透，所以制定了各省財政支出標準，以約束「各自為政」的「冒濫者」。

華北四省稅源、稅收甚多，蔣介石當然不會拱手讓給張學良，所以國奉雙方在華北財政上必然產生博弈。雙方的鬥爭，首先是圍繞裁釐及推行統特稅展開的。釐金自晚清為鎮壓太平天國推行以來，已嚴重阻礙了近代中國的工商業發展。南京國民政府成立後，雖有廢釐打算和行動，但由於派系紛爭遲遲沒有實現。而中原大戰卻為裁釐和全國稅制改革創造了條件，因為此戰嚴重削弱了閻、馮、李等各派，而使南京蔣派和奉系勢力擴大，所以蔣介石只要說服張學良，就可以裁釐並推行全國稅制改革。

為此，蔣介石與宋子文等人輪流勸說張學良。中原大戰後，張赴寧與蔣共商北方善後，此間，蔣張對北方財政問題有過協商：裁釐後，改行中央統一稅制，屬中央的稅收由各地解往中央，並由東北及河北帶頭執行。〔註 31〕張北旋後，西北軍事善後問題尚未徹底解決，宋子文即來天津與之會晤，要求北方儘快裁釐，實行統特稅。宋對記者說：張學良「對裁釐實行甚為勇決，一紙電文令七省一律裁釐。」「抵補稅之徵收辦法全國一律，即統稅五種，特

〔註 29〕《張為北方各省財政會議議定各省常年經費標準准予照辦致各省政府電》（1931.2.14），遼寧省檔案館編：《奉系軍閥檔案史料彙編》（11），江蘇古籍出版社，1990 年，第 496 頁。

〔註 30〕《張為告知各省行政機關支出預算等級規定從五月一日起執行致熱河及各省電》（1931.3.28），遼寧省檔案館編：《奉系軍閥檔案史料彙編》（11），江蘇古籍出版社，1990 年，第 530 頁。

〔註 31〕張魁堂：《張學良傳》，東方出版社，1991 年，第 70 頁。

種消費稅十九種。」「中央與地方的財政劃分，營業稅、牙稅爲地方收入，統稅、特稅爲中央收入。」宋還許諾裁釐後，各省所受裁釐損失「當如蘇浙等省由中央酌予補助，不致令各省受直接損失」。但他自己也承認裁釐後損失「年均 8000 萬元，合常關、郵包等雜稅，計之年均 9900 餘萬元，影響財政甚大」。〔註 32〕

而自從國民政府「命令實行裁釐」以後，「各省紛以維持現狀指定抵補爲請，或主以鹽稅附加撥歸省府，或要求以特種稅收劃歸財廳，似此分割破碎，實足障礙財政統一，弊之所至將使裁釐徒成具文而病民。」因此國民政府發佈統一稅收綱要數點：「1. 鹽稅正附均爲國課大宗，其向由省庫徵收者亦應一律收歸中央以期統一鹽稅，藉資整理；2. 特種消費稅原係中央稅收，須由中央籌設專局擬成方案使稅法章制全國劃一，期成良稅；3. 各省政費不足由中央酌量各該省收支情形，分別補助之。」〔註 33〕可見當時各省稅收之混亂狀況，及國民政府控制稅收程度有限，這就無怪蔣宋要動員張學良帶頭在北方執行了。

張學良雖然「一紙電文令七省一律裁釐」行統特稅，但他並沒有把中央稅收眞正上繳，然後在等著要「補助」，而是在「補助」方式上做了文章。裁釐後地方財政入不敷出是肯定的，所以張採取名義上繳，實際截留直接充作中央「補助」的方式，控制了北方國稅收入。如前面提到的河北財政特派員公署就掌握著河北國稅，直接代表中央轉交張學良。雖然奉系最終還是控制了華北財政，但張學良仍作足了表面文章，即宣佈裁釐並實行了統特稅，使南京國民政府的全國稅制改革得以順利實施。

國奉雙方的鬥爭還表現在晉綏兩省財政問題上。由於這個問題同時還涉及晉方利益，也就使其包含更多矛盾，情況也更爲複雜。首先，奉晉之間存在著矛盾和鬥爭。在北方各省財政會議上，奉方制定了各省常年經費標準，以約束財政開支。而在此前發生的晉方平綏路護路司令楚溪春武裝強行索取路款一事，就已表明了晉奉雙方的明爭暗鬥。1930 年 11 月 22 日，張作相電張學良，報告晉方護路司令楚溪春請發薪津及武力強索路款一事：「據平綏路局長來電，轉陳如下，（一）晉方原派護路司令楚溪春請核發 10 月、11 月護路官兵薪津 4704 元。〔張作相〕電飭該局將該路通車至何處，包綏一帶及以

〔註 32〕《晉綏軍財善後均無進展》（1931.1.11），季嘯風、沈友益主編：《中華民國史史料外編》第 38 冊，廣西師範大學出版社，1996 年，第 754～757 頁。
〔註 33〕《統一稅收剛要》，《黑龍江財政月刊》，1931 年第 66 號，「雜記」。

西各站收款是否已歸我方，查明電覆。〔該路局長〕稱職路現均全線通車，直連包頭，所有全路進款亦均照章逐日由收款員解繳總局，歸我方收入等語。（二）楚司令電請由大同站發款並經派員向該站強迫扣留進款，段站實難抵抗，乞予核示。（三）楚派邴參謀於皓午帶武裝士兵數名到大同站收款處強提現鈔 5094 元，提畢交留領單一張，蓋有護路司令關防及楚署名。路款清結，即撤回。再該部除前陳 10 月、11 月薪津外，尚有該部 9 月份津貼 390 元，此次強扣之數合併聲明各等。」〔註34〕由此，我們可以瞭解整個事件的來龍去脈：中原大戰後，由於晉綏劃歸張學良節制，使得因戰事未能及時領取薪津的楚部索薪有門，於是便向東北政委會索要「十月、十一月護路官兵薪津四千七百零四元」和「九月份津貼三百九十元」。在瀋陽代理東北政委會主席的張作相因不明情形，暫未批准楚部請求，而是先命平綏路局局長曾廣勳「將該路通車何處，包綏一帶暨以西各站收款是否已歸我方，查明電覆」，以便瞭解情況。而就這調查情況的耽擱給了楚溪春藉口，於是楚部先行強行扣留了大同站進款，然後「強提現鈔五千零九十四元」。然而，仔細觀察楚部的行為，筆者發現楚部強提的路款（5094 元）與其索要薪津總額（4704 元+390 元）正好相等，一分不多，並且楚部「提畢交留領單一張，蓋有護路司令關防及楚署名」。這說明楚溪春很清楚他在做什麼，他只是想在有充足理由的條件下，表達一下以他為代表的晉軍將領對奉系節制晉綏的不滿，而不想無端的惹是生非。如果楚部多提一分錢，或提款後不發給士兵而是用作它途，那整個事件的性質就不一樣了，他原來所仰仗的「理」就「跑」到了奉系這一邊，不僅他個人將招致嚴厲的懲罰，或撤職或查辦，還可能給整個晉綏軍都帶來災難，導致更被削弱，因為相信奉系絕不會放棄任何打壓和控制晉綏的機會。

其次，國、奉、晉三方在晉綏財政問題上存在一個矛盾焦點，即晉、馮兩軍的編遣費問題及由此衍生的晉省財政善後問題。中原大戰後，北方軍事善後由張學良負責，天津縮編方案共需要編遣費 200 餘萬元〔註35〕。東北出兵助蔣及北平行營的經費都是由南京支付的，所以對於晉馮軍編遣費，張自然不想負擔，而把問題推給了南京。但蔣有言在先：須閻確實出國後，晉軍

〔註34〕《張作相為晉方原派護路司令楚惜春請發薪津事致張學良電》（1930.11.22），遼寧省檔案館編：《奉系軍閥檔案史料彙編》（11），江蘇古籍出版社，1990年，第 92 頁。

〔註35〕參見《張覆張群電》（1930.12.27），遼寧省檔案館編：《奉系軍閥檔案史料彙編》（11），第 230 頁。

編遣經費方可由中央負全責。〔註 36〕而事實上閻錫山並未出國，而是避居大連，於是蔣以財政拮据爲由也不願擔負全部編遣費，只撥給張 80 萬元，還是以「補助副司令部」的名義〔註 37〕，而這只夠編遣費的三分之一。雖「相差甚多，而事實上又不能不編遣，」所以張學良決定「由晉綏兩省中央收入項下，自籌 100 萬元外，再將中央補助之 80 萬分配於各軍。大概辦法，裁 1 萬人者，發 5 萬至 6 萬，裁 2 萬人者，發 9 至 10 萬元，其餘類推。」〔註 38〕然而，由於晉綏兩省「頭上」有著南京中央這個「縣官」和東北政委會這個「現管」，所以晉綏兩省的中央稅絕對不會掌握在兩省政府手中。張所說的「由晉綏兩省中央收入項下，自籌 100 萬元」，也只能是由控制華北稅收的張學良從「晉綏兩省中央收入項下」截留籌集，但籌集的款項是否還會撥作晉馮軍編遣費，那就是另一回事了，因爲就連南京撥給的 80 萬元，張學良也未一次性如數撥給晉馮軍，如 1931 年 1 月 17 日，商震稱：領到編遣費 45 萬元，餘由地方籌 200 萬元〔註 39〕。

編遣費尚無解決，就要編遣掉 40 萬晉馮軍，自然遭到眾將領的反對。於是，晉方以編遣費及由於戰爭和裁釐後山西金融亟需整頓爲由，要求發行整理山西金融公債 2000 萬元。對此，宋子文說山西發行「整理金融公債 2000 萬元之事，爲西北問題之一，統歸副司令處理」，〔註 40〕也就說明了南京想推脫了事。不僅反對山西發行公債，蔣連曾經向張學良作出的發行 8000 萬公債供東北增築鐵路的承諾也一拖了事，沒有兌現〔註 41〕。張連自己的公債都無著落，怎會支持晉方，所以對於山西財政善後問題，張表示「晉鈔〔問題〕已與宋部長商洽，允先派員來晉調查」〔註 42〕，張打了個太極，當然也就是拖延了。

〔註 36〕 韓信夫、姜克夫主編：《中華民國大事記》第三冊（1930～1936），中國文史出版社，1997 年，第 116 頁。

〔註 37〕 《蔣覆張電》（1930.1.3），遼寧省檔案館編：《奉系軍閥檔案史料彙編》（11），第 315～320 頁。

〔註 38〕 《編遣費昨先發一部》（1931.1.14），季嘯風、沈友益主編：《中華民國史史料外編》第 38 冊，第 760 頁。

〔註 39〕 韓信夫、姜克夫主編：《中華民國大事記》第三冊（1930～1936），中國文史出版社，1997 年，第 149 頁。

〔註 40〕 《晉綏軍財善後均無進展》（1931.1.11），季嘯風、沈友益主編：《中華民國史史料外編》第 38 冊，廣西師範大學出版社，1996 年，第 754～757 頁。

〔註 41〕 張魁堂：《張學良傳》，第 71 頁。

〔註 42〕 《東北赴晉點驗兵工廠》（1931.1.21），季嘯風、沈友益主編：《中華民國史史料外編》第 38 冊，第 768 頁。

　　山西金融公債被否決，東北鐵路公債也遲遲沒有著落，而國府卻發行連續發行民國 19 年關稅短期庫卷 8000 萬元和民國 19 年善後關稅短期庫券 5000 萬元，「以充善後之用」。〔註 43〕而宋子文的解釋是，發行債券是爲了支撥「編遣〔中央〕軍隊及發給第二集團歸附各軍餉項」〔註 44〕。國府可以發債券籌中央軍編遣費和軍餉，而對於晉綏軍編遣費卻只撥 80 萬，還反對晉省發行金融公債，反映了國府與晉系之間的矛盾。國府對東北鐵路公債一拖了事，卻要求張學良主持北方各省裁釐和稅改，並把北方財稅改革與晉綏財政善後嚴格區分，這就反映了國府與奉系之間的矛盾。國府把晉馮軍編遣費和晉綏財政善後問題都推給張學良，明顯地是想激化晉奉兩方的矛盾，以達其坐收漁人之利的目的。

　　第三，華北鐵路紛爭。東北軍入關後，對冀察兩省的接收是沿著鐵路線展開的。所以接收冀察後，東北政委會便控制了兩省境內的全部鐵路及路局，如華北交通大動脈平漢路、平綏路和津浦路等。爲接收鐵路，張學良先行委任了各路局局長，如任命葛光廷爲平漢路局長，曾廣勤爲平綏路局長〔註 45〕。並很快接收了各路局的工作，如曾廣勤向東北政委會報告，平綏路「現均全線通車，直連包頭，所有全路進款亦均照章逐日由收款員解繳總局，歸我方收入」〔註 46〕。另外，冀晉兩省之間主要交通路線正太鐵路也歸東北政委會管理，如正太路局長屈玉燦就提前贖回正太路「以挽回主權」一事，請東北政委會「轉電中央飭鐵道部依據合同與外人交涉」〔註 47〕。

　　戰時，鐵路是重要的戰略資源；平時，鐵路則是重要的財政來源。所以在華北鐵路權益上，國奉雙方必然展開爭奪。鬥爭最激烈的莫過於津浦路，該路北起天津，縱貫冀魯皖三省直達浦口，而浦口正處在南京對面的長江北岸，也就是說東北軍乘軍列沿該路就可直達民國心臟南京。所以國民政府格

〔註 43〕　《國民政府公報》，1930 年 10 月 8 日，第 593 號，「法規」，第 1 頁；《國民政府公報》，1930 年 11 月 1 日，第 612 號，「法規」，第 1 頁。

〔註 44〕　《晉綏軍財善後均無進展》（1931.1.11），季嘯風、沈友益主編：《中華民國史史料外編》第 38 冊，廣西師範大學出版社，1996 年，第 754～757 頁。

〔註 45〕　《平漢平綏兩路局接收》（1930.10.4），季嘯風、沈友益主編：《中華民國史史料外編》第 38 冊，第 633 頁。

〔註 46〕　《張作相爲晉方原派護路司令楚惜春請發薪津事致張學良電》（1930.11.22），《奉系軍閥檔案史料彙編》（11），江蘇古籍出版社，1990 年，第 92 頁。

〔註 47〕　《東北政委會第一九七次通常會議事日程》（1931.1.31），JC1-91：《東北政務委員會會議案》，東北政務委員會檔案，遼寧省檔案館藏。

外重視這條鐵路，把津浦路總局由天津改設浦口，置於國府控制之下。這自然遭致奉系反對，於是雙方暫以桑園為界，形成了北有天津，南有浦口兩個路局的局面。路權不統一，津浦間也就不能直接通車。津局每日收入約 6000～7000 元，每月員工薪俸及材料煤炭總共需款不到 17 萬元，而每月收入至少有 19 萬，足敷開支而有餘。如果津浦路南北統一，則收入更多。〔註 48〕這也是南北兩個路局紛爭不統的一個重要原因。後經過多次交涉，最終國民政府獲得勝利，1930 年 10 月 29 日，津浦路北段天津路局，由浦口總局接收〔註 49〕。此外在平漢路，國奉雙方也有分歧。該路北起北平，南至漢口，縱貫冀豫和鄂北，是華北的另一條戰略要道。東北軍入關後接收了平漢路局，並控制著河北境內的平漢路北段。南京國民政府以軍事已結束，「平漢亟需統一整理」以便促進經濟發展為由，要求張學良「飭葛委員長早日將平漢北段移交」國府，〔註 50〕最後張同意將平漢路北段移交鐵路部管理。由此即可見國奉雙方在華北重要戰略幹線上的博弈與鬥爭。

在交通方面，除了鐵路之外，對於東北和華北航政，國民政府與東北政委會之間也有鬥爭，並重新劃分了管轄區域。1930 年 12 月，《交通部航政局組織法》頒佈，國府決定於滬、漢、粵、津、哈五地分設五個航政局，「受成於交通部，以明統系而一事權」。但東北政委會「鑒於東北情形特殊，曾經派員與交通部商定辦法，仍由本會行使主管官署職權，除津局應俟物色相當人才再行籌設外，先行籌設哈爾濱航政局，以資進行」。並「派本會航政處主任曾廣欽赴哈籌備組織」，「於 4 月 7 日組織完竣開始辦公」。〔註 51〕雖然天津航政局沒有建立，但顯然華北和東北的航政權均由東北政委會掌握著。

第四，控制華北最高司法權。東北政委會在控制華北行政權的同時，還控制了華北的最高司法權。中原大戰後，北平總商會呈東北政委會，請求將設於瀋陽的最高法院東北分院移設北平，以便利人民訴訟。「查河北地方管轄訴訟案件向以南京最高法院為第三審，因距離太遠，進行殊感不便。此次戰事告終，山西最高分院消減，……晉察綏三省之案將更形擁擠，無法清結。……

〔註 48〕《津浦未能直接通車因為由兩個路局》（1930.10.15），季嘯風、沈友益主編：《中華民國史史料外編》第 38 冊，廣西師範大學出版社，1996 年，第 663 頁。

〔註 49〕張友坤等：《張學良年譜》（修訂版），社會科學文獻出版社，2009 年，第 352 頁。

〔註 50〕《吳家象為孫科電調葛光廷速赴膠濟局任委員長致張學良電》（1930.12.17），《奉系軍閥檔案史料彙編》（11），江蘇古籍出版社，1990 年，第 247 頁。

〔註 51〕《東北政務委員會周刊》，1931 年第 111 號，第 1、7 頁。

側聞最高法院東北分院辦案頗爲迅速，措置諸均裕，擬請鈞座將該院移設北平，一面商准國府將晉察冀綏四省案件劃歸該院受理，俾免訴訟遲滯之虞，而慰黎庶……之望。」〔註52〕就這樣，最高法院東北分院移設了北平，開始受理華北四省案件訴訟。

第五，華北軍權的摩擦。1931年1月至2月間，南京國民政府及國民革命軍總司令部，相繼發佈了東三省、熱、察、冀、晉、綏一帶所有軍隊均歸張副司令節制指揮的命令〔註53〕。4月陸海空軍副司令行營在北平成立，副司令職權爲：「輔弼陸海空軍總司令統理一切軍政、軍令事宜，連署各項軍事命令，在陸海空軍總司令委任之區域內（遼、吉、黑、熱、冀、晉、察、綏——原文注）得代行總司令職權」，副司令下設參謀長和秘書長，分別以戢翼翹和王樹翰擔任，二者職權爲：「輔佐副司令指揮各處，綜理行營內一切事宜」。〔註54〕行營下設參謀處、副官處、經理處、醫務處、總務處、秘書處和軍法處。（各處長官參見表4-2-1）儘管東北華北均歸張學良節制指揮，但他對這些地區軍隊的控制力是不同的，東北三省及熱察冀三省駐防的軍隊都是東北軍，而晉綏兩省駐防的軍隊則是受其節制指揮的晉馮軍。奉系對華北軍權的控制，保障了其對華北政權的控制。

表4-2-1：陸海空軍副司令行營各廳處主官表

職　務	參謀處	副官處	經理處	醫務處	秘書處	總務處	軍法處	密電處	黨務指導委員
處長	陳欽若	湯國楨	蘇全斌	劉榮緞	葉弼亮	朱光沐	顏文海	蔣斌	彭濟群
副處長	董舜臣	何力中	賴愷元	陳國瑞	周從政	沈祖同	唐奎斌		

資料來源：張德良、周毅主編：《東北軍史》，遼寧大學出版社，1987年，第169頁；張有坤等編著：《張學良年譜》（修訂版），社會科學文獻出版社，2009年，第395頁。

〔註52〕《東北政委會第二〇〇次通常會議事日程》（1931.2.11），JC1-91：《東北政務委員會會議案》，東北政務委員會檔，遼寧省檔案館藏。

〔註53〕參見《關於東三省熱河察哈爾河北山西綏遠一帶所有軍隊均歸張學良節制指揮的電文》（1931.2.28～3.30），《奉系軍閥檔案史料彙編》（11），江蘇古籍出版社，1990年，第482～485頁。

〔註54〕《陸海空軍總司令部爲確定副司令北平行營編制事致國民政府呈》（1931.6.29），中國第二歷史檔案館編：《國民黨政府政治制度檔案史料選編》上冊，安徽教育出版社，1994年，第394頁。

　　張學良對華北軍權的控制，首先是從接防冀察兩省開始的。奉系為了接收河北及平津防務，成立了兩個軍，共約 9 萬人。第一軍軍長于學忠，轄步兵第四旅、第五旅、第六旅、第二十三旅、第二十七旅和騎兵第六旅。第二軍軍長王樹常，轄步兵第二旅、第二十五旅和騎兵第一旅、第五旅。關於兩軍防務問題，入關不久的于學忠說：第一軍擔任北平及平漢、平綏兩路的防務。平綏路往北以南口為止，由步兵第五旅接防。平漢路往南過保定以定州為止，由步兵第二十七旅和騎兵第六旅接防。第二軍擔任津浦路的防務，駐防地點暫不出河北省界，即以東光一帶與山東交界之縣為止。〔註55〕由此可判定，東北軍是有計劃地接收河北及平津的。但實際上，騎兵第六旅在接收定州後，並沒有停止，而是繼續往南直至接收了石家莊〔註56〕。步兵第五旅在接防南口後，也沒有按既定計劃停止：「東北軍因接防河北全省將了，遂轉向平綏路進展，原駐南口、順義一帶之第五旅董英斌部，今可抵宣化、張家口，將來察區防務即由該旅負責接收。該旅開拔後，其防務則由現駐豐口之第四旅劉翼飛部擔任」。〔註57〕而該旅抵達了張家口之後又前出柴溝堡，並繞長城邊外向豐鎮挺進。而本應接替步兵第五旅在南口防務的步兵第四旅，並沒有駐防南口，而是直接向西進發，抵宣化後前出三江口，向平地泉方向挺進〔註58〕。這樣，東北軍在平漢、平綏、津浦等線路上基本接防了冀察兩省重要戰略地點，控制了該兩省。

　　其次，張學良對華北軍權的控制體現在由他負責華北軍事善後。中原大戰後，張在南京與蔣協商北方善後，決定北方政局由張全權處理，晉馮兩軍整理辦法由軍事善後會議表決通過後，由張負責執行。於是張學良從南京北旋後，即開始著手編遣晉馮軍。經張學良與商震、宋哲元等晉馮將領在天津會晤，商定了編遣方案：「晉方現有軍隊為步兵 10 軍，合 30 個師，90 個團，炮兵 10 個團，騎兵 5 個師。現縮編為步兵 4 軍，每軍 2 師，每師 2 旅，每旅 2 團，計改為步兵 32 個團。騎兵 1 旅，共 3 團。擬商震、傅作義、徐永昌、楊愛源為軍長。炮兵一項據報現有 10 團，擬暫不動，同遼寧原有炮兵，

〔註55〕《于學忠招待報界》（1930.9.29），季嘯風、沈友益主編：《中華民國史史料外編》第 38 冊，第 617 頁。

〔註56〕《東北軍接防石家莊》（1930.10.15），季嘯風、沈友益主編：《中華民國史史料外編》第 38 冊，第 662 頁。

〔註57〕參見《東北軍將由察及綏》（1930.10.23），季嘯風、沈友益主編：《中華民國史史料外編》第 38 冊，廣西師範大學出版社，1996 年，第 678 頁。

〔註58〕東北文化社年鑑編印處編：《東北年鑑》，東北印刷局，1931 年，第 54 頁。

按重、輕、山炮合併爲旅。宋哲元、孫良誠兩部，尚有 12 師，合 35 團，擬縮編爲步兵 1 軍，計 2 師，每師 2 旅，每旅 2 團，（共 8 團）。擬宋哲元爲軍長。龐炳勳部，擬改編 1 師，（共 2 旅 4 團），委龐爲師長，直接隸屬於張學良。」〔註59〕孫魁元部亦改編爲 1 師，計 2 旅 4 團。委孫爲師長。劉桂堂部「按省防軍編制，編成（1 旅）步兵 2 團，騎兵 1 團。」〔註60〕按照這個方案，晉馮軍將裁減 40 餘萬人，耗 200 餘萬編遣費，而保留 5 軍 12 師，共計保留至少 23 萬人〔註61〕。

　　天津編遣方案得到蔣的贊成後，張學良開始負責執行編遣，並在執行過程中對晉馮軍權進行了滲透。爲了切實執行縮編，1931 年 1 月 17 日，張派陳興亞、戢翼翹和胡頤齡前往山西辦理編遣事宜，「陳興亞係點編晉綏憲兵，戢胡分點晉軍及西北軍」〔註62〕。爲了強化對晉綏憲兵的監控，張決定晉憲兵司令李瀾發不動，任命陳興亞和李瀾發分爲華北各省憲兵總副司令〔註63〕。在派人點編晉馮軍的同時，張還派人點驗收編了山西兵工廠。1931 年 1 月中下旬，李宜春、李廣琳等東北專員赴兵工廠點驗，上報張學良後確定改編辦法爲：「接收後內部管理改爲委員制，委員長一職，擬由（晉）總部軍械處長周維翰充任」〔註64〕。然而周維翰「雖服官晉上，而籍湖北」，顯然張打算把

〔註59〕　《關於張主持解決晉馮軍善後問題電文》（7）（1930.12.24），遼寧省檔案館編：《奉系軍閥檔案史料彙編》（11），江蘇古籍出版社，1990 年，第 230 頁。

〔註60〕　《陳欽若爲報改編劉桂堂部情形與張往覆電》（1931.1.3），遼寧省檔案館編：《奉系軍閥檔案史料彙編》（11），江蘇古籍出版社，1990 年，第 323 頁。

〔註61〕　據前文晉馮軍編遣費分配辦法：「裁 2 萬人者，發 9 至 10 萬」，按最大值 10 萬計算，200 萬編遣費將裁編 40 萬晉馮軍。而據張學良所定編遣方案，可知晉馮軍共裁編約 100 團，這樣 1 團大約 4000 人。而且這些晉馮軍都經過了中原大戰，定有缺損，不爲滿編，而裁編後保留的 50 團必爲滿編，即便以 1 團因戰爭減員 1/10 計算，這 50 團也約有 23 萬人。所以，保守估計經張學良編遣方案保留的晉馮軍至少 23 萬，將被裁減的晉馮軍有 40 萬。而派往晉綏的點驗委員戢翼翹則稱晉軍現有兵 10 萬人，宋哲元、龐炳勳、孫楚部達 4 萬餘人。參見韓信夫、姜克夫主編：《中華民國大事記》，中國文史出版社，1997 年，第 168 頁。

〔註62〕　《戢翼翹陳興亞赴晉》（1931.1.21），李嘯風、沈友益主編：《中華民國史史料外編》第 38 冊，第 768～679 頁。

〔註63〕　《北方軍事本由張負全責》（1931.1.27），李嘯風、沈友益主編：《中華民國史史料外編》第 38 冊，第 773 頁。

〔註64〕　《慘淡經營積漸而成之，山西兵工廠易主矣》（1931.1.24），李嘯風、沈友益主編：《中華民國史史料外編》第 38 冊，廣西師範大學出版社，1996 年，第 771 頁。

兵工廠控制在奉系手裏。此外，張學良還加強了對晉馮各軍的管制，不准私自購置軍火。如孫殿英向日人定購數批軍火，欲從天津起運，張得知後即電王樹常注意偵查，一旦發現，立即扣留並派人押解瀋陽。在中央及奉系權威震懾之下，晉馮各軍不得不接受張學良節制。如孫魁元電告張學良部隊配置情況，並表示所部編遣、名義、調動等事「惟鈞座命令是聽」。〔註65〕

雖然張蔣之間早有黃河以北軍事由張善後的約定，但張學良還是不放心，處處提防蔣介石。通過下面改編晉軍炮兵細節，就能看出奉國雙方在華北軍權上的明爭暗鬥。對於晉軍炮兵改編一項，在《奉系軍閥檔案史料彙編》所複印的「張致蔣電」的擬稿頁邊空白處，有這樣一句批示：「炮兵一項須防中央調去」〔註66〕。張學良爲何會有此擔心？這是因爲他已得知蔣計劃把各部隊炮兵調往南京集中訓練，以圖控制。所以爲了阻止蔣的計劃，張充分利用了東北已有炮兵訓練機構的條件及華北軍隊歸他節制的現狀，與蔣商定，「凡中央直轄各部隊之炮兵，以後概行調往南京，集中訓練，其黃河以北凡非中央直轄各軍之炮兵，則概令調往遼寧訓練」〔註67〕。這就是張學良決定將晉炮兵「現有十團，擬暫不動，同遼寧原有炮兵，按重、輕、山炮合併爲旅」的原因。通過這一策略，奉系牢牢掌握了對晉炮兵的控制權。

在華北軍權方面，除了奉國之間的鬥爭之外，還存在奉晉之間的摩擦。天津編遣方案實施中，由於一些原在晉軍界頗有威望的人物沒有得到張學良的妥善安排，加上國府及奉系在編遣費缺口甚大的情況下仍強行編遣，所以晉軍眾將領頗爲不滿。晉軍將領認爲天津縮編方案裁汰過眾「萬難容納」，主張保留 10 師 60 團，準備派員赴瀋陽請示張學良〔註68〕，而且還準備派人到南京去遊說。而當蔣提前得知晉軍這一動向後，爲了使張學良堅定執行編遣的決心，曾致電張稱：「山西與西北軍編遣如此辦理，已屬寬大，如其再有不滿意處，惟有聽之。倘其來中央活動，則必拒絕駁斥。」〔註69〕

〔註65〕 胡玉海主編：《奉系軍閥大事記》，遼寧民族出版社，2005 年，第 580、585 頁。

〔註66〕 《張致蔣電》（1930.12.24），《奉系軍閥檔案史料彙編》（11），江蘇古籍出版社，1990 年，第 230 頁。

〔註67〕 《西北軍師長名單已發表》（1931.1.18），季嘯風、沈友益主編：《中華民國史史料外編》第 38 冊，第 762 頁。

〔註68〕 韓信夫、姜克夫主編：《中華民國大事記》第三冊（1930～1936），中國文史出版社，1997 年，第 149、152 頁。

〔註69〕 《蔣致張電》（1931.1.7），《奉系軍閥檔案史料彙編》（11），江蘇古籍出版社，1990 年，第 315～320 頁。

最後經晉方與奉系、國府討價還價，雙方互有妥協，對縮編方案進行了調整。除商震、徐永昌、楊愛源、傅作義四個軍外，孫楚部編成護路軍，其體制與各軍相同。警備軍爲三團，以榮鴻臚爲警備司令，張會詔爲副司令。李服膺部仍編一師，歸徐永昌節制。趙承綬爲「剿匪」司令，騎兵編爲三個旅，歸趙指揮。〔註70〕按照這個調整方案，晉軍由原方案的 8 個步兵師增爲 11 個步兵師、騎兵 3 個旅，人數將增加三分之一，最後晉軍被保留的軍隊即達 20 萬之眾。

再次，張學良對華北軍權控制還體現在東北海軍接防青島、威海衛及北方海防。1929 年 12 月下旬，蔣以青島以北海防區域，中央海軍實有鞭長莫及，便與張學良電商，將青島以北海防完全交與東北海軍負責。中原大戰前，蔣爲了拉攏張出兵，在 1930 年 3 月初又與張協商將青島防務交由東北海軍接管，中央駐軍調回南京。〔註71〕3 日，東北海軍正式接防青島，「北自俄邊，南至長江口，所有沿邊沿海防務，悉由該艦隊負責」〔註72〕。隨後東北海軍司令沈鴻烈親赴青島視察和布置防務。蔣介石在將青島讓與奉系的同時，也將威海衛讓與了奉系，因此國民政府任命奉系出身的徐祖善爲接收威海事宜特派員，後又協助時任外交部次長的奉系要員王家楨，一起負責接收威海衛事宜〔註73〕。威海衛爲清末民國少有的優良軍港，因此當長達八年的中英談判即將功成之時，〔註74〕各種勢力也均在對其進行窺伺。1930 年 7 月 26 日，秦華電北平王樹翰：「接收威海衛專員徐祖善面告接收情形，……惟中央海軍、交通、內政各部均思插入，迭向外部請求，似此情形，若王次長樹人（即王家楨──筆者注）能早來，較於我方有益。」對此，張學良要求王家楨「希即趕速回任，免誤事機爲要。再我東北海軍苦無良港，威處我必得之，不能

〔註70〕韓信夫、姜克夫主編：《中華民國大事記》第三冊（1930～1936），中國文史出版社，1997 年，第 158 頁。

〔註71〕張友坤等：《張學良年譜》（修訂版），社會科學文獻出版社，2009 年，第 301、316 頁。

〔註72〕雷法章：《沈成章先生傳略》，中國國民黨中央委員會黨史委員會編：《革命人物志》第 15 集，臺北：中央文物供應社，1976 年，第 106 頁。

〔註73〕1930 年 9 月 21 日，蔣提出對於接收威海衛一事，「可委王次長家楨接收，以徐祖善爲管理專員」，參見周琇環編注：《蔣中正總統檔案：事略稿本》第 8 冊：民國 19 年 4 月至 9 月，臺北：國史館，2003 年，第 583 頁。

〔註74〕1898 年清政府與英國簽訂《訂租威海衛專條》，租期與俄國租借旅順大連租期相同，均爲 25 年，1922 年北京政府就收回威海衛與英方開始談判，直到 1930 年 10 月方告收回，但仍准英國續租劉公島 10 年。

使闖海軍染指，仰特別注意，如有變動早爲告知。」〔註75〕可見奉系對威海衛軍港的重視和勢在必得的決心。

2、縱向延伸──「問鼎」中央

中原大戰後，不滿 30 歲的張學良被委任陸海空軍副司令，坐鎮北平，節制東北華北八省軍隊，成爲蔣介石一人之下的中國第二號政治人物。就連蔣也不得不稱讚張學良「聲威遠攝」〔註76〕，連不歸張節制的甘肅省爲了「安邊局」也致電張「伏望指示」〔註77〕，而且 1931 年 5 月份召開的國民會議還提出於年底前發行由孫中山、蔣介石、張學良三人頭像構成圖案的「中華民國統一紀念郵票」，〔註78〕可見當時張學良地位和威望之高。隨著張學良權勢的膨脹，奉系把觸角伸向了中央，對國民政府產生了重大影響，主要表現在以下幾個方面：

第一，奉國雙方劃黃河「平分天下」〔註79〕。中原大戰後，冀、察、晉、綏、平、津、青等華北四省三市均歸張學良管轄和節制，這樣東北政委會共管轄東北、華北八省三市，其面積約占民國領土面積的六分之一〔註80〕，而此時國民政府眞正管轄的省份也不過長江中下游數省市。民國時期全國經濟發達地區都集中在東部，主要有以遼爲核心的東北地區、以平津爲核心的華北地區、以滬爲核心的華東地區、以湘鄂爲核心的華中地區和以粵爲核心的華南地區。而在這些發達地區中，中原大戰後，蔣占其二，即華東和華中，張亦占其二，即東北和華北，廣東爲陳濟棠地盤。另外，東北海軍與南京中

〔註75〕 《關於東北海軍接收威海衛的電文》（1930.7.15～30），遼寧省檔案館編：《奉系軍閥檔案史料彙編》⑩，江蘇古籍出版社，1990 年，第 246 頁。

〔註76〕 《蔣爲吾兄聲威遠攝解決殘敵當在指顧之間致張電》（1930.11.8），《奉系軍閥檔案史料彙編》（10），江蘇古籍出版社，1990 年，第 720 頁。

〔註77〕 《甘肅省政府委員楊恩裴等爲成立保安總司令部以安邊局伏望指示致張電》（1930.11.9），《奉系軍閥檔案史料彙編》（10），江蘇古籍出版社，1990 年，第 736 頁。

〔註78〕 國民會議提出年底前發行「中華民國統一紀念郵票」，該郵票圖案爲品字形三人像，中爲孫中山，左爲張學良，右爲蔣介石，上方半圓框內爲「中華民國統一紀念郵票」字樣，郵票面值爲 2 角。當時只有少數樣票流傳於社會上，後因九一八事變發生，使得這套郵票隨之流產。張友坤等編著：《張學良年譜》（修訂版），社會科學文獻出版社，2009 年，第 389 頁。

〔註79〕 張學繼：《馬君武與張學良的一樁公案》，大風編：《張學良的東北歲月》，光明日版出版社，1991 年，第 254 頁。

〔註80〕 1930 年，民國領土面積 1100 多萬平方公里，該八省面積約 200 萬平方公里。

央海軍二分中國海防。所以從這些角度看，張蔣大有劃黃河「平分天下」之勢。似又回到北伐前北京與南京兩政權對峙時的南北分治格局（對比圖 4-2-1-②與圖 4-2-2），由此可以一窺奉系勢力的擴大。

圖 4-2-1：東北政委會政治空間變化及「九一八」事變前國內各實力派政治空間變化〔註81〕

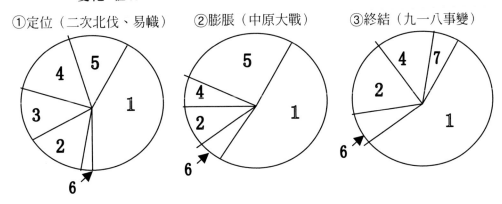

①定位（二次北伐、易幟）　②膨脹（中原大戰）　③終結（九一八事變）

圖 4-2-2：二次北伐前張作霖時期奉系政治空間最大時示意圖

奉系（北京）　國民黨（南京）

第二，張學良在京「指點江山」。1930 年 11 月初，張學良應蔣之邀赴寧，受到國民政府派人北上濟南迎接等高規格歡迎。在南京期間，張主要參加了國民黨三屆四中全會和國民政府國務會議，並發表重要意見，均得到了國民黨及國府的採納。如 11 月 15 日，張學良列席四中全會第三次會議，「關於完成總理陵墓工程及陵園建設之經費，除政府指撥之款 200 萬元外」，還採納張學良建議，「由各省分擔」，並「交中委常會規定分攤辦法」；關於大赦，張學良主張有賣國行爲者不赦；對于禁煙，張學良請國府注意海關檢查；對於商

〔註81〕 圖中數字說明：1 以蔣爲首的南京中央，2 桂系，3 西北馮玉祥集團，4 晉系，5 奉系東北政委會，6 其他小軍閥，7 東北軍退入關內後東北政委會結束，北平政委會成立。

震開除黨籍的處分，張學良「謂情有可原，案遂保留」。11 月 18 日，張學良列席四中全會第六次會議，他「建議注重體育，以健全國民體格，發揚民族精神。經大會採納議決交由國民政府主管機關切實辦理」。11 月 21 日，張學良出席國務會議，關於晉事，議決由張學良負責辦理。11 月 22 日，國民政府內政部長內定爲東北政委會委員劉尙清。11 月 24 日，中央黨部執行委員會常會議決推舉張學良爲政治會議委員。11 月 26 日，張學良出席中央政治會議，通過北平故宮保管委員會組織條例，委員 5 人，由國府任命，人選已內定爲張學良、吳稚暉、張繼、李石曾、王韜。11 月 28 日，張學良出席國務會議，被派爲整理內外債委員會委員，等等。〔註 82〕國民黨召開三屆四中全會的目的是「確定召集國民會議之議案，頒佈憲法之時期，及制定在憲法頒佈以前訓政時期適用之約法」〔註 83〕，所以這次會議對國民黨訓政及憲政都有重要指導意義。張學良非國民黨中央執監委員，而受邀列席全會，其受到的尊崇之榮當時無人出其右，而在會上發表的建議又均被採納，則更凸顯了他在中原大戰後民國政治格局中的地位。

第三，奉系對中央人事的滲透和影響。中原大戰後，奉方有 20 餘人在國民黨的黨政軍各重要機關任職或兼職，如張學良、張作相、王樹翰、張景惠、劉尙清爲國民政府委員；谷耀山、康季封、張國棟等爲立法委員；王家楨爲外交部次長；劉尙清爲內政部次長；王樹翰爲國民政府文官長；張景惠爲軍事參議院院長等。〔註 84〕其中以張學良在中央任職最多，也最爲重要。除任國民政府委員外，還任陸海空軍副司令，而且總司令部發出的公文，「如任命狀、委任狀及一般正式公文、布告和通令等」都要由「總副司令並列署名」〔註 85〕。雖然張並沒有眞正的否決權，但這種「副署」的殊榮卻再次凸顯了以他爲核心的奉系巨大的影響力。中原大戰後，蔣張

〔註82〕 東北文化社年鑑編印處編：《東北年鑑》，東北印刷局，1931 年，第 56～58 頁。

〔註83〕 《蔣請開國民會議先提前召集四全大會》（1930.10.7），季嘯風、沈友益主編：《中華民國史史料外編》第 38 冊，廣西師範大學出版社，1996 年，第 640 頁。

〔註84〕 參見郭正秋：《易幟後蔣張在東北地方政權上的合作與爭鬥》，《理論學刊》2006 年 5 月第 5 期，第 18 頁。

〔註85〕 《林斯賢爲總司令部發出之令文總副司令並列署名事致張電》（1931.1.9），《外部爲從一月起陸海空軍總司令部一切公文均用副司令張副署訓令》（1931.2.1），《奉系軍閥檔案史料彙編》（11），江蘇古籍出版社，1990 年，第 342、434 頁。

聯名發表了一系列命令，如改編馮閻軍隊後，蔣張聯銜發表了委任宋哲元、商震等爲第三軍至第七軍軍長及各師長的委任令和委任商震、張濟新等爲山西省政府主席及委員的委任令等〔註 86〕。此外，張還被選爲中政會委員，進入了國民黨決策層。後來，張更得到了國民黨東北黨務領導權，使他集黨政軍大權於一身，眞正成爲民國政治舞臺上僅次於蔣介石的中國第二號人物。另外，南京中央的人事任免，也受到奉系影響。蔣張在南京會晤期間，張作相等人曾電催張學良早日北返坐鎮瀋陽，張學良則電覆「星期五尚有一項會議，關於……中央人事問題。此會後即行北旋。」〔註 87〕而這個「中央人事問題」即是劉尚清、王樹翰等人在中央任職之事。外交部長王正廷的被撤換，也與奉系方面的態度有一定的關係。在中東路事件對蘇交涉中，王執行南京政府的所謂「革命外交」政策而惹惱東北，張學良多次要求將其撤職，蔣介石雖未即時接受，但九一八事變後不久，王即被撤職，由一向受奉系青睞的顧維鈞繼任。〔註 88〕

第四，奉系取得東北國民黨黨務領導權。中原大戰前，國民黨地方各省市黨部向來由國民黨中央直接控制。但在中原大戰後卻出現了變化，一方面，東北出兵助蔣，維護了統一；另一方面，蔣急於南下「剿共」，於是蔣做了讓步，把東北黨權交給了張學良。遼吉黑熱四省分別成立了各省黨部的過渡性領導機構——省黨務指導委員會，該會「在整理黨務期間，代行執行委員會職權」，負責指導和組建黨部。〔註 89〕南京還重新選派了東北黨務指導委員〔註 90〕，而在各省黨務指導委員會中，張學良、張作相、萬福麟、湯玉麟、張景惠分任遼、吉、黑、熱、哈黨務指導委員會常務委員，奉系掌握了領導權。〔註 91〕

〔註 86〕 《關於改編馮閻所部蔣張聯銜發表委任令的電文》（1931.1.13～17），《奉系軍閥檔案史料彙編》（11），江蘇古籍出版社，1990 年，第 362～372 頁。

〔註 87〕 《張作相張景惠等爲催促返沈坐鎮東北與張學良往覆電》（1930.11.24～25），《奉系軍閥檔案史料彙編》（11），江蘇古籍出版社，1990 年，第 99 頁。

〔註 88〕 郭正秋：《易幟後蔣張在東北地方政權上的合作與爭鬥》，《理論學刊》，2006 年 5 月第 5 期，第 18 頁。

〔註 89〕 參見《省黨務指導委員會組織通則》，東北文化社年鑑編印處編：《東北年鑑》，東北印刷局，1931 年，特五頁。

〔註 90〕 參見《關於張學良等任北方諸省黨務指導委員的文電》（1931.3.15～4.27），《奉系軍閥檔案史料彙編》（11），江蘇古籍出版社，1990 年，第 511 頁。

〔註 91〕 關於東北國民黨黨權問題可詳見本書第五章有關論述。

三、盛極而衰：東北政務委員會政治空間的終結

「政治體就像人體一樣，從它一降生，它就開始走向死亡，而且它自身當中就包含著使它走向死亡的原因。這兩者（指政治體和人體──原文注）都可能擁有一種具備或多或少活力的體制，從而使它們在一個或長或短的時期內維持它們自身。」〔註92〕政治體的「死亡」除了內在體制因素的作用外，還有外部的「某種不可預知的危險，使它在壽限到來之前就毀滅了」。中原大戰後的張學良如日中天，儼然中國的第二號人物，東北政委會的政治空間也擴大到了華北，並達到了頂點，然而就在此時來自外部的「危險」──日本發動的侵華戰爭導致了東北政委會的解體。

1、東北政務委員會的蛻變

1931 年 1 月 18 日，中原大戰後華北善後工作告一段落後，張學良由天津返回瀋陽。在瀋陽處理東北政務三個月後，張學良於 1931 年 4 月 17 日再次南下，坐鎮北平副司令行營，節制北方諸省。雖然張學良在北平接見歐美記者時謂：此次來平專為組織行營，將來瀋陽設辦公處，北平設辦事處，本人三分之二時間住瀋陽，其餘時間分住北平和南京。〔註93〕但實際上，從此張學良再也沒有踏上東北土地一步，也從此東北政委會的地位和作用開始了下降，蛻變成為張學良遙控東北政局的工具。

在這之前，東北政委會是東北政權的權力中樞和象徵，張學良經常召集東北政委會會議，處理東北大小政務。由於東北政委會委員多有兼職，故政委會成立初期常駐瀋陽能經常參加東北政委會會議的最多只有 8 人，而在 1931 年時，常駐瀋陽的委員最多僅有 6 人：張學良、翟文選、王樹翰、袁金凱、臧式毅和劉哲，而劉向清因赴南京就任內政部部長，故於 1931 年 2 月辭東北政委會委員職，莫德惠於 1930 年末就被任命為中蘇會議代表，已赴蘇聯談判，而原來的國府代表方本仁則早已離職他去。並且無論何時，其中張學良均是核心，重大議案最終均需張學良拍板決定。如果張學良不在瀋陽，東北遇重大事情或直接向其電請，或等張回沈後在議決。然而張學良此次離開瀋陽南下赴北平主持副司令行營時，對東北軍、政重新作了安排：「本副司令於本日

〔註92〕〔法〕讓．雅克．盧梭著，徐強譯：《社會契約論》〔英漢對照〕，九州出版社，2007 年，第 219 頁。

〔註93〕韓信夫、姜克夫主編：《中華民國大事記》第三冊（1930～1936），中國文史出版社，1997 年，第 149 頁。

由沈赴平，所有東北政務委員會主席及邊防軍司令長官職務交由張委員作相、臧委員式毅、榮參謀長臻分別代行」，〔註94〕並將東北邊防軍司令長官公署進行了改組〔註95〕。從此張學良開始了對東北軍、政的遙控。

　　張學良的南下，也使得東北政委會在開會時失去了核心，由於重大事情大都繞過東北政委會直接請示張學良，所以在張作相代理東北政委會主席的時間裏，東北政委會開會頻率及會議議案較之張學良時期均有明顯下降。筆者對張學良南下前後東北政委會會議日程進行了對比，發現 1929 年 1 月至 1931 年 4 月，東北政委會平均三四天開會一次，會議議案少則五六件，多則十餘件，而 1931 年 4 月張作相代理之後，政委會平均五六天開會一次，而會議議案多時才四五件，議案內容也多是一般性行政事務，甚少需要張作相代理主席的東北政委會作出決策。由此可見，東北政務委員會的地位和作用在張學良南下北平後，已經悄然地發生了變化。

2、東北政務委員會政治空間走向終結

　　1931 年 4 月張學良南下後，由於「萬寶山事件」的發生，東北的形勢已經漸趨緊張。面對如此情況，作為東北最高的行政機關東北政委會又是如何處理的。為此，筆者查遍東北政委會會議議事日程，發現直到九一八事變發生，東北政委會也沒有開過會議對此類「非常事變」做出任何決定。

　　究其原因，第一，如筆者上面分析的，張學良是東北領導核心，其南下後東北重大事情都需直接向其請示。對於日本嚴重挑釁行為東北政委會也自然向張學良請示過處理辦法，如張學良於 7 月 6 日密電東北政委會稱：「此時如與日本開戰，我方必敗，敗則日方將對我要求割地賠款，東北將萬劫不復，亟宜力避衝突，以公理為周旋。」〔註96〕張學良既已指示辦法，東北政委會還何須開會討論。

〔註94〕《張學良為於本日由沈赴平軍政各職由張作相臧式毅榮臻分別代行的通電》（1931.4.18），《奉系軍閥檔案史料彙編》（11），江蘇古籍出版社，1990 年，第 567 頁。

〔註95〕改組後的東北邊防軍司令長官公署下轄參謀廳和秘書廳，廳長分別為榮臻和吳家象，下設各處及主官如下：參謀處處長王烈、副官處處長楊政治、軍衡處處長徐世英、軍務處處長周濂、軍需處處長蘇全斌、軍醫處處長劉榮緩、軍法處處長顏文海、工務處處長柏桂林、密電處處長張志忻。張德良、周毅主編：《東北軍史》，遼寧大學出版社，1987 年，第 167 頁。

〔註96〕胡玉海主編：《奉系軍閥大事記》，遼寧民族出版社，2005 年，第 611 頁。

　　第二，即便依據《東北政委會暫行組織條例》中關於「緊急處分」權的規定，東北政委會也難以開會做出「合法」決定。《東北政委會暫行組織條例》第五條規定：「本會隸於中央。未經明白或詳細決定事項，以不牴觸範圍內，為因地制宜之處分。本會遇非常事變時，得依委員出席三分之二以上之決議，為緊急處分。」[註97] 東北政務會的組織條例本是參照政治會議分會的組織條例制定的 [註98]，張學良取得「因地制宜之處分」權和「緊急處分」權的目的就是要防止被南京控制，以維持東北半獨立之地位。然而，九一八事變發生後，張學良及在瀋陽的張作相都沒有動用「緊急處分」權，來獨自處理「非常事變」。即便二張想動用「緊急處分」權，參加東北政委會會議的委員數也達不到法定的三分之二的標準。1931年4月張學良南下，東北政委會委員王樹翰隨行，九一八事變發生後，代理東北政委會主席的張作相在錦縣老家為父治喪，這樣在瀋的東北政委會委員至多剩下翟文選、袁金凱、臧式毅、劉哲等4人，即使算上告病回瀋療養的前東北政委會委員劉尚清 [註99] 才不過5人，無論如何也無法達到13名東北政委會委員中出席至少8人的三分之二人數標準，況且張學良不在瀋，無人能做主，故此九一八事變後東北政委會對此沒有做出任何決定。

　　一方面是張學良調停中原大戰後再次進入北平，影響盛極一時；而另一方面則是隨之而來的東北政務委員會的蛻變以及此時東北與日本關係的惡化。[註100] 1931年4月張學良南下後，東北政委會已然發生了蛻變。九一八事變後，東北被日軍佔領，東北政委會委員中除撤到北平者以外，袁金凱、臧式毅、張景惠等人均留在東北，後淪落為漢奸，東北政委會已名存實亡。1932年1月30日，東北政委會被新成立的北平政務委員會取代。至此，東北政委會最終解體，其政治空間也告終結。[註101]（參見圖4-2-1-③）

四、結語

　　中原大戰後，東北政委會的政治空間膨脹並達到了頂點，其控制力擴大

〔註97〕東北文化社年鑑編印處編：《東北年鑑》，東北印刷局，1931年，第179頁。

〔註98〕參見陳之邁著：《中國政府》第一冊，《民國叢書》第三編20（政治、法律、軍事類），1991年，上海書店，第104頁。

〔註99〕劉尚清因身體不適請假回瀋療養，於1931年7月16晚抵瀋。胡玉海主編：《奉系軍閥大事記》，遼寧民族出版社，2005年，第613頁。

〔註100〕有關東北對日關係及其政策可詳見本書第七章有關論述。

〔註101〕有關九一八事變後奉系政權在華北的情況可詳見本書第八章有關論述。

到了華北四省，在國民黨各派系中與蔣派形成南北兩強的格局，並對中央權威形成了巨大挑戰。當然，這一時期奉系勢力的擴張也不是一蹴而就的，奉晉之間，尤其是奉國之間都存在博弈和鬥爭。中原大戰期間，張學良助蔣統一，而且蔣已許諾將華北劃歸張管理，所以在華北權力博弈上，瀋陽始終處於上風，而南京則始終處於下風。但南京國民政府借統一為名，還是有所斬獲，如裁釐、推行統特稅等財稅改革最終得以施行，華北交通大動脈也最終由南京方面掌控等。晉馮新敗，無力抵抗，而蔣又急於回師南下，故此奉系勢力在向華北擴張過程中，雖跌宕起伏，卻波瀾不驚。

中原大戰最大的贏家是張學良，因為奉系幾乎沒費一兵一卒就獲得了巨大的政治和經濟利益。〔註102〕但蔣介石也並不吃虧，因為他不但鞏固了自己的地位，還削弱和消滅了阻礙他統一中國的兩個最大的對手，即晉馮集團。如此一來，在國內蔣的主要對手只剩三個：一是勢力膨脹到華北的張學良；二是以胡漢民為精神領袖的西南軍閥；三是建立了大片農村根據地且已對蔣的統治形成巨大威脅的中共。而中原大戰後，張學良坐鎮北平，把主要精力都用在了華北，且調大批東北軍精銳入關，使東北留下了防守不足的隱患，以至「九一八」事變後，東北盡失。這樣，日本又為蔣極大地削弱了一個對手。通過五次「圍剿」，蔣「剿共」取得顯著效果，中共大片根據地喪失。至1936 年，蔣最終借「兩廣事變」清除了他統一中國的最後一個障礙。而這一切的轉折點，就是中原大戰。因此，中原大戰既是東北政委會政治空間達到頂點的主要外因，也是導致東北政委會在近現代中國政治舞臺上曇花一現的主要遠因，奉系由此盛極而衰。

「九一八」事變之後，奉系流亡關內，由東北政務委員會改組的北平政務委員會，龍蛇混雜，已非清一色的奉系人員，雖然名義上還管理東北、華北八省市，但已是有名無實。隨著閻錫山復出，接收晉綏，以及日本向華北步步緊逼，奉系對華北及民國政局的影響力越來越弱。與此同時，失去東北根基的奉系已是無根浮萍，由原來的集政治、經濟、軍事於一身的軍閥集團蛻變為單純的東北軍軍事集團。西安事變後，張學良被囚，東北軍又開始分化瓦解，最終流亡關內的奉系從近現代中國政治舞臺上徹底消失。

〔註102〕參見陳進金：《東北軍與中原大戰》，《近代史研究》，2000 年第 5 期，第 30〜32 頁。

第五章 「官黨」與「秘黨」：黨權之爭與奉系國民黨化

　　東北易幟後，東北政務委員會成立，也就意味著奉系地方政權由北洋舊政權嬗變成為國民黨新政權。其名稱轉變雖然是在一夜之間完成的，但奉系在組織形式上的國民黨化卻要緩慢而又滯後得多。東北易幟後，國民黨在東北存在著「官黨」與「秘黨」的雙重面相。一方面，為保東北政權，奉系致力於爭奪國民黨公開黨務領導權，使國民黨成為奉系的「官黨」；另一方面，對於國民黨在東北的「秘黨」，奉系實行打擊和排斥政策，企圖把東北的國民黨完全納入其領導的軌道。在與國民黨不斷爭奪東北黨權的同時，奉系一步步走上了國民黨化的不歸路。奉系國民黨化以中原大戰為分界點，明顯地分為前後兩個階段。隨著奉系高層不斷地加入國民黨，其國民黨化也就基本完成。但由於利益的非一致性，使得奉系並沒有真正融入國民黨，而仍是對民國政局走向有重大影響的地方實力派系。雖然最後國民黨東北黨部在東北各省建立了起來，但由於已被奉系打造成受其控制的「官黨」，且已距離九一八事變為時不遠，因此國民黨黨治體制實際上並未在東北真正建立並發揮作用。本章將重點討論奉系與國民黨在東北黨權上的爭鬥及奉系的國民黨化。

一、奉系對國民黨東北黨務公開化的因應

　　1924 年國民黨改組，委朱霽青為國民黨北方執行部委員，主持東北黨務。孫中山同時指派東北臨時宣傳委員六人：奉天朱霽青、劉國增，吉林李夢庚、傅汝霖，黑龍江王星舟、鄒桂五，[註1] 負三民主義宣傳之責。為籌備東北黨

[註 1] 梁肅戎：《九一八事變前後中國國民黨人在東北的活動》，李雲漢主編：《國民政府處理九一八事變之重要文獻》，臺北：中國國民黨中央委員會黨史委員會，1992 年，第 631 頁。

部，國民黨北方執行部委錢公來爲奉天黨務籌備委員，兼吉林、黑龍江、哈爾濱通信聯絡員，負東北革命全責。〔註2〕時朱霽青常親赴東北指導黨務，如駐哈爾濱時，發刊《平民周報》，宣傳三民主義。一同工作者，還有楊首魚、邢春霞、齊東野、呂醒夫、王憲章、李忠選等人。〔註3〕1925年七八月份，國民黨北方執行部派李桂庭、孟傳大、韓靜遠、孟廣厚、韋仲達五人爲奉天省臨時省黨部籌備委員，由京赴奉。負責奉天黨務的錢公來認爲他們才從大學畢業的學生，革命熱情有餘，戰鬥經驗毫無，加以李桂庭等人也沒有向錢公來說明係籌備委員，所以錢未予安排重要工作。〔註4〕

1925年11月郭松齡反奉，國民黨北方執行部決議派朱霽青秘密入奉，組織國民革命軍東北軍總司令部，以便與郭松齡相呼應。該總司令部初設奉天，部內機要由錢公來負責，後總部遷哈爾濱馬家溝，奉天軍務和發動迎郭等事，由錢處理。該總司令部還秘密任命了各路司令和師長，預定郭軍入瀋之日，吉黑兩省便發動暴動。惜郭軍未一月即敗，於是張作霖開始搜捕國民黨人，該總司令部被查剿，部內任國楨、陳慧生、彭守撲、齊東野等人均被捕，羈押于吉林司法監獄。由於錢公來提前獲得情報，朱霽青、錢公來二人才僥倖脫險。〔註5〕

1926年秋北伐，爲充實東北地方黨務工作，國民黨特派黃埔學生包景華、單成儀、劉廣瑛、劉不同等人到奉天參加東北黨務工作，工作目標位學校、工廠、交通機關、鐵路沿線。〔註6〕1927年春，北伐軍勢如破竹，進抵長江一線，與奉軍開始短兵相接。張作霖於是在北方大肆搜捕國共兩黨人員，國民黨北京執行部9名執行委員中，有6人被抓。〔註7〕國民黨東北黨部也遭破壞，

〔註2〕趙尺子：《錢公來》，杜元載主編：《革命人物志》第8集，臺北：中央文物供應社，1971年，第197頁。

〔註3〕錢公來：《朱霽青》，黃季陸主編：《革命人物志》第1集，臺北：中央文物供應社，1969年，第376頁。

〔註4〕趙尺子：《錢公來》，杜元載主編：《革命人物志》第8集，臺北：中央文物供應社，1971年，第197～198頁。

〔註5〕趙尺子：《錢公來》，杜元載主編：《革命人物志》第8集，臺北：中央文物供應社，1971年，第197頁；錢公來：《朱霽青》，黃季陸主編：《革命人物志》第1集，臺北：中央文物供應社，1969年，第378頁。

〔註6〕錢公來：《朱霽青》，黃季陸主編：《革命人物志》第1集，臺北：中央文物供應社，1969年，第378頁。

〔註7〕費正清編，楊品泉等譯：《劍橋中華民國史1912～1949》上卷，中國社會科學出版社，1994年，第623頁。

錢公來於此時被奉系逮捕入獄，使奉天黨務為之一時停頓。於是國民黨中央另行密派梅公任、曹重三、張驤濤等主持奉天黨部，而吉黑哈三地之黨務未遭嚴重打擊，仍由 1926 年冬組織部所派劉廣瑛、包景華、劉不同、單成儀、王立亭等東三省黨務軍事特派員支持。

　　至 1927 年春夏之交，奉吉黑三省黨務指導委員會〔註 8〕先後秘密成立，計奉天省錢公來（坐獄）、劉不同、包景華、王立亭、李光忱、王育文等當選黨務指導委員；吉林省劉廣瑛、張日新、王佳文、劉精一、王行文等當選黨務指導委員；黑龍江省單成儀、王憲章、呂醒夫、王秉鈞等當選黨務指導委員。〔註 9〕1928 年春為配合二次北伐，國民黨中央又改派了東北黨務指導委員，即包景華、劉不同、王立亭、錢公來、李光忱、王育文、馬亮、徐壽軒為奉天省黨務指導委員，張日新、劉廣瑛、張仲瑜、王誠、王毓彬、劉耕一、朱晶華為吉林省黨務指導委員，單成儀、李榮五、呂醒夫為黑龍江省黨務指導委員，王崇熙、龔介民、五理封、孟咸直為哈爾濱黨務特派員，文武煊、譚文彬、武尚權、王希甫、田印川、沉默、張鳳岐、趙子香為熱河省黨務指導委員。〔註 10〕

　　這一時期，東北的國民黨人還建立了進步團體和學校，來宣傳三民主義。朱霽青、梅公任等人組織了啓明學社，出版《啓明旬刊》，廣泛聯絡當時在奉天活動的老同盟會員、國民黨員、共產黨員和社會知名人士；〔註 11〕韋仲達、李桂庭等人則創建了啓明學院，廣招學員，宣講三民主義，培養革命基幹〔註 12〕。二者相互呼應，成為國民黨在奉天的活動基地。

〔註 8〕1927 年分共清黨後，國民黨中央便令各省黨部停止工作，委派黨務指導委員成立省黨務指導委員會，代行省黨部職權，負責重新登記黨員及組建新黨部；1930 年中原大戰後，華北各省黨部被破壞，國民黨中央又委任黨務整理委員成立省黨務整理委員會，代行省黨部職權，負責整理華北各省黨務及組建新黨部。另外，在原尚未建立省黨部的省份，國民黨中央委派特派員成立省特派員辦事處，代行省黨部職權，負責發展黨務籌建黨部。即黨務指導委員會、黨務整理委員會和特派員辦事處與省黨部同級別，所以在本書內，除特別說明外，為行文方便，均將該「兩會一處」泛稱為「黨部」。

〔註 9〕趙尺子：《錢公來》，杜元載主編：《革命人物志》第 8 集，臺北：中央文物供應社，1971 年，第 198～199 頁。

〔註 10〕中國第二歷史檔案館編：《中國國民黨中央執行委員會常務委員會會議錄》（四），廣西師範大學出版社，2000 年，第 13～14、62 頁。

〔註 11〕陳立文：《從東北黨務發展看接收》，臺北：東北文獻雜誌社，2000 年，第 10 頁。

〔註 12〕《李桂庭》，秦孝儀主編：《革命人物志》第 20 集，臺北：中央文物供應社，1979 年，第 42 頁。

　　1928 年 6 月，國民革命軍平定京津後，國民黨雖對東北問題謀求政治解決，但仍爲國民革命軍進入東北暗做準備。如奉天省黨部特派梅公任、張驤濤、徐箴、宋全恭、丁起等人組織奉天市黨部，張驤濤與包景華負責軍事活動，梅公任等負政治活動，「期望中央軍進攻東北時，爲之內應」。〔註13〕國民黨黑龍江省負責人王賓章遣楊致煥，偕同王漢倬密抵南京中央黨部，報告「黑省人心趨向中央，請求建立各縣及學校黨部」；嗣後又密派單成儀、李桂庭爲黑龍江黨務特派員，「展開江省黨務與民運工作，響應南北統一運動」。〔註14〕李桂庭此時公開身份爲啓明學院董事長，自從擔任黑龍江省黨務特派員後，積極聯絡黑龍江哈爾濱間軍事行動，深入各縣，大量吸收黨員，鼓動駐軍策反。〔註15〕不久李身份暴露，奉系頒令通緝。11 月 29 日，國民黨奉天省黨務指導委員會臨時辦公處啓明學院被軍警包圍搜查，攜去文件多份，指委會宣傳部秘書韋仲達等被捕，〔註16〕啓明學院被封閉解散，東北國民黨組織遭到破壞。

　　國民黨東北黨部在爲國民革命軍進入東北做準備的同時，國民黨正在與奉系就東北易幟進行談判，其中一項內容就是東北國民黨公開化問題。國民黨與其它地方軍閥的本質區別就是有一套政治理論，這也是國民黨取得政權、控制政權的一個重要原因。而奉系軍閥和其它舊軍閥一樣，沒有「明確、統一的政治理念」〔註17〕。通過戰爭的實踐，張學良深刻地認識到國民黨政治理論的威力和奉系的不足：「如果全國都信三民主義，中國能夠統一。咱們東北軍什麼主義都沒有，現在佔了……這麼多地盤，可是我們連一個好縣長都派不出去」〔註18〕，所以他深怕國民黨在東北開展黨務、宣傳三民主義會動搖奉系的統治根基。因此東北易幟談判時，對於國民黨在東北公開發展，奉系最初並不同意。

〔註13〕　梅公任：《革命回憶錄》，《革命人物志》第 11 集，臺北：中央文物供應社，1973 年，第 116 頁。

〔註14〕　《王賓章》，《革命人物志》第 15 集，臺北：中央文物供應社，1976 年，第 43 頁。

〔註15〕　《李桂庭》，《革命人物志》第 20 集，臺北：中央文物供應社，1979 年，第 42 頁。

〔註16〕　韓信夫、姜克夫主編：《中華民國大事記》第二冊（1923～1929），中國文史出版社，1997 年，第 920 頁。

〔註17〕　胡玉海：《奉系縱橫》，遼海出版社，2001 年，第 279 頁。

〔註18〕　〔美〕唐德剛訪錄，〔美〕王書君著述：《張學良世紀傳奇》（上卷），山東友誼出版社，2002 年，第 187 頁。

然而東北統一於三民主義旗幟之下已是大勢所趨，國民黨遲早得在東北建立黨部，所以爭奪國民黨東北黨務領導權就成了奉系鞏固在東北統治的重要策略。爲此奉系採取了以下幾項措施：第一，以黨部問題爲東北易幟的條件之一，盡力延緩國民黨東北黨部的建立。如 1928 年 7 月 14 日和 8 月 4 日，張學良與國府代表談判時，雖然兩次都表示原則同意易幟，但均提出外交、黨部、政治分會和熱河四項前提條件。其中黨部問題，前一次張提出：先派員赴南京見習，再行舉辦黨部〔註 19〕；後一次張則提出：黨務指導委員會，須經三省政府同意後方始成立〔註 20〕。之後在談判中又要求「國民黨黨部在東三省暫緩設置」，「所有特委員及中央黨部人員，現在東三省秘密工作者均一律撤回」。〔註 21〕顯然奉系是把黨務與易幟掛鈎，迫使希望統一東北的蔣介石在東北黨務問題上讓步。

第二，屢派贊同易幟或與國民黨有淵源之要員南下接洽黨務與易幟，以便於轉圜。1928 年 8 月至 9 月，張學良先後委派邢士廉和胡若愚爲駐京代表，委派老國民黨員、前國會參議員奉天人王治安赴滬，10 月末又特派邢士廉、王樹翰爲東三省保安委員會全權代表進京，均爲接洽易幟和黨務。12 月 2 日，邢士廉、王樹翰見蔣介石，對於東北黨部問題，稱「張學良已選定多人來寧學習黨務，俾明瞭眞正黨義後，與政府合力建設東北黨部」。〔註 22〕奉系派代表南下，國民政府亦派代表北上，雙方均借代表之口，表達各自眞正意圖，利於即時溝通，消除猜忌和誤會。

第三，以退爲進，製造友善氛圍，以換取國民黨讓步。1928 年 8 月，奉系單方面宣佈將前此被捕入獄的東三省國民黨員，一律釋放，並對以前禁售的三民主義一類書籍和報導國民黨消息的《東方雜誌》、《國聞周報》之類刊物，一律解禁，允許在東三省自由銷售，以表示服從三民主義之誠意。〔註 23〕之後，在國民黨要求將「在秘密時期，爲工作被捕之黨員」，「一律釋放」〔註 24〕

〔註 19〕 韓信夫、姜克夫主編：《中華民國大事記》第二冊（1923～1929），中國文史出版社，1997 年，第 848 頁。

〔註 20〕 張友坤等：《張學良年譜》（修訂版），社會科學文獻出版社，2009 年，第 211 頁。

〔註 21〕 季嘯風、沈友益：《中華民國史史料外編》，第 32 冊，廣西師範大學出版社，1996 年，第 40 頁。

〔註 22〕 張友坤等：《張學良年譜》（修訂版），社會科學文獻出版社，2009 年，第 218、222、226、231 頁。

〔註 23〕 張友坤等：《張學良年譜》（修訂版），社會科學文獻出版社，2009 年，第 214 頁。

〔註 24〕 中國第二歷史檔案館編：《中國國民黨中央執行委員會常務委員會會議錄》（六），廣西師範大學出版社，2000 年，第 255 頁。

的情況下，爲進一步緩和雙方關係，奉系再次讓步。國民黨員在奉被押者據國民黨稱有「錢公來、張仲瑜、李重選、俞子元、謝惠橋、齊東野、高洪光、張子坡、徐守五、包晏華、單成儀、劉廣英等十二員」，並要求「速爲開釋」，對於「在押之韓守本、趙尚志、張沖等三員爲共黨」，要求「不可開釋」。而在得知「中央黨部對於在押黨員未釋頗滋不滿，請陳總座查明釋放」時，張學良迅速飭令奉天省長公署核辦，稱：查「國民黨在東省被押各員只有本部裁決管束錢公來一名，其餘十一名是否在東省各機關羈押，亟應查明，以憑核辦」，〔註25〕並將錢公來開釋。12 月中旬，爲搜檢啓明學院一事，張學良致電北平進行解釋：「東省對於黨義，屢經表示贊同。黨員工作，本無取其他秘密。前此逮捕黨員錢某，業經釋放，並已派員去京。此爲良並不反對黨務工作之證明。至『啓明學院』一案，實因街市發現種種反對國民黨等傳單，經嚴密偵察，實爲該學院所發出，故不得不加以逮捕，徹查訊究。」〔註26〕啓明學院一案，本是因爲國民黨不顧南北和談之大局，以秘密方式暗派人員在東北開展工作，運作南北統一，致使東北局勢緊張，奉系不得不採取斷然措施之結果。〔註27〕然而，張學良此時卻隱瞞眞相，委曲求全，爲國民黨開脫，但張還是對國民黨採取「秘密」的地下方式進行了婉轉的批評，表示了不滿。

雖然國民黨中央已經確定了政治解決東北問題的方針，但在國民黨內也不是沒有反對聲音，而主要反對者之一便是尚處地下狀態的國民黨東北黨務指委會，它「誓死反對以政治解決」〔註28〕東北問題，並提出「組織東三省特務委員會，以資應付」東北政局之巨變〔註29〕。冰凍三尺非一日之寒，深處奉系地盤的國民黨黨務人員爲在東北發展黨務與奉系進行了多年的艱苦鬥爭，身邊同志前仆後繼，自然在感情上無法接受國民黨中央政治解決東北的決定。所以，奉系既然想奪取東北黨務領導權，自然要先化解國、奉之間的

〔註25〕 《奉天省長公署爲據南京電在奉被押之錢公來等爲國民黨員請速開釋趙尚志等爲共產黨不可開釋的訓令》（1928.12.11），遼寧省檔案館編：《奉系軍閥檔案史料彙編》⑦，江蘇古籍出版社，1990 年，第 710 頁。

〔註26〕 張友坤等：《張學良年譜》（修訂版），社會科學文獻出版社，2009 年，第 232、233 頁。

〔註27〕 參見《王賓章》，《革命人物志》第 15 集，第 43 頁；《中華民國大事記》第二冊（1923～1929），第 920 頁。

〔註28〕 《東三省問題絕對不容政治解決》，《京報》，1928 年 7 月 13 日。

〔註29〕 中國第二歷史檔案館編：《中國國民黨中央執行委員會常務委員會會議錄》（六），廣西師範大學出版社，2000 年，第 7 頁。

恩怨和矛盾，為國奉雙方相互妥協創造一個緩和的環境。

第四，切實派員到南京考察學習黨務，為日後奉系掌握東北黨權作準備。1928 年 11 月 26 日，張學良致電國府，謂擬於日內選派大批人員進京研究黨義，待其瞭解黨義後，一律召回指導東省黨務進行。12 月 3 日和 5 日，張相繼派朱光沐和胡若愚為視察黨務專員，赴寧調查黨的組織與工作，並與中央接洽東北辦黨事宜。〔註 30〕同時，吉林省政府又派出參議趙汝梅、佟衡，軍法處長韓慶雲，省議會議員李祝三、李英祐、韓香閣等六人，會同奉、黑兩省人員同赴南京考察黨義、黨治、黨務等政事。

清末以來，中央弱勢，地方強勢，地方主義盛行。所以張學良「東北人辦東北黨部」的想法，並非孤立無援，而是有其社會基礎的，當時東北很多人都支持張學良。如 1928 年 9 月下旬，吉林公民王新甫等上書張學良，擁護張學良「釋干戈為玉帛，化南北為一家」的主張，並「建議由各地多選廉明人員，送往南京訓練，精譯研究三民主義，庶幾改革可以徹底，建設方克穩固。」〔註 31〕可見，東北人還是普遍支持張學良辦「官黨」。

二、奉系的國民黨化

1、東北黨權之爭與奉系國民黨化開始

東北易幟後，國奉雙方對東北黨權的爭奪並未結束，而是更加白熱化，由暗鬥轉為明爭。一方面，奉系繼續採取各種辦法積極向國民黨施壓，意圖製造控制東北黨務之事實。首先，自設黨務籌備處。1928 年 12 月 28 日，奉系擔心「潛伏」的國民黨黨人，乘「新年之際同時舉賀」之機「成立黨部，麻煩多矣」。於是決定於 29 日東北易幟之時「同時成立黨務籌備處，以資抵制。」但由於奉天省長公署「尚未預備，只好由本署趕速先書一東三省黨務籌備處紙條，藍地白字，貼於總部東牆上」。〔註 32〕可見奉系對國民黨在東北建立黨部的恐懼。奉系一面自設黨務籌備處，拒不承認國民黨前派東三省黨務指導委員，另一面又將東北各省黨務指委名單擬定，呈請國民黨中央核准

〔註 30〕 張友坤等：《張學良年譜》（修訂版），社會科學文獻出版社，2009 年，第 230、231 頁。

〔註 31〕 張友坤等：《張學良年譜》（修訂版），社會科學文獻出版社，2009 年，第 223 頁。

〔註 32〕 《關於奉省當局準備於易幟同時掛出黨務籌備處牌以抵制潛伏黨人乘機組織黨部的文件》（1928.12.28），遼寧省檔案館編：《奉系軍閥檔案史料彙編》（8），江蘇古籍出版社，1990 年，第 4～6 頁。

委派。〔註33〕奉系欲得東北黨務領導權之意圖已躍然紙上。

其次，於國、奉接洽黨務問題時，堅持自辦黨務之原則。1929 年 1 月 6 日，奉系與國民黨代表協商東北黨部問題，決定在東北建立國民黨省、縣黨部及東三省軍政要員均須入黨，但有如下要求：（一）東北黨部由黨務籌備處籌辦，候中央任命黨務指導委員後，實行組織；（二）奉系派員赴南京考察黨務工作，嚴禁私人組黨；（三）吉黑各省設立黨務籌備分處，籌備處及分處均要由奉系自派籌備員負責。〔註34〕

再次，借助媒體製造自辦黨務的輿論環境。1929 年 1 月 10 日，張學良接見上海《新聞時報》記者顧執中，便借該報宣傳奉系對東北黨務的主張，稱：「因共產黨時時混淆黑白，且目下黨紀太壞，每有人利用黨的活動壓迫小民，故不得不慎重從事。東省對於黨務工作在進行，已派多人往首都等處參觀及研究黨中真諦，並擬開辦黨務學校，切實訓練黨務人員，使東省民眾成為真正國民黨員。」13 日，《大公報》又刊出消息：易幟之初，東北「當局曾決設黨務研究院，專為習黨機關」。〔註35〕

最後，劃定省黨部辦公地，製造自辦黨務即將開始之印象。1929 年 1 月 19 日，東北政委會決議將「省議會停止」，並將「省議會基址改為省黨部」。〔註36〕1 月 21 日，奉系又從奉吉黑三省選派霍戰一、佟衡等 23 人赴南京考查學習黨務情形，以兩月為期。〔註37〕似乎兩個月後奉系就要自辦黨務。

另一方面，張學良繼續採取措施緩和國、奉關係，迫蔣讓步。如 1929 年 1 月 26 日，張學良下令將因響應郭松齡反奉而被逮捕的齊東野等 18 人釋放。〔註38〕錢公來、齊東野等人均是早先意圖策反軍隊推翻奉系在東北統治之國

〔註33〕《東方雜誌》第 26 卷，第 5 號，第 125 頁；《東北黨務》，《大公報》，1929 年 1 月 9 日。

〔註34〕張友坤等：《張學良年譜》（修訂版），社會科學文獻出版社，2009 年，第 238 頁；《東北政務委員會》，《大公報》，1929 年 1 月 8 日。

〔註35〕張友坤等：《張學良年譜》（修訂版），社會科學文獻出版社，2009 年，第 239 頁；《東北黨政》，《大公報》，1929 年 1 月 13 日。

〔註36〕《東北政委會議決各機關改組事項及奉天省長公署的通令》（1929.1.19），《奉系軍閥檔案史料彙編》（8），第 107 頁。

〔註37〕張友坤等：《張學良年譜》（修訂版），社會科學文獻出版社，2009 年，第 243 頁；《東北派員習黨》，《大公報》，1929 年 1 月 21 日。

〔註38〕參見趙尺子：《錢公來》，《革命人物志》第 8 集，臺北：中央文物供應社，1971 年，第 197 頁；錢公來：《朱霽青》，《革命人物志》第 1 集，臺北：中央文物供應社，1969 年，第 378 頁；張友坤等：《張學良年譜》（修訂版），社會科學文獻出版社，2009 年，第 244 頁。

民黨東北黨務人員，奉系將這些人全部開釋，自然是奉國合作誠意的最好表示。

張學良雖要求東北軍政人員均須入黨，但這僅是一種政治姿態而已，並非奉系軍政人員無差別、無選擇地全部入黨。如1928年12月16日，張電北平陸軍大學東三省籍學員90餘人，令剋日加入國民黨，謂三省黨部已在籌備即將成立，所有服務軍政人員，均須入黨。張不令奉系自己培養的東北講武堂學員入黨，而是令北平陸大東三省籍學員入黨，顯然作秀成分居多。再如12月底，張指示同澤新民儲才館各人士加入國民黨，並責令其專辦黨務。〔註39〕然而他們真正加入國民黨卻是在易幟以後，而且雖集體參加了國民黨〔註40〕，卻都沒有領取黨證，更沒有專辦黨務，而是大都在東北軍政機關服務。〔註41〕

所以東北易幟後，只有少數奉系人員加入國民黨（參見表5-4-1）。這些人主要可分為以下三類：第一，原同盟會會員，為加強與國民黨的聯繫而加入國民黨，如沈鴻烈。沈鴻烈早年留學日本時便加入了同盟會，〔註42〕東北易幟後即按照國民黨規定的特種登記辦法加入國民黨。1929年1月11日，國民黨中央發表東三省黨務指導委員9人，其中奉系1人，便是沈鴻烈。〔註43〕國民黨所以安排沈出任黨務指委完全是奉系對東北黨權的激烈爭奪使然。然而僅沈一人出任指委，這顯然只是點綴，奉系當然不會同意，國民黨不對東北黨權問題讓步，其東北黨部實難建立。

第二，奉系最高領導層，即張學良、張作相、萬福麟、湯玉麟、翟文選等人。1929年1月上旬，張學良致電蔣介石，請「按照特別登記法」，准其入黨，並請蔣介石及何成濬作其介紹人。〔註44〕關於奉系人員入黨問題，國

〔註39〕 張友坤等：《張學良年譜》（修訂版），社會科學文獻出版社，2009年，第232、236頁。

〔註40〕 除李紹沆以外。東北易幟後，張學良擬從同澤新民儲才館學員中選派遼寧省黨務指導委員，但要求是國民黨員，經朱光沐徹查，只有李紹沆一人是國民黨員，張就派李紹沆為遼寧省黨務指委。李紹沆雖曾為國民黨員，但自1927年12月考入同澤新民儲才館後便受嚴格軍事化管理，與外界基本脫離關係，故李只能算是奉系化的國民黨員。

〔註41〕 參見李蔭春：《同澤新民儲才館》，北京市政協文史資料委員會：《杏壇憶舊》，北京出版社，2000年，第160頁。

〔註42〕 張憲文等主編：《中華民國史大辭典》，江蘇古籍出版社，2002年，第1010頁。

〔註43〕 國民黨中央發表的東三省黨務指導委員為沈鴻烈、周震麟、何應欽、何成濬、方本仁、寧夢岩、王用賓、黃一歐和張宗海九人。參見張友坤等：《張學良年譜》（修訂版），社會科學文獻出版社，2009年，第241頁。

〔註44〕 張友坤等：《張學良年譜》（修訂版），第240頁；《張學良請蔣介紹入黨》，《大公報》，1929年1月11日。

民黨中央決定交由蔣介石等 12 名中央委員組成的北方黨務審查委員會負責，〔註45〕實際就是賦予蔣便宜行事之權。其結果，1 月 23 日，張學良與張作相、萬福麟、翟文選等經蔣介石、譚廷闓介紹，「在國民黨中央黨部以特別手續」准予入黨。〔註46〕根據張學良自述，他是「民國十八年，東北易幟之後」，「正式加入國民黨」的。〔註47〕可見鮐背之年恢復自由的張學良對自己何時加入國民黨還是記憶深刻的。2 月 4 日，經國府任命的東北四省軍政長官張學良等人舉行宣誓及受印典禮。各長官宣誓的誓詞，武職爲：「余以至誠，實行三民主義，服從長官命令，捍衛國家，愛護人民，克盡軍人天職」；文職爲：「余敬宣誓，余將恪遵總理遺囑，服從黨義，奉行國家法令，及努力於本職，並節省經費，決不雇用無用之人員，不營私舞弊，及授受賄賂，如違背誓言，願受本黨最嚴厲之處罰」。〔註48〕從這段誓言尤其是文官的誓言，我們可以看出東北政委會主席、四省政府主席均是國民黨黨員，即便不是任職前入黨，至少也得是任職後不久便入黨，否則「如違背誓言，願受本黨最嚴厲之處罰」就無從談起了。所以熱河省政府主席湯玉麟與張學良、張作相等人一樣也是於東北易幟後加入的國民黨。

第三，奉系高層，尤其是在易幟談判時期與國民黨接洽的奉系要員，如王樹常、王樹翰、邢士廉、胡若愚等。1929 年 3 月 4 日，國民黨中常會指派王樹常等人爲遼寧省出席國民黨三全大會的代表〔註 49〕，表明王於東北易幟後便已入黨。8 月 8 日，國民黨中常會委派邢士廉等五人爲哈爾濱黨務特派員〔註50〕，說明邢於 8 月前便已入黨。至於邢加入國民黨更爲確切的時間，我們可以從張學良等人入黨的方式及國民黨對發展黨員的規定中尋找答案。

〔註45〕 中國第二歷史檔案館編：《中國國民黨中央執行委員會常務委員會會議錄》（七），廣西師範大學出版社，2000 年，第 63 頁。

〔註46〕 張友坤等：《張學良年譜》（修訂版），社會科學文獻出版社，2009 年，第 244 頁。

〔註47〕 竇應泰：《張學良遺稿：幽禁期間自述、日記和信函》，作家出版社，2005 年，第 92 頁。

〔註48〕 張友坤等：《張學良年譜》（修訂版），社會科學文獻出版社，2009 年，第 246 頁。

〔註49〕 中國第二歷史檔案館編：《中國國民黨中央執行委員會常務委員會會議錄》（七），廣西師範大學出版社，2000 年，第 400 頁。

〔註50〕 中國第二歷史檔案館編：《中國國民黨中央執行委員會常務委員會會議錄》（九），廣西師範大學出版社，2000 年，第 112～113 頁。

　　1927 年，國民黨分共清黨後，即舉行黨員總登記，並暫行停止入黨。〔註 51〕此時，國民黨清黨主要是清除國共合作時期共產黨殘留的一切影響，將國民黨「改造」成蔣心目中的模樣。所以在國共合作背景下，國民黨一全大會通過的《中國國民黨總章》自然也屬被「清」行列。而修正後的國民黨總章是在 1929 年 3 月國民黨三全大會上通過的。該總章規定：「本黨黨員分黨員及預備黨員」，「凡年齡在 20 歲以上，並曾爲本黨預備黨員，受黨的訓練 1 年以上，由區分部呈請區執行委員會考查合格，縣市執行委員會之審查及省執行委員會核准者，方得爲黨員。」「黨員有發言權，表決權，選舉權及被選舉權。預備黨員只有發言權。」國民黨黨部分爲中央黨部、省黨部、縣黨部、區黨部、區分部。〔註 52〕

　　東北易幟後，國奉雙方對由誰領導東北黨務尚在爭奪之中，連東北各省黨務指導委員會都未正式公開成立，縣及以下黨部就更是無從談起，所以奉系人員根本無法按照即將通過的新總章規定的正常程序入黨。另外，預備黨員權力太小，對旨在控制東北黨權的奉系來說，沒有意義。舊黨章國民黨不承認，新黨章的入黨規定又無法適用奉系，而奉系人員入黨以便加入東北黨部又勢在必行。所以蔣只好同意「按照特別登記法」，「在國民黨中央黨部以特別手續」准予奉系人員入黨，直接成爲國民黨黨員，並進入各省黨務指導委員會。

　　然而遍查東北易幟前後國民黨關於入黨問題的各種規定，並無「特別登記」和「特別手續」之法，倒是有「特種登記」之法。1928 年 10 月 25 日，國民黨中常會通過了國民黨舊黨員登記案，決定「凡同盟會、中華革命黨及登記於中國國民黨成立至民國十二年改組時之同志，得適用特種登記表，有妥實之證明，即承認其黨籍」。11 月 1 日，國民黨中常會通過了《補行登記手續條例》，再次規定「特種登記」對象爲「同盟會、中華革命黨及登記於中國國民黨成立至十二年改組時之同志」。之後國民黨中常會又通過了《修正補行登記手續條例》，並對特種登記做了更詳細的說明，但其登記對象仍爲「舊黨員」和「舊同志」。〔註 53〕顯然該法之適用對象並非爲張學良等非「舊黨員」

〔註 51〕　參見《第四次全國代表大會前之中央執行委員會黨務報告（1929.3～1931.11）》，
　　　　　李雲漢主編：《中國國民黨黨務發展史料——中央常務委員會黨務報告》，臺
　　　　　北：近代中國出版社 1995 年版，第 208 頁。
〔註 52〕　《修正後之國民黨總章》，《東方雜誌》第 26 卷第 7 號，第 127 頁。
〔註 53〕　詳見中國第二歷史檔案館編：《中國國民黨中央執行委員會常務委員會會議
　　　　　錄》（六），第 326 頁；中華民國史事紀要編委會：《中華民國史事紀要（初稿）》
　　　　　1928 年 7 至 12 月，第 818 頁；中國第二歷史檔案館編：《中國國民黨中央執
　　　　　行委員會常務委員會會議錄》（六），第 379 頁。

和「舊同志」的奉系人員。

如此說來，這就只能有一種解釋，一方面，國民黨暫停入黨；另一方面，奉系人員又非入黨不可，於是蔣介石以北方黨務審查委員會之名，借特種登記之法，行奉系人員入黨之便。所以，所謂「特別登記」乃應爲「特種登記」之誤。

1929 年 3 月 23 日，國民黨三全大會決定停止補行登記及特種登記，以後只准按照修正後之總章定期徵求新黨員。5 月 4 日，國民黨中央正式通令：海內外補行登記及特種登記即日截止，以後只准照修正後之總章，定期徵求新黨員。〔註 54〕7 月，國民黨中常會相繼通過入黨手續六條和徵求預備黨員實施辦法，「而各地黨部開始徵求預備黨員之時期，及徵求之期限，須先經中央之核准」。10 月，國民黨中央才「根據實施辦法，陸續核准各地黨部徵求預備黨員」。〔註 55〕然而「先後核准徵求預備黨員之黨部」並沒有東北四省。〔註 56〕這就說明自 1929 年 3 月國民黨三全大會後，奉系人員便不可能在以特種登記方式加入國民黨，即便是按國民黨修正後的總章入黨亦行不通。

所以，邢士廉只能是與張學良等人一起以特種登記方式入黨的。蔣介石既然同意了張學良、張作相等人於東北易幟後以特種登記法入黨，怎麼會獨獨對邢士廉或像邢士廉一類的奉系要員例外呢？邢士廉雖不如張作相、萬福麟等人爲奉系核心人物，但邢在奉系也是老資格，屬於高層，尤其在國、奉易幟談判期間，奔走於南北之間，進行聯絡，於情於理蔣也不會將邢士廉一類奉系人員排斥在特種登記入黨之外。所以邢士廉及王樹翰等在易幟談判時期甚爲出力的「功臣」必然也是於東北易幟後同張學良等人一同入黨的。

對於奉系領導東北黨務的要求，最初國民黨僅同意沈鴻烈加入東北黨部，而其他各省黨務指導委員仍由國民黨原有黨務人員擔任，即黑龍江省黨部委

〔註 54〕《時事日誌》，《東方雜誌》第 26 卷第 10 號，第 162 頁；《時事日誌》，《東方雜誌》第 26 卷第 13 號，第 126 頁。

〔註 55〕《第四次全國代表大會前之中央執行委員會黨務報告（1929.3～1931.11）》，李雲漢主編：《中國國民黨黨務發展史料——中央常務委員會黨務報告》，第 209 頁。

〔註 56〕先後核准徵求預備黨員之黨部，國內有：浙江（5 個月），河南（5 個月），青島（3 個月），上海（3 個月），天津（2 個月），北平（2 個月），山西（5 個月）等省市黨部，及北寧鐵路特別黨部（1 個月），與中央政治學校區黨部（僅未入黨學生 63 人）。參見李雲漢主編：《中國國民黨黨務發展史料——中央常務委員會黨務報告》，第 232 頁。

員爲單公威、王憲章、呂醒夫、王秉鈞等；吉林省黨部委員爲劉廣瑛、張日新、王佳文、劉耕一、王行文等；奉天省黨部爲劉不同、包景華、王立亭、李光忱、王育文、錢公來等。〔註57〕而「錢公來隱然仍爲東北各市縣黨部（對張張萬〔註58〕而言，這些黨部都是地下的——原文夾註）的領導中心」〔註59〕。這顯然是奉系不能同意的，所以國民黨被迫數次改派東北各省黨務指委。1929年 5 月 16 日，國民黨中常會決議改派東北各省黨務指委（參見表 5-2-1）。然而此次各省僅加入了少量奉方人員，如張學良、張作相、萬福麟等人，國民黨讓步甚少。不僅如此，在各省國民黨指委中，劉不同、單成儀、楊致煥、馬亮等人，夙爲東北當局所嫉恨，被拒參加東北黨務活動，〔註60〕所以奉系仍不同意國民黨的這一方案。國民黨爲達東北易幟計，乃將這幾人分別調到華北工作，如調劉不同爲天津市黨務整理委員，單成儀爲北寧路特別黨部籌備委員〔註61〕。7 月 15 日，國民黨中常會決議加派湯玉麟、金鼎臣爲熱河省黨務指委。〔註62〕8 月 8 日，國民黨中常會再次決議改派東三省黨務指委（參見表 5-2-1）。此次改派，國民黨再次增加奉方黨務指導委員的數量，如增加了王樹常、熙洽、陶經武、湯玉麟、金鼎臣、張景惠和邢士廉等人，使得奉方黨務指導委員數量由原先平均每省一人上昇到了兩人，但仍是國民黨黨務指委人數占絕對優勢的局面，對於想要控制各省黨部的奉系來說，仍無法滿意。

東北易幟後，從奉系自辦東三省黨務籌備處到國民黨屢屢改派東北黨務指委，國奉雙方均忙於東北黨權之爭，使得東北黨務一直處於停頓狀態，這種情況一直延續到 1931 年初。東北黨務停頓主要有以下三個原因：第一，國奉雙方均不做實質讓步，長期僵持。國民黨雖稍有讓步，但無法滿足奉系要求。而奉系所以表現的不得東北黨權誓不罷休，主要是基於兩方面考慮：一

〔註57〕梁肅戎：《九一八事變前後中國國民黨人在東北的活動》，李雲漢主編：《國民政府處理九一八事變之重要文獻》，臺北：中國國民黨中央委員會黨史委員會，1992 年，第 631 頁。
〔註58〕即張學良、張作相、萬福麟。
〔註59〕趙尺子：《錢公來》，《革命人物志》第 8 集，臺北：中央文物供應社，1971年，第 199 頁。
〔註60〕《王賓章》，《革命人物志》第 15 集，臺北：中央文物供應社，1976 年，第43 頁。
〔註61〕中國第二歷史檔案館編：《中國國民黨中央執行委員會常務委員會會議錄》（九），廣西師範大學出版社，2000 年，第 6 頁。
〔註62〕中國第二歷史檔案館編：《中國國民黨中央執行委員會常務委員會會議錄》（八），廣西師範大學出版社，2000 年，第 511 頁。

方面，怕國民黨操縱東北黨部，宣傳政治理論影響人心，動搖奉系統治；另
一方面，根據國民黨的以黨治國理論，地方黨部有指導、監督地方政府之權，
故怕東北政委會及東北各省政府受國民黨掣肘。所以，1931 年 3 月 26 日，在
東北五省市黨務指導委員宣誓就職典禮上，國民黨代表吳鐵城才有對地方黨
和政府關係的如下釋疑，讓東北要人不要誤會：「黨同政府兩部系統，監督國
府，是中央黨部，國府分轄各省市縣政府，而各省市縣黨部負責監察責任，
及宣傳責任。宣傳是宣傳三民主義，監察是監察省市縣遵奉政府命令，是否
違反中央黨部的主義，不是地方黨部對地方政府有直接監督權。」〔註63〕

　　第二，戰爭影響。1929 年發生中東路事件，「東北當局為正當防衛計，遣
軍籌餉，昕熙不遑，國內各重要工作，皆無暇顧及」；1930 年關內又發生中原
大戰，「東北當局，一方主張和平救國，一方整備軍實，協助中央戡亂」，致
使「黨務之進行遂有暫趨停頓之勢」。〔註64〕

　　第三，國民黨公開委派的東北各省黨務指委會缺少經費，無法展開工作。
按國民黨規定，地方黨部經費均由地方財政擔負，即省黨部由省財政廳撥付
經費，縣黨部由縣財政局撥付經費。但由於國民黨一直不同意將東北黨權交
與奉系，所以奉系也就一直拒絕承認國民黨委派的黨務指委會的合法性，也
就一直沒有給東北各省黨務指委會撥發經費，以致各省黨務指導委員會均因
沒有經費而無法開展工作，不得不積聚瀋陽。由於國民黨地方黨部經費很大
比例都是委員生活費，所以奉系不撥經費，國民黨各黨務指委生活費都無著
落，不得不紛紛向中央索要生活費和黨部維持費，而國民黨亦不得不予以支
持，〔註65〕以便在東北繼續保持國民黨的「公開」存在。由此可見，國民黨
東北黨務公開發展乃路漫漫其修遠兮。

表 5-2-1：中原大戰前國民黨兩次改派東北各省黨務指導委員名單

	省市	委員姓名
1929 年 5 月	遼寧	張學良、王君培、劉不同、彭志雲、馬亮、張鐸、趙連豐

〔註63〕 東北文化社年鑒編印處編：《東北年鑒》，東北印刷局，1931 年，特三頁。
〔註64〕 東北文化社年鑒編印處編：《東北年鑒》，東北印刷局，1931 年，特一、特二頁。
〔註65〕 參見中國第二歷史檔案館編：《中國國民黨中央執行委員會常務委員會會議錄》
　　　　（九），第 55、83、182、190、244、308、409 頁；中國第二歷史檔案館編：《中
　　　　國國民黨中央執行委員會常務委員會會議錄》（十四），第 189、192 頁。

	吉林	張心潔、王秉謙、張作相、王誠、張鼎任、顧耕野、單成儀
	黑龍江	呂醒夫、王憲章、萬福麟、楊致煥、田見龍、王秉鈞、劉存忠
	熱河	李元箸、譚文彬、張啓明、於明洲、梁中權
	哈爾濱〔註66〕	張沖、韓聖波、張大同
1929年8月	遼寧	張學良、王君培、彭志雲、王樹常、康明震、李紹沆、徐箴
	吉林	張作相、韓介生、熙洽、林常盛、石九齡、張心潔、顧耕野
	黑龍江	萬福麟、王憲章、田見龍、王秉鈞、孟傳大、呂醒夫、陶經武
	熱河	湯玉麟、金鼎臣、李元箸、譚文彬、張啓明、於明洲、梁中權
	哈爾濱	張景惠、張沖、張大同、張瀚、邢士廉

資料來源：中國第二歷史檔案館編：《中國國民黨中央執行委員會常務委員會會議錄》
（八），廣西師範大學出版社，2000年，第185、511頁；中國第二歷史檔
案館編：《中國國民黨中央執行委員會常務委員會會議錄》（九），廣西師範
大學出版社，2000年，第112～113頁。

2、奉系國民黨化加速與東北黨權歸奉

中原大戰前，閻錫山為了反蔣需要，將晉冀平津綏察各地的國民黨黨部
全部「暴力封閉」〔註67〕，所以中原大戰期間，國民黨華北黨務工作均被迫
停頓。而在晉軍撤出平津，東北軍剛入城接防時，平津國民黨黨員「頓呈活
躍」狀態，對此奉系很是提防，在津曾加勸止，抵平後又「特與中央宣傳部
特派員董霖接洽，請其持重，以防……妨及治安」〔註68〕。奉系認為華北黨
務「於時局未定之前，似不得不爾」，即維持現狀。國民黨被迫接受，只是派
員整理華北黨務。〔註69〕

1930年11月至12月，張學良赴南京參加國民黨三屆四中全會，期間張
蔣對華北、東北諸多問題進行了協商。表面上看，張蔣兩巨頭會議是商談北
方善後，實則是張蔣對華北、東北權益的一次重新分配，是東北與華北利益

〔註66〕哈爾濱所設為黨務特派員辦事處，所改派者為黨務特派員。
〔註67〕中國第二歷史檔案館編：《中國國民黨中央執行委員會常務委員會會議錄》（十
　　　一），第278頁。
〔註68〕《第五旅旅長董英斌為晉軍撤出北平中央黨員頓呈活躍曾加勸止與張學良往
　　　覆電》（1930.9.24～26），《奉系軍閥檔案史料彙編》（10），江蘇古籍出版社，
　　　1990年，第595頁。
〔註69〕冀平津等省市黨務整理委員會於東北軍接收平津後陸續成立，參見《中國國
　　　民黨中央執行委員會常務委員會會議錄》（十二），第494頁；《中國國民黨中
　　　央執行委員會常務委員會會議錄》（十三），第55、56頁。

格局的一次重新洗牌。〔註 70〕在華北方面，國奉雙方均獲得巨大利益，尤其奉系勢力重新進入關內，沒費一槍一彈就獲得了冀察平津青兩省三市，而晉馮則完全被邊緣化。在東北問題上，由於奉系在華北獲利甚大，所以奉系略作妥協，國奉雙方達到了「雙贏」。其中黨務方面雙方協定：在華北，南京主持華北各級黨部，奉系人員參與省市黨部，並由華北省市政府支給黨部經費；在東北，蔣同意由張主持東北黨部，張同意正式建立省黨部，而縣及以下黨部暫不建立。〔註 71〕

　　既然同意奉系人員加入華北黨部，自然就涉及到奉系人員入黨的問題，而國民黨新總章規定之入黨程序顯然不適用。雖然國民黨中常會於 1930 年 5 月 8 日便通過了《特許入黨辦法》，但特許入黨申請人仍需要按照國民黨新總章規定的程序在其所在地區分部辦理入黨手續，〔註 72〕該法顯然也不適用。所以為便於奉系人員入黨並進入東北和華北黨部，國民黨三屆四中全會通過了《特許東北有功將領等入黨案》：「東北將領及其他政治工作人員擁護黨國有功，其未取得黨籍者，應准特許入黨。由中央委託張學良同志負責調查、報告、介紹，轉給黨證。」〔註 73〕

　　12 月 4 日，張學良從南京北返，駐天津，與晉馮將領協商晉馮軍編遣事宜，至 12 月末確定編遣方案。在北方軍事善後的同時，華北各省黨部亦在進行改組。12 月 8 日，張與國民黨華北黨部代表劉不同商定，嗣後華北黨部經費，仍照舊章辦理，由省市政府每月按數發給，並由省市政府派二人在黨部擔任工作，以示黨政合作。〔註 74〕根據 12 月 11 日國民黨中常會通過的《省黨務指導委員會組織通則》之規定，省黨務指委會和黨務整委會由國民黨中央派 5 人或 7 人組織之。而冀平津各省市黨部改組時，國民黨中央僅向各省市黨部委派整理委員 4 人。〔註 75〕這顯然是為奉系預留空缺，以待張學良推

〔註 70〕 張學良在南京期間，與蔣達成的若干協議，參見張友坤等：《張學良年譜》（修訂版），第 357、359、360、364～366 頁。
〔註 71〕 張友坤等：《張學良年譜》（修訂版），社會科學文獻出版社，2009 年，第 366 頁。
〔註 72〕 參見中國第二歷史檔案館編：《中國國民黨中央執行委員會常務委員會會議錄》（十一），第 425～426 頁。
〔註 73〕 榮孟源主編：《中國國民黨歷次代表大會及中央全會資料》（上），光明日報出版社 1985 年版，第 916 頁。
〔註 74〕 張友坤等：《張學良年譜》（修訂版），社會科學文獻出版社，2009 年，第 367 頁。
〔註 75〕 參見中國第二歷史檔案館：《中國國民黨中央執行委員會常務委員會會議錄》（十三），第 202、125～126 頁。

舉人選後任命。1931 年 1 月 5 日張學良正式電東北軍政各機關：近與中央商定，東北將領、官吏均應正式入黨。於是王樹翰奉張諭令，擬介紹劉翼飛、于學忠、周守一、臧啓芳、高惜冰、鄒尚友、潘景武等人入黨，送上志願書二份。〔註76〕而這些人中絕大多數均以內定爲華北、東北各黨部委員。例如，于學忠加入北平市黨部；劉翼飛、高惜冰加入察哈爾省黨部；王樹常、何玉芳、馬纘益加入河北省黨部；張學銘加入天津市黨部；胡若愚加入青島市黨部，後不久又被國民黨中央暫調爲北平市黨務整理委員。此外，高紀毅經陳立夫介紹入黨，加入了北寧鐵路特別黨部。〔註77〕3 月，這些加入華北黨部的奉方人員與再次改派的東北黨務指委一起得到國民黨中央的明令任命。〔註78〕

　　除了上述經奉系推薦，並經國府要員正式介紹特許入黨〔註79〕以外，還有部分奉系人員是借赴寧開會的機會，在會後由國府組織特許入黨的，如遼寧省政府委員兼民政廳長陳文學等人便是於 1931 年 1 月份借赴寧開全國內政會議之機，特許入黨的。〔註80〕

　　東北軍入關後，吳鐵城曾與張學良商定，在張未赴南京與蔣協商華北黨部經費問題前，暫由省市政府按月撥數額不等之維持費給華北各黨部，

〔註76〕《張學良爲與中央商定東北將領官吏均應正式入黨給東北邊防軍司令公署及各省市電》（1931.1.5），《王樹翰爲奉張諭擬介紹劉翼飛等加入國民黨送入黨志願書函》（1931.2.19），《奉系軍閥檔案史料彙編》（11），江蘇古籍出版社，1990 年，第 328、477 頁。

〔註77〕《張爲我兄必須加入北平市黨部致于學忠電》（1931.1.31），《劉翼飛爲擬同高惜冰加入黨務工作和省黨部經費是否照原計劃支給致張電》（1931.1.21），《張爲王樹常擬保遼一師校長馬纘益爲河北省黨指委准其前往致吳家象電》（1931.2.21），遼寧省檔案館編：《奉系軍閥檔案史料彙編》（11），第 421、402、449 頁；中國第二歷史檔案館編：《中國國民黨中央執行委員會常務委員會會議錄》（十三），第 126 頁；《中國國民黨中央執行委員會常務委員會會議錄》（十四），第 447 頁；《高紀毅爲中央黨部委爲北寧路黨部委員可否就職事與張往覆電》（1931.2.23～26），遼寧省檔案館編：《奉系軍閥檔案史料彙編》（11），第 477 頁。

〔註78〕參見中國第二歷史檔案館編：《中國國民黨中央執行委員會常務委員會會議錄》（十四），第 307～309 頁。

〔註79〕上述王樹翰所謂「介紹」僅是向國民黨中央推薦入黨的人選，嗣後又由國民黨中央委員正式介紹這些被薦人員特許入黨。參見中國第二歷史檔案館編：《中國國民黨中央執行委員會常務委員會會議錄》（十四），第 10、178、201、273、276、351、486 頁。

〔註80〕參見中國第二歷史檔案館編：《中國國民黨中央執行委員會常務委員會會議錄》（十四），第 256 頁。

如北平市黨部每月 5000 元，察哈爾省黨部每月 3000 元。〔註81〕但對於維持費撥發時間，國民黨要求從 1930 年 10 月起，即奉系接收冀察後撥發，並已自 10 月起停發華北各省市黨部經費。而奉系則堅持從 11 月起，即張赴寧與蔣協商華北黨務問題後撥發。由於奉系的堅持，國民黨也只能無奈接受。11 月 24 日，根據蔣張協定，國民黨三屆四中全會按往年標準重新審定了華北各黨部月經費預算：河北省黨部 15460 元，天津市黨部 12300 元，北平市黨部 11500 元，北寧鐵路黨部 4700 元，察哈爾省黨部 8000 元。〔註82〕其中，有的黨部經費實際上比 1929 年經費標準還稍低，如天津市黨務整委會 1929 年月經費為 13000 元〔註83〕，而此次重新核定的預算則少了 700 元。實際上，由於國民黨地方黨部經常要求增加經費預算，所以該預算是呈逐年上昇趨勢的，而中原大戰後，不但沒漲反而稍有下降，此中體現了奉系對國民黨黨務發展的影響。此外，對於核定後的經費撥發時間，國民黨要求從 1930 年 11 月起，即張蔣達成妥協後由華北各省市政府如數撥發，而奉系則堅持從 1931 年 1 月起，即華北各省市黨部改組完畢，奉系人員加入各黨部大局已定後撥發。對此，華北各黨部雖多不滿，「屢來討索」〔註84〕，但奉系仍堅持從 1 月起「照原預算支給」〔註85〕各黨部經費。而國民黨中央亦只能做出由華北各省市政府「逐漸付清」〔註86〕這一自欺欺人的決定，藉以維護所謂的中央權威了。

張蔣在南京對於東北黨務曾有協議，即鑒於東北情況特殊，東北僅成立

〔註81〕 中國第二歷史檔案館編：《中國國民黨中央執行委員會常務委員會會議錄》（十三），第 144 頁；《劉翼飛為擬同高惜冰加入黨務工作和省黨部經費是否照原計劃支給致張電》（1931.1.21），遼寧省檔案館編：《奉系軍閥檔案史料彙編》（11），江蘇古籍出版社，1990 年，第 402 頁。

〔註82〕 中國第二歷史檔案館編：《中國國民黨中央執行委員會常務委員會會議錄》（十三），第 107 頁。

〔註83〕 中國第二歷史檔案館編：《中國國民黨中央執行委員會常務委員會會議錄》（十），第 130 頁。

〔註84〕 《劉翼飛為擬同高惜冰加入黨務工作和省黨部經費是否照原計劃支給致張電》（1931.1.21），遼寧省檔案館編：《奉系軍閥檔案史料彙編》（11），江蘇古籍出版社，1990 年，第 402 頁。

〔註85〕 《張為省黨市黨部經費從本年 1 月起照原預算支給覆劉翼飛、王韜電》（1931.1.29），遼寧省檔案館編：《奉系軍閥檔案史料彙編》（11），江蘇古籍出版社，1990 年，第 414～415 頁。

〔註86〕 中國第二歷史檔案館編：《中國國民黨中央執行委員會常務委員會會議錄》（十三），第 452 頁。

四省黨部，而縣及以下黨部暫不設置。〔註 87〕於是在華北善後告一段落後，國民黨中央便於 1931 年 2 月派吳鐵城為代表前往東北，其使命除代表蔣慰勞東北軍隊，並宣揚召開國民會議之意義外，最重要的便是要重建東北黨部，由秘密的地下活動改為公開。〔註 88〕而奉系更是未雨綢繆，早在 1930 年 11 月便通知河北省、天津市兩政府，稱東北即將開始辦理黨務，要調用嫻熟人員，以資助理，命其準備幹練黨員，省府 10 人，市府 6 人，填表呈東北政委會，以備調用。〔註 89〕

在奉系對華北黨部問題做出讓步後，國民黨不得不在東北黨部問題上讓步。在數次改派東北黨務指委均被奉系否決後，國民黨中央又於 1931 年 3 月再次大規模增加奉方黨務指導委員數量，遼吉黑哈三省一市重新改派，熱河省黨務指導委員加派張驤濤、卞宗孟二人，而後不久又將熱河黨務指委金鼎臣免職，而以蓋允恭補充，所有黨務指導委員最終均得到奉系的認可（參見表 5-2-2）。

表 5-2-2：中原大戰後國民黨改派東北各省黨務指導委員名單

省市	委員姓名
遼寧	張學良、朱光沐、邢士廉、彭志雲、康明震、李紹沆、湯國楨
吉林	張作相、熙洽、石九齡、韓介生、林常盛、顧耕野、陳士瀛
黑龍江	萬福麟、王憲章、王秉鈞、呂醒夫、吳煥章、楊夢周、潘景武
熱河	湯玉麟、蓋允恭、李元箸、譚文彬、于明洲、張驤濤、卞宗孟
哈爾濱	張景惠、鄒尚友、周天放、藏啓芳、徐箴

資料來源：中國第二歷史檔案館編：《中國國民黨中央執行委員會常務委員會會議錄》（十四），廣西師範大學出版社，2000 年，第 307、308、349 頁；《關於張學良等任北方諸省黨務指導委員的文電》（1931.3.15～4.27），遼寧省檔案館編：《奉系軍閥檔案史料彙編》（11），江蘇古籍出版社，1990 年，第 511 頁。

於是，東北五省市黨務指導委員於 3 月 26 日齊集瀋陽，宣誓就職，並先後成立了各省黨務指導委員會。根據 1930 年 12 月 11 日國民黨中常會通過的

〔註 87〕張友坤等：《張學良年譜》（修訂版），社會科學文獻出版社，2009 年，第 360 頁。
〔註 88〕王星舟：《吳鐵老東北之行》，臺灣《傳記文學》，第 29 卷第 4 期，第 34 頁。
〔註 89〕東北文化社年鑑編印處編：《東北年鑑》，東北印刷局，1931 年，第 56 頁。

《省黨務指導委員會組織通則》之規定：「省黨務指導委員會，在指導黨務期間，代行省執行委員會職權」，其任務主要爲「辦理全省黨員之考查及訓練等事宜」、「組織全省各地方黨部並指導其活動」和「籌開全省代表大會及成立正式省黨部」，「各省黨務指導委員會之限期至各該省黨部正式成立時爲止。」〔註 90〕由此可知，省黨務指導委員會與省執行委員會同級，是正式黨部建立前各省黨務最高領導機關。

在上述各指導委員中，總的來看奉系委員比國民黨委員多〔註 91〕，從各省情況看，雖然國民黨委員居多的省份略多（參見表 5-2-3），但在各省指委會常務委員〔註 92〕中奉系占多數的省份略多（參見表 5-2-4）。根據前述《省黨務指導委員會組織通則》之規定：省黨務指委會「設常務委員 3 人」，由各指委互推或由中央指定之。而實際上，東北各省黨務指委會的常委均是張蔣相互妥協之結果。遼寧和哈爾濱均是奉系佔據常委席位，就連奉系委員不占多數的黑龍江省黨務指委會，亦是奉系人員萬福麟、潘景武佔據了常委中之二席。而吉熱兩省，張作相、湯玉麟亦均擔任常委一職。

表 5-2-3：1931 年 3 月國民黨改派的東北各省黨務指委會委員分析

	遼寧	吉林	黑龍江	熱河	哈爾濱	總數	指委占多數省份數
奉　系	6	3	3	3	4	19	2
國民黨	1	4	4	4	1	14	3

〔註 90〕 中國第二歷史檔案館編：《中國國民黨中央執行委員會常務委員會會議錄》（十三），第 202 頁。

〔註 91〕 其中奉系人員爲：遼寧張學良、朱光沐、邢士廉、彭濟群、李紹沆、湯國楨 6人，吉林張作相、熙洽、陳士瀛 3 人，黑龍江萬福麟、楊夢周、潘景武 3 人，熱河湯玉麟、蓋允恭、卞宗孟 3 人，哈爾濱張景惠、鄒尚友、周天放、藏啓芳 4 人，共 19 人；國民黨人員爲：遼寧康明震 1 人，吉林石九齡、韓介生、林常盛、顧耕野 4 人，黑龍江王憲章、王秉鈞、呂醒夫、吳煥章 4 人，熱河李元著、譚文彬、于明洲、張驤濤 4 人，哈爾濱徐箴 1 人，共 14 人。

〔註 92〕 1938 年 7 月，國民黨中執會修訂《省黨部組織條例》，規定各省黨部設主任委員一人，才始行主任委員制（陳興唐主編：《中國國民黨大事典》，中國華僑出版社，1993 年，第 529 頁）。而在此之前，國民黨省黨部一直實行常務委員制。所以在東北易幟後，張學良、張作相、萬福麟等人絕不可能擔任主任委員。因此，《革命人物志》第 8 集第 199 頁所載「張學良、張作相、萬福麟爲主委」和《張學良年譜》（修訂版）第 380 頁所載「張學良爲主任委員」，均爲誤。

表 5-2-4：1931 年 3 月國民黨改派的東北各省黨務指委會常務委員分析

	遼寧	吉林	黑龍江	熱河	哈爾濱	常委占多數省份數
奉　系	3	1	2	1	3	3
國民黨	0	2	1	2	0	2

資料來源：《中國國民黨中央執行委員會常務委員會會議錄》（十五），第 114、410 頁；
　　　　　張友坤等：《張學良年譜》（修訂版），第 381 頁。

　　此次改派與 1929 年 8 月那次改派相比，奉系人員所佔比例大增，達近六成，但主要集中在遼寧和哈爾濱，該兩省市奉系人數占到絕對多數。所以此次奉系同意國民黨改派方案，成立了各省黨務指導委員會，除了因在華北獲得巨大利益而在東北略做讓步外，主要在於遼寧和哈爾濱兩地黨務已全然為奉系控制。從奉系角度看，遼寧省為張學良的「京畿」，向來為東北各省的中心，具有代表奉系的政治意義。而從國民黨角度看，奉天和哈爾濱在東北易幟前向來是國民黨在東北發展黨務的兩大基地，也具有代表國民黨的政治意義。因此，哪方首先放棄了遼寧這塊前沿陣地，就等於放棄了東北，何況國民黨把兩塊陣地全都「棄」。所以奉方對遼寧和哈爾濱黨務的絕對控制，就標誌著其取得了東北黨務領導權。

　　奉系掌握東北黨務領導權後，東北各省黨務指委仍有向有利於奉系方面調整的趨勢。如 1931 年 6 月 11 日，國民黨中央將熱河省黨務指委于明洲免職，遺缺以海玉衡補充，〔註 93〕於是在熱河黨務指委會中奉方人員便占多數。所以在九一八事變前，無論是黨務指委比例、指委占多數省份比例還是常委占多數省份比例，均是奉系全面占優，這也是奉系最終取得東北黨權的重要形式特徵。

三、國民黨「秘黨務」的受挫

　　國民黨東北黨務指導委員會的最終成立，雖然標誌著國民黨東北黨務公開化的最終實現，但東北黨權的旁落，又使得東北黨務難以獲得實質發展。因為兼任各省黨務指委尤其是常委的奉系軍政要員，本身就都身兼數職，實難再有精力做奉系本不想做的黨務。而且各省黨務指委任命後，其中奉系人

〔註93〕中國第二歷史檔案館編：《中國國民黨中央執行委員會常務委員會會議錄》（十五），第 178 頁。

員多有從指導黨務之省調動至它省工作者，於實際上也難於開展黨務工作。如 1931 年 3 月 26 日，召開遼寧省黨務指導委員會第一次會議，會議推舉張學良、彭濟群、朱光沐三人爲常務委員。〔註94〕而 4 月 17 日，張學良便離沈赴平，朱光沐、彭濟群二位常委和湯國楨委員亦先後離沈赴平，在副司令行營任職。如湯國楨任副司令行營副官處處長，朱光沐任總務處長。〔註95〕遼寧省黨務指委會常委均不在沈，其黨務自然無法開展。遼寧黨務情況尚且如此，其他各省黨務情況亦可想而知了。

另一方面，奉系要員兼任黨部職務實際上是國民黨對奉系的妥協，以求黨務公開和以黨治國「版圖」的完整。而奉系軍政人員兼任各省黨務指委之舉，實際上又是與國民黨《省黨務指導委員會組織通則》所規定的省黨務指委「以不兼其他任何職務爲原則」相違背的。這種制度設計與實際操作背離的現象是當時國民黨中央與實力派地方之間關係的一個顯著特徵，不僅在東北存在，在其他地方實力派控制的省份中也是普遍存在的。〔註96〕對於實力不足以控制全國每一個角落的國民黨來說，這也是無奈之舉。

在國民黨東北黨部最終建立之前的兩年多時間裏，國民黨在與奉系討價還價的同時，仍然繼續支持原處於地下的國民黨東北黨部秘密發展黨務工作，企圖在東北開闢第二條領導路徑。東北易幟後，屢經改組的東北各省黨部，多由奉系「政軍要人及部屬充之」，國民黨「忠實同志，極少參加」，因此被國民黨東北現存黨務人員梅公任、張驤濤等人稱之爲「官黨」，因「無法與之合作」而開展「秘黨務」，以「維持中央正統」。1929 年春，梅公任與張驤濤、徐箴、劉韶九等人，會商東省未來黨務發展問題。他們「以精神團結，自辦黨務，爲之無形之機構，聯合忠信之同志，爲中心立體之幹部，負起遼寧省黨之責任，繼續辦黨。當電劉不同等代表，說明吾等意旨，報告組織部長陳果夫先生等，電覆許可，並每月發給補助費 1000 元，方開始辦理黨務。以瀋陽市爲核心，與各縣同志學友，聯絡結合，使負責任，發展黨務。」「此時東北各省市黨部，舊委員多不滿意中央之辦法爲與地方政府之妥協，無能

〔註94〕 張友坤等：《張學良年譜》（修訂版），社會科學文獻出版社，2009 年，第 381 頁。

〔註95〕 張友坤等：《張學良年譜》（修訂版），社會科學文獻出版社，2009 年，第 382、395 頁。

〔註96〕 參見王奇生：《黨員、黨權與黨爭——1924～1949 年中國國民黨的組織形態》，上海書店出版社，2009 年，第 188 頁。

反對。」梅等人「復與吉黑哈三黨部有關係委員，取得聯繫，以便推動黨務，多徵求忠誠於黨國之人士，爲黨員。」〔註97〕同時，梅公任還積極貫徹國民黨中央關於下層黨部工作綱領的決議〔註98〕，如「與閻玉衡、車向辰等，組織遼寧國民識字協進會」，以梅爲主席，「車負責任，辦理對於民眾有利益之事項，譬如代民眾寫書信，教民眾識字，利用寒暑假，聯合大、中、師各學校學生，歸鄉與地方師、中小各學校師生聯合，辦理民眾學校教育，以喚起民眾愛國思想。識字運動，作爲反對日本侵略東北之宣傳」〔註99〕的同時，還藉此大力宣傳了三民主義。

1929 年冬，梅公任爲遼寧省立第一師範學校聘爲國民黨「黨義教員，東北各校增授黨義課程，始於一師，可以謂爲開啓各校教育之新風氣。」後爲向國民黨中央接洽黨務而赴南京，「首先會見陳秘書長立夫，繼續、會見陳部長果夫先生，……報告東北黨務概況，陳述秘密進行黨務意見。蒙荷察納，請求增加公費，創辦學校，用爲擴充黨務機關。」1930 年秋，梅又「與驤濤、韶九商議決定在哈市舉行三省與哈市黨部代表會議」，以梅「爲遼寧代表，先函告黑省代表王憲章、王秉鈞兩同志」。梅「到哈後，假楊克儉同志之農場爲會址。哈市徐箴爲代表，吉省無有適當人選，時張懷南同志來哈，邀爲組織部代表。」由梅「提出議案，討論議決，推驤濤、懷南爲代表，呈請中央核准。」並決定以梅「負對中央聯絡責任，驤濤負地方聯絡責任。中央批准後，每月發給經費一萬元」，由梅領取分發。於是梅公任等人「之秘黨務，始通行於東省，使東北各忠實同志不爲官黨所引誘，亦未爲外黨所利用，始終維持中央正統系者」，梅等「無名而有實之黨部與有力焉。」〔註100〕

在國民黨「秘黨務」積極重建省領導系統的同時，還試圖繞過奉系秘密發展東北縣黨部。對此，奉系大爲不滿，嚴加禁止和破壞。如 1928 年 7 月 12 日，牛莊郵局接得營口市縣黨務指導委員會信一件。然而此時遼寧省黨部尚未成立，「市縣黨部何能先行組設」，時任遼寧省公安管理局局長的高紀毅認

〔註97〕梅公任：《革命回憶錄》，《革命人物志》第 11 集，臺北：中央文物供應社，1973 年，第 117～118 頁。

〔註98〕詳見中國第二歷史檔案館編：《中國國民黨中央執行委員會常務委員會會議錄》（六），第 326 頁。

〔註99〕梅公任：《革命回憶錄》，《革命人物志》第 11 集，臺北：中央文物供應社，1973 年，第 119 頁。

〔註100〕梅公任：《革命回憶錄》，《革命人物志》第 11 集，臺北：中央文物供應社，1973 年，第 118～119 頁。

爲「恐有別情」，便命「該管第五分局詳查具報」。該分局長劉風池呈稱，「派行政局員姜向陽前往公眾閱報社詳查，並訊據楊憾吾聲稱，現在省黨務指導委員會臨時辦公處業已成立，駐遼寧省三經路中央飯店，其各市縣黨部行將發表，本埠黨務指導委員會雖未設立，而關於本會所用印戳業由省黨部發下，並派楊憾吾、陳曜訓、董素心、陳受時……等五名爲本埠黨務委員，至前與牛莊郵局所寄之函即用此戳，並非虛僞等語。」〔註 101〕而奉系則以「現在遼寧省黨部指委業經中央黨部重行派定，正在籌備進行」爲由，認定「營口之縣黨指委顯係僞託」，明令禁止。〔註 102〕對於在洮南和遼陽等地發現的各縣黨務指委會或黨部，也一概認爲「均繫僞託，自應照案，一體禁止」〔註 103〕。

此外，國民黨的「秘黨務」還組織學生發起反日運動，亦超出奉系政權的容忍範圍之外。1928 年 12 月 9 日，奉天省黨務指導委員會呈國民黨中央黨部：「查東省當局最近對於本黨同志施以種種不利之行動，業經隨時呈報在案。最近奉天市指委會呈報東北大學北校負責同志吳大中、印化封，工作努力並指揮反日運動，被學校當局忌視，於本月三日開除學籍，此後無所依歸犧牲實鉅，請設法安置等情。又通遼縣特派員呈報該縣第二區一分部負責保化族女同志，黨員張純毅女同志，均繫第三小學教員，因宣傳黨義被學校當局辭退，並有當地軍警監視，……生活立感困難，請予設法維護等情。查此等事件數月以來不一而是，且恐將來繼續發生而無應付方法，對於黨務前途爲害匪細。且在黨的立場上，凡黨員爲黨工作而招犧牲，黨部實難置之不理，究應如何辦理致中央執行委員會。」對此，國民政府於 1929 年 1 月 17 日致電奉天省政府，僅提出「對於黨務工作人員務須加以維護」〔註 104〕的要求，突顯了國民黨對奉系無可奈何的窘態。

由以上論述，我們可以看出，國民黨對奉系並不信任，對其合作態度是否眞誠也是懷疑的，而且國民黨並沒有眞正放棄遼寧黨務，更沒有放棄東北

〔註 101〕《高紀毅爲發現有營口市縣黨務指導委員會信件事給遼省府呈》(1929.8.3)，《奉系軍閥檔案史料彙編》(8)，江蘇古籍出版社，1990 年，第 594 頁。

〔註 102〕《東北政委會爲營口之縣黨指委顯係僞託應飭令禁止給遼省府指令》(1929.8.31)，《奉系軍閥檔案史料彙編》江蘇古籍出版社，1990 年，(9)，第 19 頁。

〔註 103〕《遼陽縣縣長石秀峰爲報縣境並無黨部組織給遼寧省政府呈》(1929.10.19)，《奉系軍閥檔案史料彙編》(9)，江蘇古籍出版社，1990 年，第 215 頁。

〔註 104〕《國民政府文官處爲對黨務工作人員須加以維護致奉天省政府函》(1929.1.17)，《奉系軍閥檔案史料彙編》(8)，江蘇古籍出版社，1990 年，第 99 頁。

黨務。可見此時國、奉之間暫時妥協與合作的關係，完全是以利益為紐帶，以互相利用以達各自目的為動機的。〔註105〕

　　一面是強勢地方當局，一面是弱勢黨部，而雙方均認為己方有理，衝突的結果必然是國民黨東北黨務人員吃虧。而國民黨中央此時能為東北黨務人員做的，只有力爭「人權」以護「黨權」了。如國府給遼寧省府的「訓令」：「中央執行委員會近據各地方黨部報告，各地政治機關及軍事長官往往有擅捕甚至槍殺黨務工作人員情事。……所有黨務工作人員除疑犯應由法院依法辦理外，不得任意逮捕傷害。各軍政機關如發現黨務工作人員，有反動不法行為只可分別其性質，由法院或其所屬之上級黨部檢舉，即有緊急處分之必要時，亦應商同當地黨部辦理，不得經自拘辦，以重黨務而維人權。」〔註106〕

四、結語

　　東北易幟前，國民黨就已在東北發展了地下組織，秘密發展黨務，宣傳三民主義。奉系對國民黨的態度只有一個，就是扼殺，極力破壞國民黨在東北的發展。隨著北伐的深入，統一已成大勢所趨。以東北易幟為契機，國民黨本可以獲得在東北公開發展的良機，但由於奉系的抵制和拖延，使國民黨僅僅在東北獲得了合法身份的承認而已。後來，中原大戰期間，張學良助蔣打敗馮閻等反蔣派，使張蔣均獲得巨大利益，於是雙方均做了讓步，蔣同意將東北黨務領導權交與張，而張則同意將華北黨務領導權還與蔣。

　　東北易幟前，國民黨東北黨務以單線的地下發展方式進行，諸多不便，發展緩慢。而東北易幟後，國民黨東北黨務以公開和地下，即「官黨」和「密黨」雙線進行。由於「官黨」為奉系所控制，發展近乎停滯，所以國民黨不得不繼續以「密黨」行之，然而奉系以其成立非法為由，百般阻撓與破壞，使東北易幟後的國民黨東北黨務發展仍是步履維艱。

　　奉系國民黨化以中原大戰為界，可明顯分為前後兩個階段。在前一階段，奉系核心層以「特種登記」方式加入國民黨；在後一階段，奉系中高

〔註105〕張易幟為了借蔣中央之力應對日本，蔣給東北半獨立之地位促其易幟，則是為收統一之效，撈取政治資本。參見本書第二章相關論述。

〔註106〕《國民政府為不得任意逮捕傷害黨務工作人員給遼省府訓令》（1929.8.10），《奉系軍閥檔案史料彙編》（8），江蘇古籍出版社，1990年，第643頁。

層則以「特許」方式加入國民黨。而縱觀國民黨東北黨務的發展和奉系國民黨化的過程，我們可以看出奉系黨化有以下幾個特點：第一，政權、黨權與黨化交織在一起；第二，奉系黨化具有被動應對性；第三，奉系黨化自上而下發展。東北易幟，在國家統一於三民主義的大勢下，奉系爲了獨控東北政權而必須爭奪東北黨權，由此奉系開始了國民黨化。隨著奉系勢力向華北的擴張，爲了向華北黨部滲透並最終獲得東北黨權，奉系開始了加速國民黨化。當奉系核心層、高層乃至中層均不斷加入國民黨後（參見表 5-4-1），從組織關係上說，奉系已基本完成了國民黨化進程。然而在奉系加快黨化並取得東北黨權的同時，由於國民黨在東北採取明暗雙線發展黨務的策略，使得奉系最終取得的「黨權」僅僅是奉系「官黨」的黨權，而非眞正國民黨黨權，其眞正黨權仍爲國民黨掌握著。這一點，我們還可以從以下事實得到證明：第一，九一八事變後，仍是原國民黨東北黨務人員在東北秘密發展黨務工作；第二，在直接領導這些黨務人員的最高機關，即在北平成立的東北黨務辦事處中，國民黨處於主導地位。〔註 107〕可見，從東北易幟到九一八事變這三年時間裏，由於利益的非一致性，奉系並沒有被國民黨所同化，而是仍然保留著舊軍閥的傳統與因子，即「頑強」地掌控著東北地盤和權力。也正因爲此，使得國民黨的黨治體制始終沒有在東北建立起來。

表 5-4-1：奉系加入國民黨人員略表

時　　間	入黨方式	人　　員	職　　務
東北易幟後	特種登記入黨	沈鴻烈	東北海軍司令兼東北航務局董事長
		張學良	東北邊防軍司令兼東北政務委員會委員長
		張作相	東北邊防軍副司令兼吉林省政府主席
		萬福麟	東北邊防軍副司令兼黑龍江省主席
		翟文選	東北政務委員會委員兼奉天省政府主席
		湯玉麟	東北邊防軍副司令兼熱河省政府主席
		王樹常	東北邊防軍司令長官公署軍令廳廳長兼奉天省政府委員

〔註107〕參見陳立文：《從東北黨務發展看接收》，臺北：東北文獻雜誌社 2000 年版，第 43～45 頁。

		王樹翰	東北政務委員會委員兼秘書廳廳長
		胡若愚	東北邊防軍司令長官公署秘書
		邢士廉	遼寧省政府委員
		彭志雲	遼寧省建設廳廳長
		李紹沆	遼寧省黨務指導委員
中原大戰後	特許入黨	劉尚清	國民政府內政部長
		王家楨	國民政府外交部次長
		朱光沐	北平副司令行營總務處處長
		湯國楨	北平副司令行營副官處處長
		王卓然	東北邊防司令長官公署教育顧問
		郭道甫	東北邊防軍司令長官公署秘書
		高紀毅	東北交通委員會委員長兼北寧鐵路管理局局長
		臧式毅	東北政務委員會委員兼遼寧省政府主席
		陳文學	遼寧省〔註108〕政府委員兼民政廳長
		劉錚達	遼寧省民政廳第三科長
		楊成能	遼寧省政府秘書
		熙洽	吉林省民政廳長
		陳士瀛	？
		潘景武	黑龍江省教育廳廳長
		劉廷選	黑龍江省民政廳廳長
		張昭瑛	黑龍江省民政廳第一科長
		楊夢周	？
		張秉彝	熱河省政府委員兼民政廳長
		楊芷	熱河省民政廳秘書兼第二科科長
		李浥霖	熱河省民政廳秘書兼第三科科長
		賴啟盛	熱河捲煙統稅局秘書
		金鼎臣	熱河省政府委員
		卞宗孟	？
		蓋允恭	？
		周天放	東省特區教育廳長
		鄒尚友	東三省鐵路理事

〔註108〕1929 年 3 月起，奉天改稱遼寧。

		藏啓芳	東北邊防軍司令長官公署秘書
中原大戰後	特許入黨	劉翼飛	察哈爾省政府主席
		高惜冰	察哈爾省教育廳長
		何玉芳	河北省政府委員兼工商廳長
		王玉科	河北省政府委員兼民政廳長
		蔣錫曾	河北省民政廳第二科長
		于學忠	平津衛戍司令
		張學銘	天津市長
		顧儀曾	北平市政府參事
		曾廣勳	奉榆鐵路局長
		葛光廷	膠濟鐵路管理局長
		王維新	東北大學教授
		烏澤聲	？
		海玉衡	？
		于敬修	？

資料來源：張友坤等：《張學良年譜》（修訂版），第 241、244 頁；《中國國民黨中央執行委員會常務委員會會議錄》（七），第 400 頁；《中國國民黨中央執行委員會常務委員會會議錄》（九），第 112～113 頁；《中國國民黨中央執行委員會常務委員會會議錄》（十四），第 10、178、256、273、276、351、486 頁；《中國國民黨中央執行委員會常務委員會會議錄》（十五），第 201、273～274 頁；張憲文等主編：《中華民國史大辭典》，第 172、179、988、1245 頁。